टेलीविजन और क्राइम रिपोर्टिंग

वर्तिका नन्दा

राजकमल प्रकाशन

ISBN : 978-81-267-1943-3

मूल्य : ₹695

पहला संस्करण : 2010
दूसरा संस्करण : 2019

प्रकाशक : राजकमल प्रकाशन प्रा. लि.
1-बी, नेताजी सुभाष मार्ग, दरियागंज
नई दिल्ली-110 002

शाखाएँ : अशोक राजपथ, साइंस कॉलेज के सामने, पटना-800 006
पहली मंजिल, दरबारी बिल्डिंग, महात्मा गांधी मार्ग, इलाहाबाद-211 001
36 ए, शेक्सपियर सरणी, कोलकाता-700 017

वेबसाइट : www.rajkamalprakashan.com
ई-मेल : info@rajkamalprakashan.com

कलापक्ष (भीतरी पृष्ठ) : राजकमल स्टूडियो

कार्टून : पवन

मुद्रक : बी.के. ऑफसेट
नवीन शाहदरा, दिल्ली-110 032

TELEVISION AUR CRIME REPORTING
by Vartika Nanda

अपनी तरफ से

खबरों की कबड्डी रोज दिखती है। खबर में से खबर, महाखबर या फिर महान खबर कैसे निकाली-बनाई-पकाई जाए, इसके लिए दिमागी दंगल होते हैं। लेकिन मीडिया का काम सिर्फ सूचना देना, शिक्षित करना या मनोरंजन की थाल मेज पर सजा देना भर नहीं है। वह दौड़ रहा है। दौड़ते हुए पीछे मुड़-मुड़कर देख भी रहा है कि पीछे वाला कहीं आगे तो नहीं निकल रहा। यह दौड़ टीआरपी की है। यहां मुट्ठी भर दर्शक हर शुक्रवार फैसला सुनाता है कि उसे क्या भाया, क्या नहीं।

इन फैसलों को सुनना मीडिया की नियति है और फैसले के मुताबिक खुद को नए सांचे में ढालते जाना मजबूरी। लेकिन मजबूरी के इस आलाप के बीच उसे तिजोरी भरने के उलाहने भी सुनने पड़ते हैं। उलाहने देने वाले यह भूल जाते हैं कि मीडिया मालिक के पास भी पेट है। एक ऐसा पेट जो रोज ढेर पकवानों (या यूं कहें कि सिक्कों) को पाने-खाने की तमन्ना रखता है। पेट लबालब हो, इसके लिए पैंतरे करने ही पड़ते हैं। इसलिए मीडिया, खासतौर से इलेक्ट्रॉनिक मीडिया का मंत्र यही है कि दिखाओ वही जो पिया मन भाए और पैसा लाए।

तो बिकता और भाता क्या है—अपराध, सेक्स, क्रिकेट, फिल्म, धर्म और राजनीति। लेकिन इनमें अपराध ही ऐसा है जिसमें राजनीति, खेल, फिल्म, रिएलिटी—सबका समागम है। इसमें हिंदी साहित्य के तमाम रस भी देखे जा सकते हैं और अंग्रेजी उपन्यासों के थ्रिलर भी। दरअसल पौराणिक कथाओं से लेकर राजनीतिक पठारों तक—हर जगह अपराध की मौजूदगी रही है। 80 के दशक के आस-पास और बाद में इंदिरा गांधी, राजीव गांधी, अकाली दल के नेता लोंगोवाल, कांग्रेसी नेता ललित माकन, प्रमोद महाजन की हत्या से लेकर आईसी 814 विमान के अपहरण, अमरीका के 9/11 और मुंबई में हुए हमले जैसी घटनाओं ने अपराध की जमीन को जैसे और सींच दिया। इसके अलावा छिपे कैमरे भी अलग से अपना कमाल दिखाते ही रहे। अपराध किसी एक देश, प्रांत, राज्य की सीमाओं से परे जाकर अंतर्राष्ट्रीय बनता चला गया। आज अपराध असीमित है, उससे जुड़ी आशंकाएं और डर और भी असीमित। अपराध ने तनाव का एकीकृत माहौल बना दिया है। देखते ही देखते टीवी पर अपराध के चित्रण ने एक स्टोरी टेलर यानी कहानी वाचक का चेहरा ले लिया है। यहां हर अपराध सिर्फ एक घटना है, एक कहानी। मीडिया के सामने चुनौती यह है कि अपराध को और चटख और चटखारेदार कैसे बनाया जाए ताकि वह हर देखने वाले को भा जाए। वैसे यह टीवी की मजबूरी ही है कि उसे अपने मेन्यू में

सबके लिए कुछ न कुछ सजाकर रखना ही है।

यह मानना तर्कसंगत होगा कि घटनाओं के महासमंदर में टीवी कैमरों की बढ़ती भीड़ और तकनीक की फैलती ताकत ने अपराध (और अपराधी के भी) आकार को पहले की तुलना में काफी बढ़ा दिया है। उसकी अपील यूनिवर्सल होने लगी है, दायरा विस्तृत हुआ है। लेकिन अगर इलेक्ट्रॉनिक मीडिया तकनीक के उड़नखटोले पर सवार है तो शातिर अपराधी भी कम आधुनिक नहीं हैं। ऐसे में सोचने की बात यह भी है कि आपराधिक रिपोर्टिंग ने अपराध और अपराधी पर क्या वाकई अंकुश लगाया है या उसके लिए अपराध को सीखने की एक ऐसी प्रयोगशाला खोल दी है जिसमें बिना किसी पूंजीगत निवेश के उसे अपराध को सफलता के साथ अंजाम देने के टिप्स मिलते रहते हैं? ऐसे सवालों का उठना इसलिए वाजिब है क्योंकि अब अपराध डराता नहीं है। वो स्वीकार-सा होने लगा है। वो चौंकाता नहीं बल्कि जिंदगी में रच-बस सा गया है। यह निस्संदेह सेहतमंद निशानी नहीं है।

इसीलिए मीडिया के चश्मे से दिखने वाले अपराध को लेकर अब सोचने का समय आ गया है। इसे सब अपने नजरिए से विश्लेषित भी कर सकते हैं। यह अपराधियों के लिए अपराध सीखने की वर्कशॉप, आम जन के लिए सतर्कता, विश्लेषकों के लिए चिंतन, नेताओं के लिए राजनीति और खबरनवीसों के लिए खबरी व्यवसाय—कुल मिलाकर बहुत कुछ है। अब इसलिए यकीनी तौर पर अपराध बिकता है। खबरों की खो-खो में क्राइम की चमक तकरीबन स्थायी भाव लिये हुए है। वह चिरयुवा है।

लेकिन इस युवापने के बीच अपराध दर्शक को किस मनोदशा की तरफ ले जाता है, इस पर हमारे यहां गंभीर अनुसंधानों की कमी दिखती रही है। हां, इतना जरूर है कि इस माहौल में सबकी जवाबदेही बढ़ी है। खुद मीडिया की भी। पेड न्यूज के बीच जब विज्ञापनदाता भगवान बन बैठा हो और संपादक उसके सामने खिलौना, तो कुछ खबरें जरूरत से ज्यादा उछल जाती हैं जबकि कुछ के लिए गली भर में भी माहौल बन नहीं पाता। ऐसे में कई खयाल जनमते हैं। एक यह भी कि भारत में भी खबर की विश्वसनीयता को आंकने के लिए जन-सर्वेक्षण करने का समय आ गया है ताकि नीति-निर्धारक बन बैठे मीडिया मालिकों को कुछ सबक मिले। दूसरे, क्रॉस मीडिया ओनरशिप की वजह से भी अंदरूनी लोभों का संसार फैल गया है। कई अदृश्य तार आपस में गुंथ गए हैं।

खैर, भारतीय जनसंचार संस्थान, नई दिल्ली से प्रकाशित मेरी किताब 'टेलीविजन और अपराध पत्रकारिता' को जब 2007 में भारतेंदु हरिश्चंद्र पुरस्कार से सम्मानित किया गया तो इस किताब पर फिर से काम करने की इच्छा हुई। काम जैसे-जैसे चलता रहा, वैसे-वैसे ही क्राइम के फैलाव को देखकर अचरज भी होता रहा है। साथ ही यह देखकर भी कि भारत में अपराध से जुड़ी पत्रकारिता जिस तेजी से पंख लगाकर फैली है, उस तेजी से मीडिया शिक्षण और मीडिया साक्षरता का विस्तार नहीं हुआ है।

बेशक तमाम माध्यमों में इलेक्ट्रॉनिक मीडिया सबसे फुर्तीला माध्यम साबित हुआ है। इसने तरक्की के आयाम उछलते-कूदते तय किए हैं और इसीलिए उसके स्वभाव में कभी

नटखटता और कभी उच्छृंखलता दिखाई देती है। लेकिन इस युवा माध्यम से संवाद असंभव नहीं, बशर्ते प्रौढ़ नजाकत और आपसी समझदारी का दोतरफा मौसम बन सके।

बहरहाल, इस समय किताब आपके पास है। यह किताब अगर किसी भी रूप में आपकी मदद कर सकेगी तो मैं अपनी मेहनत सार्थक मान लूंगी। यह किताब मीडिया के नव-अंकुरों के अलावा उन सभी के लिए लिखी गई है जो मीडिया में जीते तो हैं पर ठहरकर अपने रोजमर्रा के काम को खुद आंक नहीं पाते। यह किताब मेरी अपनी अपराध रिपोर्टिंग की यात्रा और मीडिया शिक्षण के युवा अनुभवों से निकली है। इसे लिखने का मकसद अपराध रिपोर्टिंग की अस्त-व्यस्त सीढ़ियों को आपस में जोड़कर आगे बढ़ने की राह को थोड़ा आसान बनाना है।

इन सीढ़ियों को जोड़कर आप तक पहुंचाने में मदद के लिए श्री अशोक महेश्वरी की आभारी हूं। कम समय में उन्होंने इस किताब को आपके सामने लाकर लेखन की मेहनत को सार्थक कर दिया है।

इस किताब पर आपके सुझावों का इंतजार रहेगा।

सीखने का उत्सवी सुख सतत कायम रहे, इन्हीं शुभकामनाओं के साथ ।

—वर्तिका नन्दा

2 अप्रैल, 2010

सहायक प्रोफेसर और अध्यक्ष, पत्रकारिता विभाग
लेडी श्रीराम कॉलेज
दिल्ली विश्वविद्यालय
लाजपत नगर IV
नई दिल्ली 110024
ईमेल : vartikatraining@gmail.com
वेबसाइट : www.vartikananda.com

दो शब्द

खबरिया चैनलों में खबरों की न खत्म होने वाली हलचल बनी रहती है। अभी जो खबर है, वह अगले ही घंटे में इतिहास हो सकती है। ऐसे माहौल में ट्रेनिंग और कौशल के लिए कम ही समय लगाया जाता है, जबकि यह मीडिया को उसके अगले स्तर तक ले जाने की एक बड़ी शर्त है। बहुत हद तक प्रशिक्षण की कमी की वजह से ही भारतीय मीडिया विश्वसनीयता के संकट से जूझ रहा है। हम पेशे में नए पत्रकारों को उतार तो देते हैं लेकिन उनके कौशल को सुधारने के लिए समय और ऊर्जा नहीं लगाते।

वर्तिका नन्दा की टीवी और क्राइम रिपोर्टिंग पर यह किताब ट्रेनिंग को लेकर उपजे खालीपन को भरने की तरफ एक बड़ा कदम है। यह इनकी पहले छपी किताब 'टेलीविजन और अपराध पत्रकारिता' का परिष्कृत संस्करण है। इसे 2005 में भारतीय जनसंचार संस्थान ने छापा था और 2007 में इसे भारतेंदु हरिश्चंद्र पुरस्कार से नवाजा भी गया था।

खासकर नए पत्रकारों को इस किताब को अनिवार्य तौर पर पढ़ना चाहिए क्योंकि यह हुनर को निखारने के लिए ही लिखी गई है और इसके केंद्र में स्रोत-निर्माण, स्क्रिप्ट लेखन, न्यूज प्रोडक्शन, इंटरव्यू की कला से लेकर प्रेस कॉन्फ्रेंस तक को रखा गया है।

हाल के समय में अपराध टीवी न्यूज के बेलगाम चलते पहिए का अनिवार्य पहलू बन गया है। अब चैनल प्राइम टाइम में अपराध की कवरेज को पूरी तवज्जो देने के लिए पूरे के पूरे कार्यक्रम ही बनाने लग गए हैं। इनमें से कई कार्यक्रम कंटेंट की बजाय सनसनी फैलाने और साफ-सुथरी पत्रकारिता के नियमों का उल्लंघन करने के आरोपों का शिकार होते रहते हैं। लेकिन जब अपराध पत्रकारिता की बात होती है तो उसके आचार-विचार और मानक क्या हो सकते हैं, क्या पुलिस जो बताती है, उसे ज्यों का त्यों स्वीकार किया जा सकता है, क्या पुलिस स्टेशन में दर्ज की जा रही हर शिकायत खबर के लायक होती है, बाल-अपराधियों, बलात्कार पीड़ितों और तमाम ऐसे पीड़ितों, जिनकी पहचान नहीं बताई जानी चाहिए, को कैसे छिपाकर रखा जा सकता है, ये कुछ ऐसे सवाल हैं जिनसे जूझते हुए वर्तिका ने इस किताब को बांधा है। ये जवाब अहम हैं क्योंकि यह पेचीदा हालात में एक पथ-प्रदर्शक का काम कर सकते हैं। वैसे भी इन्हें टेलीविजन में कम ही अहमियत दी गई है। यह किताब प्रिंट के पत्रकारों के लिए भी बराबर रूप से उपयोगी साबित होगी क्योंकि इसमें पत्रकारिता के सिद्धांतों को समझने-परखने की कोशिश करती है।

आरूषि तलवार की हत्या के मामले में मीडिया आलोचना का शिकार बना और यह आलोचना पूरी तरह से अतार्किक भी नहीं थी। विकासशील मीडिया की पहली निशानी यही होती है कि हम अतीत की गलतियों को दोहराएं न और साथ ही अपनी योग्यताओं के स्तर को ऊंचाइयों की तरफ लेते चले जाएं।

कई साल तक एक आला दर्जे की क्राइम रिपोर्टर के तौर पर खुद को साबित करने के बाद अब पत्रकारिता की प्राध्यापिका के तौर पर वर्तिका सबसे सही शख्स हैं जो यह बता सकें कि क्या करें, क्या न करें।

उम्मीद करनी चाहिए कि उनके लेखन से और भी दूसरे पत्रकार प्रेरणा लेंगे और भावी पत्रकारों के लिए प्रशिक्षण का मंच तैयार करने में अपना थोड़ा समय लगाएंगे।

–राजदीप सरदेसाई
एडिटर इन चीफ
सीएनएन आईबीएन

पहला अध्याय

नम्बर वन...अब अपना गड्ढा खोदवाना है,अपना ही बच्चा गिराना है और लाइव टेलिकास्ट दिखाना है. नम्बर टू...
चैनल आचार संहिता
पवन

न्यूज मीडिया और अपराध

छलकता दिखाई देता है। टेलीविजन के 24 घंटे चलने वाले व्यापार में अपराध खुशी और सुकून देने की एक बड़ी वजह रहा है क्योंकि अपराध की नदी कभी नहीं सूखती। मालिक और पत्रकार दोनों यह मानते हैं कि अपराध की एक बेहद मामूली खबर में भी अगर रोमांच, रहस्य, मस्ती और जिज्ञासा का पुट मिला दिया जाए तो वह चैनल के लिए आशीर्वाद बरसाकर उसकी तिजोरी में जोरदार खनक भर सकती है। लेकिन जनता भी ऐसा ही मानती हो, इसके कोई पुख्ता सुबूत नहीं हैं।

बुद्धू बक्सा कहलाने वाला टीवी अपने जन्म के कुछ ही साल बाद इतनी तेजी से करवटें बदलने लगेगा, इसकी कल्पना आज से कुछ साल पहले शायद किसी ने भी नहीं की होगी लेकिन हुआ यही है और यह बदलाव अपने आप में एक बड़ी खबर भी है। मीडिया क्रांति के इस युग में हत्या, बलात्कार, छेड़छाड़, हिंसा—सभी में कोई न कोई खबर है। यही खबर 24 घंटे के चैलन की खुराक है। अखबारों के पेज तीन की जान है। इसी पर मीडिया का अस्तित्व टिका है। नई सदी के इस नए दौर में यही है—क्राइम रिपोर्टिंग और इसे कवर करने वाला क्राइम रिपोर्टर भी कोई मामूली नहीं है। हमेशा हड़बड़ी में दिखने वाला, हांफता-सा, कुछ खोजता-सा बेचैन प्राणी ही वह अपराध पत्रकार है जो तुरंत बहुत-कुछ कर लेना चाहता है। उसके सामने चुनौतियों का समंदर है। यहां चुनौती सिर्फ अपराध को कवर करने की नहीं है। चुनौती यह भी है कि कवरेज की दौड़ में वो अव्वल हो और उसके पास हमेशा ही कुछ अलग सामान मौजूद हो। उसमें खबर को पकड़कर उसे परोसने की महारत हो और जरूरत पड़ने पर खबर में से एक और खबर को पैदा कर देने की भी।

समय के साथ मीडिया का मूड और उसका बायोडेटा बदलता चला गया है। सूचना क्रांति का यह दौर दर्शक को जितनी हैरानी में डालता है, उतना ही खुद मीडिया में भी लगातार सीखने की ललक और अनिवार्यता को बढ़ाता है। सबसे ज्यादा हैरानी की बात यह है कि इस क्रांति ने देश भर की युवा पीढ़ी में मीडिया से जुड़ने की अदम्य चाहत तो पैदा की है लेकिन इस चाहत को पोषित करने के लिए लिखित सामग्री और बेहद मंजा हुआ प्रशिक्षण लगभग नदारद है। ऐसे में सीमित मीडिया लेखन और भारतीय भाषाओं में मीडिया संबंधी काफी कम काम होने की वजह से मीडिया की जानकारी के स्रोत तलाशने महत्वपूर्ण हो जाते हैं। समाचार मीडिया के फैलाव के साथ अपराध रिपोर्टिंग मीडिया की एक प्रमुख जरूरत के रूप में सामने आई है। इसलिए अपराध से जुड़े समाचारों की मांग के चलते इसके विविध पहलुओं की जानकारी की अनिवार्यता से अब बचा नहीं जा सकता।

24 घंटे के न्यूज चैनलों के आगमन के साथ ही तमाम परिभाषाएं और मायने तेजी से बदल दिए गए हैं। यह साफ है कि अपराध जैसे विषय गहरी दिलचस्पी जगाते हैं और कई बार टीआरपी बढ़ाने का काम भी करते हैं। इसलिए अब अपराध नजरअंदाज नहीं किया जा सकता। अपराध रिपोर्टिंग से न्यूज की बुनियादी समझ को विकसित करने में काफी मदद मिलती है। इससे अनुसंधान, संयम, दिमागी संतुलन और निर्णय क्षमता को

मजबूती भी मिलती है। जाहिर है जिंदगी को बेहतर ढंग से समझने में अपराधों के रुझान का अध्ययन मददगार हो सकता है। साथ ही अपराध की दर पूरे देश की राजनीतिक, आर्थिक, सामाजिक सेहत और कानून व्यवस्था का भी सटीक अंदाजा दिलाती है। इसलिए अपराध को समाज का थर्मामीटर माना जा सकता है।

फंतासी और सच के बीच आज का अपराध

टीवी के 24 घंटे के समाचार चैनलों ने अपराध, युद्ध, आतंक, विवाद—इनके भरोसे अपनी दुकानें शुरू कीं। हिंसा और मौत की तस्वीरें चैनलों के लिए विटामिन साबित हुईं। हादसे और अपराध, चाहे वे इंसान के उपजाए हों (युद्ध, दंगे, हत्याएं), प्राकृतिक हों (बाढ़, भूकंप, तूफान, सुनामी) या दोनों ही वर्गों का मिश्रण हों (अकाल), चैनलों के लिए उपयोगी सामग्री बने। 24 घंटे के चैनलों की क्षमता का आभास *सीएनएन* और अफगानिस्तान पर अमरीकी हमले के दौरान *अल-जजीरा* के काम से हो गया था। *सीएनएन* की वजह से चौबीसों घंटे के समाचार चैनलों की परंपरा का उद्घाटन हुआ। कहा यह भी गया कि *अल-जजीरा* जैसे समाचार चैनलों की कामयाबी की सीधी वजह यह थी कि यह राजनीतिक रूप से दुनिया के सबसे संवेदनशील इलाके से एक संवेदनशील मसले पर खुद को केंद्रित किए हुए थे। युद्ध के मैदान में सीधे लाइव जाने की आदत इसी दौर में पड़ी। इसने यह भी जाहिर कर दिया कि एक्शन में बुनी तस्वीरें, नाटकीयता, युद्ध और तनाव को देखने के लिए दर्शक तैयार भी है और बेकरार भी। यह इंफोटेंमेंट का दौर है और जरूरी नहीं कि दर्शक युद्ध की तस्वीरों से खौफ ही खाता हो। दर्शक युद्ध को अलग-अलग कोणों से समझने की उत्सुकता रखता है और वह भय की अलग-अलग परतों से बाहर आकर खुलेपन में इन्हें विश्लेषित करना चाहता है।

दरअसल जिंदगी के शब्दकोश में अपराध हमेशा मौजूद रहे हैं। पौराणिक गाथाओं में भी अपराध बहुतायत में दिखाई देते हैं। कई बार छोटे अपराधों ने युद्ध की शक्ल भी ले ली। इसी तरह कला, साहित्य, संस्कृति में अपराध तब भी झलकता था जब प्रिंटिंग प्रेस का आविष्कार भी नहीं हुआ था लेकिन समय के साथ-साथ अपराध की अवधारणाएं बदलीं और धीरे-धीरे 19वीं सदी के उत्तरार्ध और 20वीं सदी की शुरुआत से अपराध समाचार मीडिया में एक *बीट* के रूप में उभर आया। अभी दो दशक पहले तक दुनिया भर में जो महत्व राजनीति और वाणिज्य को मिलता था, वह महत्व अब अपराध को मिलने लगा है। धीरे-धीरे लंदन के टेबलॉयड समाचार-पत्रों ने भी अपराध रिपोर्टिंग की संभावनाओं और उसकी कवरेज पर बाजार से मिलने वाली प्रतिक्रियाओं को महसूस किया और इसके साथ ही अपराध की कवरेज बढ़ने लगी। अपराध रिपोर्टिंग के विस्तार की पदचाप अब साफ सुनाई देने लगी।

इसकी एक बड़ी वजह था—आतंकवाद। उस समय दुनिया भर में आतंकवाद किसी न किसी रूप में हावी था और बड़ा आतंकवाद अक्सर छोटे अपराध से ही पनपता है, यह भी काफी हद तक स्वीकार्य है। इसलिए अपराधों को आतंकवाद के बौने रूप में देखा-समझा

जाने लगा। अपराध और खोजी पत्रकारिता ने जनमानस को सोचने की खुराक भी सौंपी। चाहे अपराध हो या भ्रष्ट आचरण, इन्हें दिखाना विधिसंगत काम है और इसकी सम्मानित परंपरा भी रही है। इस मामले में मिसालें भी कोई कम नहीं। वुडवर्ड और बर्नस्टन के अथक प्रयासों की वजह से ही वॉटरगेट मामले का खुलासा हुआ था जिसकी वजह से अमरीका के राष्ट्रपति रिचर्ड निक्सन को अपना पद तक छोड़ना पड़ा था। जापान के प्रधानमंत्री तनाका को भी पत्रकारों की जागरूकता ही नीचा दिखा सकी। इसी तरह नैना साहनी मामले के बाद सुशील शर्मा का राजनीतिक भविष्य अधर में ही लटक गया। 2009 में आंध्र प्रदेश के राज्यपाल 86 वर्षीय नारायण दत्त तिवारी को तेलुगु चैनल *एबीएन आंध्र ज्योति* के स्टिंग ऑपरेशन के बाद अपनी गद्‌दी को अलविदा कहना पड़ा। चैनल में उन्हें राजभवन में तीन महिलाओं के साथ आपत्तिजनक अवस्था में दिखाया गया था। उत्तर प्रदेश के शहर नोएडा में सामने आए निठारी कांड की गूंज संसद में सुनाई दी और आरूषि की हत्या के उलझे फंदों ने ऐसी राष्ट्रीय बहस खड़ी कर दी कि मामले की जांच कई परतों में करनी पड़ी। प्रियदर्शिनी मट्टू, जेसिका लाल, नीतीश कटारा जैसे मामलों में जनता ने गहरी दिलचस्पी दिखाई और मीडिया ने भी इस दिलचस्पी में रंग भरकर उन्हें जीवंत बनाए रखने में कोई कसर नहीं छोड़ी। 2009 में जेसिका लाल हत्याकांड का आरोपी मनु शर्मा जब दो हफ्ते के लिए पैरोल पर बाहर आकर दिल्ली के एक होटल के बार में पाया जाता है तो इसी मीडिया के दबाव में रसूखवालों को मजे से पेरोल मिलने के मुद्‌दे पर हंगामा खड़ा होता है और मनु को समय से पहले तिहाड़ लौटना पड़ता है। *इंडियन एक्सप्रेस* ने बरसों पहले कमला की कहानी से यह साबित किया था कि भारत में महिलाओं की खरीद-फरोख्त किस पैमाने पर की जा रही थी। यहां तक कि भोपाल की यूनियन कार्बाइड के विस्फोट की आशंका की भविष्यवाणी भी एक पत्रकार, राजकुमार केसवानी, ने कर दी थी।

मीडिया एकजुट होना भी जानता है। डेनियल पर्ल की हत्या पर देशी-विदेशी मीडिया आपस में गुंथ जाता है। तालिबानी जब एक युवती पर सरेआम कोड़े बरसाते हैं तो मीडिया बेहिचक इन कोड़ों की आवाज को बार-बार सुनाकर जैसे तालिबानियों को ही कोड़े मारने की कोशिश करने लगता है। वह समाज की दीमक को उखाड़ फेंकने के लिए बेसब्र दिखता है। इस तरह की कई मिसालों ने अपराध और खोजबीन के प्रति समाज की सोच को बार-बार बदला। कभी जनता ने इसे सराहा तो कभी नकारा। राजकुमारी डायना की दुर्घटना के समय पपराजी (चर्चित हस्तियों के निजी जीवन की तस्वीर उतारने को आतुर फोटोग्राफर) डायना के फोटो खींचने में ही व्यस्त दिखे और यहां भारत में भी गोधरा की तमाम त्रासदियों के बीच मीडिया के लिए ज्यादा अहम यह था कि पहले तस्वीरें किसे मिलती हैं। दूसरी तरफ संसद पर हमले से लेकर मुंबई हमले तक की घटनाएं एक विस्तृत दायरे में बहुत गंभीरता और दिलचस्पी के साथ देखी गईं। जनता ने इन घटनाओं को सिरे तक जाकर समझने में पूरी रुचि दिखाई और वह पाकिस्तान के साथ रिश्तों की व्याख्या खुद भी करने लगी। अब जनता गूंगी नहीं है। वह सक्रिय भागेदारी करने लगी है, कभी टीवी पर बोलकर, कभी एसएमएस कर तो कभी वेबसाइट पर लिखकर।

90 के दशक में, जबकि अपराध की दर गिर रही थी, तब भी क्राइम रिपोर्टिंग और खोजबीन का शौक बना रहा। हाई-प्रोफाइल अपराधों ने दर्शकों और पाठकों में अपराध की जानकारी और खोजी पत्रकारिता के प्रति ललक को बनाए रखा। अमरीका में वॉटरगेट प्रकरण से लेकर भारत में आरूषि कांड तक अनगिनत मामलों ने अपराध और खोजबीन के दायरे में एकाएक समाचार मीडिया और उसके जरिए आम लोगों को भी खींच लिया। लोगों की अपराध-कथाओं में दिलचस्पी का ग्राफ ऊपर की तरफ चढ़ने लगा। अपराध-कथाओं में वह सब था, जो लोगों को खींचता है, जैसे—रहस्य, रोमांच, ड्रामा, भावनाएं, संघर्ष, प्रेम, विश्वासघात वगैरह। भारत में सत्तर और अस्सी के दशक में *मनोहर कहानियां, सत्यकथा* और *नूतन कहानियां* जैसी अपराध की विस्तृत रिपोर्टों सें भरी पत्रिकाओं का सर्कुलेशन *धर्मयुग, साप्ताहिक हिंदुस्तान* और *दिनमान* जैसी गंभीर पत्रिकाओं की तुलना में कई गुना ज्यादा था। इसमें कोई दो राय नहीं है कि अपराध-कथाओं पर आधारित पत्रिकाओं की सफलता ने मुख्यधारा के मीडिया को भी खूब प्रभावित किया। उन्होंने एक विशेष किस्म का पाठक वर्ग तैयार किया जो अपराध-कथाओं में भरपूर दिलचस्पी लेता था। इनके दबाव में अखबारों में स्थानीय पृष्ठों पर अपराध की खबरों को अनिवार्य माना जाने लगा और धीरे-धीरे उनके लिए भी जगह का विस्तार होने लगा। आपराधिक घटनाओं की रिपोर्टिंग में छानबीन, विश्लेषण और फॉलो-अप पर जोर बढ़ने के साथ-साथ उन्हें आकर्षक बनाने के लिए उन्हें अधिक से अधिक सनसनीखेज बनाने का चलन जोर पकड़ने लगा।

वैसे भी नए माहौल में अपराध और आतंक को हाशिए पर नहीं धकेला जा सकता। अपराध दुनिया के मानचित्र पर अपनी उपस्थिति दर्ज करवा चुका है। 2009 में अमरीका की प्रिंस्टन यूनीवर्सिटी की रिपोर्ट में कहा गया कि आतंकवाद के निशाने पर ज्यादातर विकसित देश हैं। इनमें अमरीका, कनाडा, चीन, फ्रांस, जर्मनी, जापान, रूस, ब्रिटेन के अलावा भारत जैसे देशों का हवाला दिया गया जो आतंकवाद के निशाने पर रहे हैं।

टेलीविजन में क्राइम रिपोर्टिंग

यह टेलीविजन समाचार चैनलों का ही कमाल है कि अखबारों के पेज तीन में सिमटा दिखने वाला अपराध 24 घंटे के समाचार चैनलों की सांसें बन चला है। हर न्यूज चैनल में अपराध कवर करने वाली एक विशेष टीम तैनात है। अब अपराध को मुख पृष्ठ की खबर या टीवी पर पहली हेडलाइन बनाने पर किसी को कोई एतराज नहीं होता। मीडिया मालिक यह समझने लगे हैं कि अब दर्शक की रुचि राजनीति से कहीं ज्यादा अपराध से जुड़ी खबरों में है। इसलिए इसके कलेवर को लगातार ताजा, दमदार और रोचक बनाए रखना होगा। अगर भारत में टेलीविजन के शुरुआती दौर को टटोलें तो वहां भी प्रयोगों की कोशिश होती दिखती है।

1959 में भारत में टेलीविजन का जन्म सदी की सबसे बड़ी घटनाओं में से एक था। महज 180 टीवी सेटों की छोटी शुरुआत ने सपनों का पिटारा खोल दिया। कुछ ही सालों में दूरदर्शन सूचना देने, शिक्षित करने और मनोरंजन की थाल सजाने में सक्षमता हासिल

करने की कोशिश करने लगा। तब टीवी का मतलब विकास पत्रकारिता ज्यादा और खबर कम था। वैसे भी सरकारी हाथों में कमान होने की वजह से दूरदर्शन की प्राथमिकताओं का कुछ अलग होना स्वाभाविक भी था। भारत में दूरदर्शन के शुरुआती दिनों में इसरो की मदद से साइट नामक परियोजना की शुरुआत की गई थी ताकि भारत में खाद्य के उत्पादन को प्रोत्साहित दिया जा सके। यह भारत के विकास की दिशा में एक ठोस कदम था। इसने सामुदायिक टीवी के जरिए आम इंसान को जोड़ने की कोशिश की थी लेकिन इसे लंबे समय तक जारी नहीं रखा जा सका। 1983 में पीसी जोशी ने भारतीय ब्रॉडकास्टिंग रिपोर्ट में कहा था कि हम *दूरदर्शन* को गरीब तबके तक पहुंचाना चाहते हैं। *दूरदर्शन* ने इस कर्तव्य को निभाने के प्रयास भी किए। आश्चर्य की बात नहीं कि दूरदर्शन के शुरुआती वर्षों में समाचार कार्यक्रमों में अपराध की खबरों का शुमार नहीं किया जाता था। *दूरदर्शन-आकाशवाणी* के लिए अपराध की खबरें मानो अछूत ही थीं लेकिन निजी चैनलों के आगमन के बाद परिस्थितियां काफी तेजी से बदल गईं।

90 का दशक आते-आते भारत में निजी चैनलों ने करवट लेनी शुरू की और इस तरह भारत विकास की एक नई यात्रा की तरफ बढ़ने लगा। *जी टीवी* ने जब पहली बार समाचारों का प्रसारण किया तो इन समाचारों का कलेवर उन समाचारों से अलग हटकर था जिन्हें देखने के भारतीय दर्शक आदी थे। नए अंदाज के साथ आए समाचारों ने दर्शकों को तुरंत लुभा लिया और दर्शक की इसी नब्ज को पकड़कर टीवी की तारों के साथ नए प्रयोग पनपने लगे।

वैसे भी *न्यूज ट्रैक* की वजह से भारतीयों को सनसनीखेज खबरों का कुछ अंदाजा तो हो ही गया था। 80 के दशक में जब खबरों की भूख बढ़ने लगी थी और खबरों को नए माध्यमों में पेश करने वालों की कमी थी, तब इंडिया टुडे समूह की ओर से शुरू किए गए न्यूज ट्रैक का प्रयोग अभूतपूर्व रहा था। *न्यूज ट्रैक* रोमांच और कौतहूल से भरी कहानियों को वीएचएस में रिकॉर्ड करके बाजार में भेज देता था और यह टेप हाथोहाथ बिक जाया करते थे। भारतीयों ने अपने घर पर बैठकर टीवी पर इस तरह की खबरी कहानियां पहली बार देखी थीं और इसका चटपटा स्वाद उन्हें पसंद भी आया था।

दरअसल तब तक भारत की 80 प्रतिशत आबादी *दूरदर्शन* देख रही थी। इसलिए टीवी का बाजार यहां पर पहले से ही मौजूद था लेकिन यह बाजार बेहतर मापदंडों की कोई जानकारी नहीं रखता था क्योंकि उसका परिचय किसी भी तरह की प्रतिस्पर्धा से हुआ ही नहीं था। नए चैनलों के लिए यह एक सुनहरा अवसर था क्योंकि यहां दर्शक बहुतायत में थे और विविधता नदारद थी। इसलिए जरा सी मेहनत, थोड़ा सा रिसर्च, तकनीकी कसाव और कुछ अलग दिखाने का जोखिम लेने की हिम्मत भारतीय टीवी में एक नया इतिहास रचने की बेमिसाल संभावना रखती थी।

अभी छह दशक पहले महात्मा गांधी की हत्या को पूरी दुनिया ने सांसें रोककर रेडियो पर सुना था और अब सात समंदर पार होने वाला युद्ध और मुंबई में आतंकवादियों का तांडव भी टीवी पर लाइव देखा जा सकता है। जाहिर है कि इस कोशिश की पृष्ठभूमि पर

सूचना क्रांति के दबाव के अलावा मुनाफे की सोच तो हावी थी ही और जब मुनाफा और प्रतिस्पर्धा दोनों ही बढ़ने लगे तो नएपन की तलाश भी होने लगी। दर्शक को हर समय नया मसाला देने और उसके रिमोट को अपने चैनल पर ही रोके रखने के लिए समाचार और प्रोग्रामिंग के विभिन्न पहलुओं पर ध्यान दिया गया जिनमें पहले पहल राजनीति और फिर बाद में अपराध की ओर ध्यान गया। न्यूज मीडिया में इस बड़े परिवर्तन का मुख्य कारण नई अर्थव्यवस्था से उपजा उपभोक्ताओं का बाजार था जिस पर अधिक से अधिक कब्जा करने के लिए एक नई होड़ पैदा हुई। इस होड़ से आकर्षण और चटपटे समाचारों का भाव बढ़ा और संसद और विधानसभाओं की लंबी चर्चाओं की खबर उबाऊ साबित होने लगी। धीरे-धीरे नेताओं की बेसुरी बयानबाजी की खबरों का अनुपात घटने लगा। मीडिया की जरूरतों ने नई करवट ली और दफ्तर में बैठकर या प्रेस कॉन्फ्रेंस में शामिल होकर सूचनाओं को खबर में परिवर्तित कर लेने की प्रवृत्ति घटी। अब खबरों को हथियाने के लिए नए औजारों की खोजबीन होने लगी।

साल 2000 के आते-आते चैनल मालिक यह जान गए कि अकेले राजनीति के बूते चैनलनुमा दुकान को ज्यादा दिनों तक टिकाकर नहीं रखा जा सकता। यह धारणा चोखी होती गई कि दर्शक को खबर में भी मनोरंजन और कौतूहल की तलाश है और इस चाह को पूरा करने के लिए वह हर रोज सिनेमा जाने से बेहतर यही समझता है कि टीवी ही उसे यह खुराक परोसे। चैनल मालिक भी जान गए कि अपराध और आतंक को सबसे ऊंचे दाम पर बेचा जा सकता है और इसके चलते मुनाफे को तुरंत कैश भी किया जा सकता है। अपराध में आतंक, रहस्य, रोमांच, राजनीति, जिज्ञासा, सेक्स और मनोरंजन—सब कुछ है। इसे सबसे अधिक बिकाऊ प्रोडक्ट माना गया और इसी कारण सूचनारंजन (इंफोटेंमेंट) का उदय हुआ जो आम न्यूज मीडिया पर काफी हद तक हावी है। यह फिल्म का एक ऐसा शार्टकटी मनोरंजन है जिसमें रिएलिटी तो हावी है ही, साथ ही इसके उपभोग के लिए न तो 3 घंटे खर्च करने की जरूरत है और न ही सिनेमाघर जाने की। यहां वास्तविक जीवन की फिल्मी कहानी को सिर्फ डेढ़ मिनट में सुना जा सकता है और फिर ज्यादातर चैनलों पर उनका रिपीट टेलीकास्ट भी देखा जा सकता है। भारत में अपराध रिपोर्टिंग के फैलाव का यही सार है।

प्राइवेट टीवी चैनल और बदलाव की बयार

लंबे समय तक *दूरदर्शन* भारत में मीडिया का शहंशाह रहा। लेकिन समय बदला। निजी चैनल अपने लिए रास्ता बनाने लगे। नए शहंशाह बिलों से बाहर आने लगे। मीडिया मालिक बनना आसान होने लगा लेकिन 90 के दशक तक टीवी बचपन में था। वह अपनी समझ को विकसित, परिष्कृत और परिभाषित करने की कोशिश में जुटा था। खबर के नाम पर वह वही परोस रहा था जो सरकारी ताने-बाने की निर्धारित परिपाटी के अनुरूप था। इसके आगे की सोच उसके पास नहीं थी लेकिन संसाधन खूब थे। इसलिए टीवी तब भले ही रूखी-सूखी जानकारी का स्रोत तो था लेकिन एक स्तर के बाद यहां तमाम जानकरियां

ठिठकी हुई ही दिखाई देती थीं। यह धीमी रफ्तार 90 के शुरुआती दशक तक जारी रही। इमरजेंसी की तलवार के हटने के बाद जिस तरह से दबी-छुपी खबरों का विस्फोट हुआ था और अखबारों तथा पत्रिकाओं में रिपोर्टिंग के विषयों और तौर-तरीकों में बदलाव आया था, वह काबिलेगौर था। लेकिन इमरजेंसी के बाद *संडे, इंडियन एक्सप्रेस, रविवार, जनसत्ता* आदि ने जिस समाचार क्रांति की शुरुआत की थी, उसमें बोफोर्स जैसे धमाकों के बावजूद एक थकान और सुस्ती आने लगी थी।

यहां *दूरदर्शन* की साख का सवाल भी उतना ही महत्वपूर्ण है। 1977 में लोकसभा चुनाव की घोषणा के बाद जयप्रकाश नारायण ने दिल्ली में रैली का एलान किया तो दूरदर्शन को सरकार की तरफ से कथित तौर पर यह निर्देश मिला कि रैली का कवरेज कुछ ऐसा हो कि वह असफल दिखाई दे। इस मकसद को हासिल करने के लिए *दूरदर्शन* ने पुरजोर ताकत लगाई। *दूरदर्शन* के कैमरे रैली-स्थल पर उन्हीं जगहों पर शूट करते रहे जहां कम लोग दिखाई दे रहे थे। रात के प्रसारण में *दूरदर्शन* ने अपनी खबरों में रैली को असफल साबित कर दिया लेकिन उसकी पोल दूसरे दिन अखबारों ने खोल दी। रैली में लाखों लोग मौजूद थे और तकरीबन सभी अखबारों ने अपार जनसमूह के बीच जेपी को संबोधित करते हुए दिखाया था। यह भारत की सच्ची तस्वीर थी।

तब अपराध नाम का एजेंडा शायद *दूरदर्शन* की सोच में नहीं था। मुख्यधारा मीडिया की भी अपराध के कवरेज के प्रति लगभग यही सोच थी। अपराध या आतंक की कवरेज बहुत सोच-परख कर की जाती थी। इसके अपने नफा-नुकसान थे लेकिन पंजाब में जब आतंकवाद अपने चरम पर था, तब दूरदर्शन का बिना मसाले के खबर को दिखाना काफी हद तक फायदेमंद ही रहा। जिन्हें इसमें कोई शक हो, वो इन परिस्थितियों को निजी चैनलों की *ब्रेकिंग न्यूज* करने की हड़बड़ाहट की कल्पना कर समझ सकते हैं। इसी तरह इंदिरा गांधी और फिर बाद में राजीव गांधी की हत्या जैसे तमाम संगीन और अंतर्राष्ट्रीय स्तर पर भी बड़ी घटनाओं को बेहद सावधानी से पेश किया गया। खबरों को इतना छाना गया कि खबरों के जानकार यह कहते सुने गए कि खबरें सिर्फ कुछ शॉट्स तक ही समेटकर रख दी गईं और शॉट्स भी ऐसे जो विद्रूप न हों और सामाजिक या धार्मिक द्वेष या नकारात्मक विचारों की वजह न बनते हों। विवादास्पद और आतंक से जुड़ी खबरों को खूब काट-छान कर अक्सर या तो बिना शॉट्स के ही चला दिया जाता या फिर उन्हें 10-12 सेकंड की तस्वीरों में ही समेट दिया जाता। सरकारी स्वामित्व वाले *दूरदर्शन* का नीतिगत ढांचा मुख्य रूप से सरकार के पक्ष को रखने तक ही सीमित था और इसमें आलोचना या विश्लेषण के लिए कोई खास जगह नहीं थी। इसे आदर्श स्थिति नहीं माना जा सकता था।

उस समय छोटे-मोटे अपराध कवर नहीं किए जाते थे। ऐसी खबरें तो जैसे *पंजाब केसरी* सरीखे अखबारों के जिम्मे थीं जो एक लंबे समय तक भारत का सबसे बिकाऊ और लोकप्रिय अखबार बना रहा। इमरजेंसी के दौरान इस अखबार ने अपने चटपटे बॉलीवुडी कलेवर की वजह से जोरदार मुनाफा कमाया और यह इकलौता ऐसा अखबार साबित हुआ जिसकी सर्कुलेशन 60,000 से बढ़कर 1 लाख 20,000 को पार कर गई। इसी तरह एक

समय में *मनोहर कहानियां* और *सत्यकथा* भी अपने इसी विशिष्ट कलेवर की वजह से एक अर्से तक भारतीय पत्रिकाओं की सरताज बनी रही थीं। इस लहर को निजी चैनलों ने समझा और टीवी के रंग-ढंग को बदलकर रख दिया। यहीं से टेलीविजन के विकास की असली कहानी की शुरुआत होती है। प्रतियोगिता ने टेलीविजन को पनपने का माहौल दिया और मीडिया शहजादों को एक बड़ा मंच मुहैया करवाया।

मील का पहला पत्थर *जी टीवी* ने रखा और भारतीय जमीन से खबरों का प्रसारण शुरू किया। पहले पहल *जी टीवी* पर रोज आधे घंटे के समाचार प्रसारित किए गए जिनमें राष्ट्रीय खबरों के अलावा अंतर्राष्ट्रीय खबरों को भी पूरी जगह दी गई। समाचारों को फुर्तीलेपन, कलात्मकता और तकनीकी स्तर पर आधुनिक ढंग से सजाने-संवारने की कोशिश की गई। आकर्षक सेट बनाए गए, भाषा को चुस्त किया गया, हिंग्लिश का प्रयोग करने की पहल हुई और नएपन की बयार के लिए सोच के दरवाजे खोले गए। इस नएपन और खुलेपन की यात्रा अभी जारी है और परिणाम मिश्रित। यह भी अधिकाधिक महसूस किया जाता रहा है कि टेलीविजन पर अपराध कुछ अधिक ही हावी हो रहे हैं लेकिन टीवी की इस प्रयोगशाला में अभी किसी अंतिम नतीजे पर नहीं पहुंचा जा सका है।

टीवी पर क्राइम रिपोर्टिंग के प्रयोग

बाहर की दुनिया में छिटके अपराध धीरे-धीरे टीवी की तरफ सरकाए जाने लगे। इन्हीं दिनों दिल्ली में एक घटना हुई। घटना 1995 की है। एक रात नई दिल्ली के तंदूर रेस्तरां के पास से गुजरते हुए दिल्ली पुलिस के एक सिपाही ने आग की लपटों को बाहर तक आते हुए देखा। अंदर झांकने और बाद में पूछताछ करने के बाद यह खुलासा हुआ कि दिल्ली युवक कांग्रेस का एक युवा कार्यकर्ता अपने एक मित्र के साथ मिलकर कथित तौर पर अपनी पत्नी नैना साहनी की हत्या करने बाद उसके शरीर के टुकड़े तंदूर में डालकर जला रहा था। यह अपनी तरह का बेहद बीभत्स अपराध था। *जी टीवी* ने जब इस घटना का वर्णन किया और उस तंदूर के शॉट्स दिखाए तो दर्शक चौंक गया और वह आगे की कार्रवाई को जानने के लिए बेताब दिखने लगा। यह बेताबी राजनीतिक या आर्थिक समाचारों को जानने से कहीं ज्यादा थी। दर्शक फॉलो-अप के लिए बेसब्र था। बेसब्री के इस माहौल ने टीवी की प्रयोगशाला को यह संकेत दिया कि अपराध वाकई बिकता है।

बेशक इस घटना ने टीवी न्यूज में अपराध के प्रति लोगों की दिलचस्पी को समझने में मदद दी लेकिन दर्शक की नब्ज को पकड़ने में निजी चैनलों को काफी समय लगा। 90 के दशक में अक्सर वही अपराध कवर होता दिखता था जो प्रमुख हस्तियों से जुड़ा हुआ होता था। रोजमर्रा के अपराधों को तब भी रिपोर्ट के लायक नहीं माना जाता था। एक धारणा यह भी थी कि आम मध्यवर्गीय दर्शक अपने पूरे परिवार के साथ अपराध, खासकर हत्या, बलात्कार, लूट, डकैती और अपहरण की खबरें देखना नहीं चाहता। सामाजिक सरोकार और मानवीय संवेदनाओं से जुड़े आम जिंदगी के अपराध ड्रॉप कर दिए जाते थे। विख्यात पत्रकार पी साईंनाथ के मुताबिक साल 1996 से लेकर 1999 तक मीडिया ने मोटापा घटाने

से संबंधित इतनी खबरें प्रचारित और प्रसारित कीं और विज्ञापन दिखाए कि उसमें यह तथ्य पूरी तरह से छिप गया कि तब 10 करोड़ भारतीयों को हर रोज 74 ग्राम से भी कम खाना मिल पा रहा था। एक ऐसे वक्त में मीडिया मोटापा घटाने के लिए खुली तथाकथित दुकानों पर ऐसा केंद्रित हुआ कि वह उन लोगों को भूल गया जो अपना बचा-खुचा वजन बचाने की कोशिश कर रहे थे। इस माहौल में वही अपराध टीवी के पर्दे पर कवर किया जाता था जो कि ऊंची सोसायटी से जुड़ा होता था या सनसनी ला सकता था। चुनाव के समय भी अपराध को खोजने-खोदने की प्रक्रिया तेज हो जाती थी ताकि इसके जरिए राजनीति को जवाबदेह बनाया जा सके। ऐसे में अपराध की कवरेज ज्यादा मुश्किल और जोखिम भरी थी और इसलिए अपराध रिपोर्ट करने के लिए इच्छुक पत्रकार को खोजना अपराध की जानकारी रखने से ज्यादा मुश्किल माना जाता था।

इसी कड़ी में 1995 में *जी टीवी ने इंडियाज मोस्ट वांटेड* नामक कार्यक्रम से एक नई पारी की शुरुआत की। इसके निर्माता सुहेब इलियासी ने इस कार्यक्रम की रूपरेखा ब्रिटेन और अमरीका में टीवी चैनलों पर नियमित रूप से प्रसारित होने वाले अपराध जगत से जुड़ी खबरों पर आधारित कार्यक्रमों को देखकर बनाई थी। यह कार्यक्रम अपने धमाकेदार अंदाज के कारण एकाएक सुर्खियों में आ गया। कार्यक्रम के हर नए एपिसोड में दर्शकों को पता चलता था कि जिस अपराधी का हुलिया और ब्योरा सुहेब ने बीते हफ्ते दिखाया था, वह अब सलाखों के पीछे है, तो वह टीवी की वाहवाही करने से नहीं चूकता था। यह बात यह है कि खुद सुहेब की कार्यशैली हमेशा विवादों में रही। तब *जी* का कोई अलग समाचार चैनल नहीं था। परंपरागत पत्रकारिता में इस तरह के कार्यक्रम तब मनोरंजन चैनलों पर ही दिखाए जाते थे। *इंडियाज मोस्ट वांटेड* की प्रस्तुति, भाषा और अंदाज ने टीवी पर अपराध रिपोर्टिंग की एकदम नई परिभाषा गढ़ दी। टीवी पर अपराध कथाओं को एक नया मुहावरा मिला और दर्शकों को एक नया अनुभव। *इंडियाज मोस्ट वांटेड* और *आंखों देखी* जैसे कार्यक्रमों में ग्राफिक्स और लाल रंगी लिखित पट्टियों के जरिए दर्शक को रोके रखने की अभिनव कोशिशें की गईं। लोगों ने इन्हें हाथोहाथ लिया। इस सफलता ने टीवी पर अपराध-कथाओं के आकर्षण को बढ़ा दिया और चैनलों में अपराध समाचारों को लेकर जो झिझक थी, वह खत्म होने लगी। टेलीविजन समाचार चैनलों पर अपराध की खबरों का मौजूदा स्वरूप इसी झिझक की टूट का परिणाम है।

रिपोर्टिंग का नया ट्रेंड

नई सदी न्यूज मीडिया के लिए नए अध्याय लेकर आई। *एनडी टीवी, आजतक, स्टार न्यूज, सहारा* जैसे 24 घंटे के कई न्यूज चैनल बाजार में उतर आए और इनमें से किसी के लिए भी न्यूज बुलेटिनों को चौबीसों घंटे भरा-पूरा और ताजा रखना आसान नहीं था। इसके अलावा अब दर्शक के सामने विकल्पों की कोई कमी नहीं थी। किसी एक चैनल की कवरेज दो पल के लिए पसंद न आने पर वह तुरंत दूसरे चैनल का रुख कर लेने के लिए स्वतंत्र था। दर्शक की इस आजादी, बेपरवाही और बेचैन खोज ने चैनलों के सामने कड़ी

चुनौती खड़ी कर दी। ऐसे में दर्शक का मन टटोलने की असली मुहिम अब शुरू हुई।

बहुत जल्द ही यह समझ में आ गया कि दर्शक को अगर फिल्मी मसाले जैसी खबरें परोसी जाएं तो उसे खुद से बांधे रखना ज़्यादा आसान हो सकता है। इसी समझ के आधार पर हर चैनल नियमित तौर पर अपराध कवर करने लगा। फिर यह नियमितता डेढ़ मिनट की स्टोरी से आगे बढ़कर आधे घंटे के कार्यक्रमों में तब्दील होती गई और हर चैनल ने अपराध रिपोर्टरों की एक भरी-पूरी फौज ही तैयार करनी शुरू कर दी जो गली-मोहल्ले में होने वाले हर छोटे-बड़े अपराध की खबर पर नजर रखने के काम में जुट गई। चैनल यह समझ गए कि ऐसे कार्यक्रमों के लिए टीआरपी, विज्ञापन और दर्शक सभी आसानी से मिल जाते हैं। अब खबरों की तलाश और उन्हें दिखाने का तरीका भी रोज बदलने लगा। इस रुझान का नकारात्मक प्रभाव यह भी पड़ा कि अपराध समाचारों की बुनावट अक्सर बॉलीवुडी फॉर्मूले को अपनाकर की जाने लगी।

वर्ष 2000 में मंकी मैन की कवरेज इसी का परिणाम थी। कवरेज ऐसी रही कि न्यूज मीडिया एक हास्यास्पद चौराहे पर खड़ा दिखा। एक छोटी-सी खबर पर मीडिया ने बड़ा हंगामा खड़ा किया। खबर सिर्फ इतनी थी कि दिल्ली के पास बसे गाजियाबाद के कुछ लोगों का यह कहना था कि एक अदृश्य शक्ति ने एक रात उन पर हमला किया था। एक स्थानीय अखबार में यह खबर छपी जिसे बाद में दिल्ली के एक-दो अखबारों ने भी छापा। हफ्ते भर में ही दिल्ली के विभिन्न इलाकों से ऐसी ही मिलती-जुलती खबरें मिलने लगीं। इस तरह की ज्यादातर खबरें ऐसे इलाकों से आ रही थीं जो पिछड़े हुए थे। टीवी ने खूब जोर-शोर से इस खबर को कवर किया। *आजतक, जी टीवी और एनडी टीवी* ने दिखाया कि किस तरह से मोहल्ले के मोहल्ले रात भर जागकर चौकीदारी कर रहे हैं ताकि वहां पर मंकी मैन न आए। फिर मीडिया को कुछ ऐसे लोग भी मिलने लगे जिनका दावा था कि उन्होंने मंकी मैन को *देखा* है।

ऐसे में टीवी पर एक से बढ़कर एक रोचक किस्से सुनाई देने लगे। हर शाम टीवी चैनल किसी बस्ती से लोगों की कहानी सुनाते जिसमें कोई दावा करता कि मंकी मैन चांद से आया है तो कोई तो दावा करता कि मंगल ग्रह से। कुछ लोग अपनी चोटों और खरोंचों के निशान भी टीवी पर दिखाते। टीवी चैनलों ने इस अवसर का पूरा फायदा उठाया। एक चैनल ने तो एनिमेशन के जरिए इस कथित मंकी मैन का चित्र ही बना डाला और टीवी पर बताया कि अपने स्प्रिंगनुमा पंजों से मंकी मैन एक साथ कई इमारतें फांद लेता है। फिर एक कहानी यह भी आई कि शायद इस मंकी मैन के आतंक के पीछे पाकिस्तान का हाथ है। मंकी मैन एक, कहानियां अनेक और वह भी मानव रुचि के तमाम रसों से भरपूर!

यह कहानी महीने भर तक चली और एकाएक खत्म भी हो गई। मीडिया दूसरी कहानियों में व्यस्त हो गया और मंकी मैन कहीं भीड़ में खो-सा गया। बाद में दिल्ली पुलिस की रिपोर्ट ने किसी अदृश्य प्राणी और खतरनाक शक्ति की मौजूदगी जैसी कहानियों की आशंकाओं को पूरी तरह से नकार दिया। तो फिर यह मंकी मैन था कौन? बाद में जो एक जानकारी सामने आई, वह और भी दिलचस्प थी।

असल में मंकी मैन का सारा हंगामा निचली बस्तियों में हो रहा था जहां बिजली की भारी कमी रहती है। गर्मियों के दिन थे और एकाध जगह वास्तविक बंदर के हमले पर जब मीडिया को मजेदार कहानियां मिलने लगीं तो वह भी इसे बढ़ावा देकर इसमें रस लेने लगा। लोग भी देर रात पुलिस और मीडिया की गुहार लगाने लगे। नतीजतन रात भर गुल रहने वाली बिजली अब मजे से कायम रहने लगी, पुलिस की गश्त से चोरों से निजात मिली और गर्मियां सुकूनमय हो गईं। माना जाता है कि इस सुकून की तलाश में ही मंकी मैन खूब फला-फूला और स्टोरी की तलाश में हड़बड़ाए मीडिया का दर्शकों ने भी इस्तेमाल किया। मंकी मैन या मुंहनोचवा के प्रकरण के पीछे सामूहिक उन्माद (मास हिस्टीरिया) की मनौवैज्ञानिक अवधारणा को भी सक्रिय देखा जा सकता है। लेकिन जो भी हो, एक अकेले बंदर की इस कहानी ने मीडिया को हाजमोले का-सा स्वाद जरूर दे दिया।

21 जुलाई, 2006 की प्रिंस की घटना की कवरेज भी काबिलेगौर है। दिल्ली से 150 किलोमीटर दूर हल्देड़ी गांव में 5 साल का लड़का प्रिंस एक गड्ढे में गिर जाता है। प्रिंस एक मजदूर का बेटा है। वह जिस गड्ढे में गिरता है, वह 60 फीट गहरा है, इसलिए निकालने का काम पेचीदा है। टीवी चैनलों को इसमें रोमांच दिखता है। खबर इस अंदाज में दिखाई जाती है कि खबर बताए जाने के कुछ घंटों के भीतर ही मुंबई के सिद्धि विनायक मंदिर से लेकर दिल्ली के लक्ष्मीनारायण मंदिर, गोवा की चर्चों और अजमेर की ख्वाजा मोइनुद्दीन चिश्ती की दरगाह तक में प्रिंस की खुशामदी की दुआएं मांगी जाने लगती हैं। मुंबई से सेना के जवान आते हैं। गड्ढे के पास एक क्लोज सर्किट टीवी लगा दिया जाता है। चैनल दिखाते हैं—प्रिंस के दुबककर बैठे होने और बिस्किट को चखने के शाट्स। हरियाणा के मुख्यमंत्री मौके पर पहुंचते हैं और प्रधानमंत्री ऑफिस से उसकी कुशल रिहाई का संदेश जारी किया जाता है।

50 घंटे बाद जब सेना प्रिंस को बाहर निकाल लाती है, तब तक प्रिंस देश भर में हीरो बन चुका होता है। उसके नाम पर चंदे जमा हो जाते हैं और उसे पुचकारने वालों का हुजूम लग जाता है। संसद का मानसून सत्र लोकसभा अध्यक्ष की प्रिंस के लिए कामना के साथ शुरू होता है। प्रिंस मीडिया के उस युग का सूत्रपात करता है जहां एक मामूली खबर को भी थोड़ी अतिरिक्त अक्लमंदी से एक आंदोलन बनाया जा सकता है। इसका मुनाफा बेहिसाब है लेकिन यह अंदर की बात है। क्या दर्शक कभी जान पाया कि प्रिंस के नाम पर चैनलों ने एसएमएस मांगने की जो फरियाद की, उन संदेशों से उन्हें कितने की कमाई हुई? कहानी को तो संवेदना के आटे में लपेटकर निपटा दिया गया।

आतंक, युद्ध और टीवी रिपोर्टिंग—कसाव से कसाब तक

युद्ध यानी अपराध का एक बेहद बड़ा कैनवास। हर तरह के रोमांच से लबालब। ताजे संदर्भ में दिखाई देता है—करगिल युद्ध। किसी भी युद्ध में भावनाओं का उफान होता है। लोग सब कुछ जानने को अधीर होते हैं। अपराधों की तलाश में भागते मीडिया के लिए 1999 में करगिल युद्ध बड़े तोहफे के रूप में सामने आया। मीडिया को *एक्सक्लूसिव*

और *ब्रेकिंग न्यूज* की आदत भी तकरीबन इन्हीं दिनों पड़ी। एक युद्ध भारत-पाक सीमाओं पर करगिल में चल रहा था और दूसरा मीडिया के अंदर ही शुरू हो गया। कौन खबर को सबसे पहले, सबसे तेज, सबसे अलग देता है, इसकी होड़-सी लग गई। हर चैनल की हार-जीत का फैसला हर पल होने लगा। जनता हर बुलेटिन के आधार पर बेहतरीन चैनल का सर्टिफिकेट देने लगी। कुछ चैनलों ने अपनी कवरेज से यह साबित कर दिया कि प्यार और युद्ध में सब कुछ जायज है। इस बार भी मुहावरा तो वही रहा लेकिन मायने बदल गए। इस बार यह माना गया कि युद्ध के मैदान में *एक्सक्लूसिव* की दौड़ में बने रहने के लिए सब कुछ जायज है। यही वजह है कि माना जाता है कि एक भारतीय टीवी चैनल ने इस कदर गैर-जिम्मेदाराना रिपोर्टिंग की कि रिपोर्टर की नादानी की वजह से चार भारतीय जवानों को अपनी जान गंवानी पड़ी। आरोप है कि टीवी चैनल पर दिखाए जा रहे शॉट्स से ही पाकिस्तानी सेना को इस बात का अंदाजा लगा कि एक खास बटालियन की तैनाती उस दिन किस दिशा में थी!

इसके बाद दो और बड़ी घटनाएं हुईं। 22 दिसंबर, 2000 की रात को लश्कर-ए-तैयबा के दो फियादीन आतंकवादी लाल किले के अंदर जा पहुंचे और उन्होंने राजपूताना राइफल्स की 7वीं बटालियन के सुरक्षा गार्डों पर हमला कर तीन को मार डाला। 17वीं सदी के इस ऐतिहासिक और सम्माननीय इमारत पर हमला होने से दुनिया भर की नजरें एकाएक भारतीय मीडिया पर टिक गईं। तमाम राजनीतिक रिपोर्टरों ने शायद तब पहली बार समझा कि भारतीय मीडिया पर अपनी पकड़ बनाने के लिए अकेले संसद भवन तक की पहुंच ही काफी नहीं है बल्कि अपराध की बारीकियों की समझ भी महत्वपूर्ण है।

फिर 13 दिसंबर, 2001 को कुछ आतंकवादियों ने संसद पर हमला कर दिया। यह दुनिया भर के इतिहास में एक अनूठी घटना थी। घटना भरी दोपहर में घटी। तब संसद सत्र चल रहा था कि अचानक गोलियों के चलने की आवाज आई। संसद सदस्यों और कर्मचारियों से लबालब भरे संसद भवन में उस समय हड़बड़ी मच गई। इसमें सबसे अहम बात यह रही कि उस समय संसद भवन के अंदर और बाहर—दोनों ही जगह पत्रकार मौजूद थे। इनमें तकरीबन सभी प्रमुख चैनलों के टीवी कैमरामैन भी शामिल थे। पाकिस्तान के 5 आतंकवादियों ने करीब घंटे भर तक संसद में गोलीबारी की। इसमें 9 सुरक्षाकर्मियों सहित 16 अन्य लोग घायल हो गए। अभी संसद में हंगामा चल ही रहा था कि मीडिया ने भी अपनी विजय पताका फहरा दी क्योंकि मीडिया इस सारे हंगामे को कैमरे में बांध लेने में सफल रहा। कुछ कैमरामैनों ने अपनी जान पर खेलकर आतंकवादियों का चेहरा, उनकी भाग-दौड़, सुरक्षाकर्मियों की जांबाजी और संसद भवन के गलियारे में समाया डर शूट किया। एक ऐसा शूट जो मीडिया के इतिहास में हमेशा सुरक्षित रहेगा। संसद पर हमले के दौरान ही संसद भवन के बाहर खड़े रिपोर्टरों ने लाइव फोनो और ओबी करने शुरू कर दिए। पूरा देश आतंक का ऐसा रोमांचक लाइव टेलीकास्ट देखने के लिए आमंत्रित था। थोड़ी ही देर बाद नेताओं की टोली भी ओबी वैनों की तरफ आकर हर चैनल को तकरीबन एक-सा अनुभव बयान करने लगी। हाथ भर की दूरी पर एक-दूसरे के करीब खड़े टीवी

चैनल उस वक्त खुद आतंकित दिखने लगे क्योंकि यह समय खुद को सर्वश्रेष्ठ साबित करने का था। टीवी पर गोलियों की आवाज बार-बार सुनाई गई। फिर रात में कुछ चैनलों ने सिर्फ रिपोर्टर ही नहीं बल्कि मौके पर मौजूद रहे कैमरामैनों के इंटरव्यू भी दिखाए। शायद पहली बार कैमरे के पीछे रहने वालों को कैमरे के सामने जगह मिली।

यह टीवी पत्रकारिता के एक अनोखे युग का सूत्रपात था। हड़बड़ाए हुए मीडिया ने ब्रेकिंग न्यूज की पताका को हर पल फहराया। प्रिंट मीडिया की तुलना में तुरंत और सीधे खबर देने की इस विशेषता की वजह से धीरे-धीरे इलेक्ट्रॉनिक मीडिया एक सुपर पावर के रूप में प्रतिष्ठित होने का दावा करता दिखाई देने लगा और इससे ब्रेकिंग न्यूज की परंपरा को और प्रोत्साहन मिलता गया लेकिन चैनलों ने ब्रेकिंग न्यूज की हड़बड़ी में कई भारी-भरकम भूलों को भी अंजाम दिया और कई बार आपत्तिजनक खबरों के प्रसारण की वजह से सवालों से भी घिरा दिखाई दिया।

जाहिर है कि चैनलों की इस हड़बड़ी के अंजाम भी मिले-जुले रहे हैं और इलेक्ट्रॉनिक मीडिया की जल्दबाजी और शायद आसानी से मिलती दिखती शोहरत की वजह से भी प्रिंट और इलेक्ट्रॉनिक मीडिया के बीच बढ़ती दूरियां भी साफ दिखने लगी हैं। मीडिया ने कई बार न्यूज देने के साथ ही रिएल्टी टीवी बनने की भी कोशिश की जिससे न्यूज की वास्तविक अपेक्षाओं से खिलवाड़ होता दिखा। इसका प्रदर्शन गुड़िया प्रकरण में भी हुआ।

वर्ष 2004 में एक अजीबोगरीब घटना घटी। पाकिस्तान की जेल से 2 भारतीय कैदी रिहा किए गए। इनमें से एक, आरिफ, के लौटते ही खबरों का बाजार गरम हो गया। खबर यह थी कि आरिफ भारतीय सेना का एक जवान था और करगिल युद्ध के दौरान वह एकाएक गायब हो गया था। सेना ने उसे भगोड़ा तक घोषित कर दिया लेकिन अचानक खबर मिली कि वह तो पाकिस्तान में कैद था! इसलिए उसकी वापसी तो एक खबर थी ही लेकिन असली खबर इसके बाद बनी। अपने गांव लौटने पर उसने पाया कि उसकी पत्नी गुड़िया की दूसरी शादी हो चुकी है और वह 8 महीने की गर्भवती भी है। यहां यह भी गौरतलब है कि आरिफ जब लापता हुआ था, तब आरिफ और गुड़िया की शादी को सिर्फ 10 दिन हुए थे। अब वापसी पर आरिफ का कथित तौर पर मानना था कि गुड़िया को उसी के साथ रहना चाहिए क्योंकि शरीयत के मुताबिक वह अभी भी पहले पति की ही विवाहिता थी। इस निहायत ही निजी मसले को मीडिया ने जमकर उछाला और भारतीय मीडिया के इतिहास में पहली बार *जी न्यूज* के स्टूडियो में लाइव पंचायत ही लगा दी गई। कई घंटे तक चली पंचायत के बाद यह फैसला किया गया कि गुड़िया आरिफ के साथ ही रहेगी। इस कहानी को टीवी पर दिखाते समय मीडिया फैसला सुनाने का काम करता दिखाई दिया जो कि शायद मीडिया के कार्यक्षेत्र का हिस्सा नहीं है।

लेकिन इस खबर का दूसरा पहलू और भी त्रासद था। खबर थी कि गुड़िया, आरिफ और उसके कुछेक रिश्तेदारों को जी टीवी के ही एक गेस्ट हाउस में काफी देर तक रखा गया ताकि कोई और चैनल गुड़िया के परिवार की तस्वीर तक न ले पाए। मीडिया

की अंदरूनी छीना-झपटी की यह एक ऐसी मिसाल है जो मीडिया के अस्तिव पर गंभीर सवाल लगाने के लिए काफी है। यह एक ऐसी प्रवृत्ति की परिचायक है जो घटनाओं को सनसनीखेज बनाकर अपराध की प्लेट पर परोसकर मुनाफे के साथ बेचना चाहती है।

इसी तरह वर्ष 2004 में दिल्ली के प्रतिष्ठित दिल्ली पब्लिक स्कूल के बच्चे एमएमएस के सौजन्य से मोबाइल पर खुद अपनी एक अश्लील फिल्म बना डालते हैं और जब वह मुट्ठी भर लोगों तक अपनी पहुंच बना लेती है तो मीडिया इस बात का पूरा ध्यान रखता है कि यह खबर पंख लगाकर पूरी दुनिया तक पहुंचे। कानूनी भाषा में कहें तो बिना सब कुछ दिखाए और कहे ही मीडिया सैकड़ों बार अपने *कर्तव्य* की पूर्ति करता है। जैसे-जैसे बुलेटिनों के साथ कौतूहल बढ़ता है, वैसे-वैसे ही *मोजेक* (टीवी पर चेहरा छिपाने की प्रक्रिया) घटता जाता है और किशोरों के लिए भरपूर *ज्ञानवर्धन* का काम करता है। टीआरपी के इस खेल में प्रेस काउंसिल की फटकार फिर भला क्या मायने रखती है !

अपराध और आतंक के तांडव में 26/11 का जिक्र कैसे छूट सकता है। पाकिस्तान से आतंकी समुद्र के रास्ते मुंबई आते हैं और करीब 60 घंटे देश भर को थर्राहट से भर देते हैं। ताज और ट्राइडेंट के अलावा मुंबई वीटी और नरीमन प्वाइंट निशाने पर आते हैं। पूरी दुनिया विस्फोटों की आवाजें सुनती है, धधकती हुई लपटें देखती है। वह खून से सने लोगों को देखती है और साथ ही देखती है हर पल की रिपोर्ताज जो बताती है कि कौन कहां किधर है। वह आतंकियों की गतिविधियों का भी ब्योरा देती है और उनसे निपट रहे जवानों का भी। *टाइम्स ऑफ इंडिया* की पत्रकार सबीना सैकिया किस कमरे में छिपी है, इसकी खबर कथित तौर पर मीडिया के ही जरिए आतंकवादियों को मिलती है। दर्शक उस युवा की तस्वीर को बार-बार देखता है जो आतंकी हिम्मत से लबरेज दनादन गोलियां चला रहा है। वह युवक कसाब है। वह जिंदा पकड़ा जाता है और दर्शक महीनों बाद भी बार-बार उस युवक के बेहोशी में दिए गए बयानों को सुनते हैं। जनता अपनी राय कायम करती है और भारत-पाकिस्तान रिश्तों को इन तस्वीरों की बदौलत फिर से नए सिरे से परखती है। इस पर महीनों यह भी बहस छिड़ी रहती है कि राष्ट्रीय आतंक की ऐसी घटनाओं को लाइव दिखाना कितना तर्कसंगत है और एक पत्रकार के लिए राष्ट्रहित पहले आना चाहिए या खबर। लेकिन जो भी हो, अपराध और आतंक की ऐसी लाइव कवरेज कुछ साल पहले सोची भी नहीं जा सकती थी।

क्राइम का बाजार

बदलते हुए माहौल के साथ मीडिया के राजनीतिक, सांस्कृतिक और भावनात्मक समीकरण भी तेजी से बदलते रहते हैं। आजाद माहौल में आसमान को अपनी मुट्ठी में भर लेने की अपनी इस चाहत के चलते मीडिया ने कई बार सनसनी फैलाने से भी परहेज नहीं किया है फिर चाहे वह गोधरा हो या कश्मीर। अमरीकी टेलीविजन ने 11 सितंबर की घटना का कवरेज जिस तरह संभलकर किया, वह सीखने में भारतीय मीडिया को शायद अभी काफी समय लगेगा। अमरीका की अपने जीवनकाल की सबसे बड़ी त्रासदी को भी

अमरीकी मीडिया ने अपने व्यापारिक तवे पर भुनाकर नंबर एक होने की कोशिश नहीं की। इसकी एक बड़ी मिसाल यह भी है कि घटना की दर्दनाक तस्वीरों का—बुलेटिन को गरमागरम बनाने के लिए—इस्तेमाल नहीं किया गया लेकिन लगता है इस सधे हुए व्यवहार से भारत सहित और भी कई देशों ने सबक नहीं लिया लेकिन यहां यह भी याद रखना होगा कि सितंबर 2004 में जब रूस के एक स्कूल पर आतंकवादियों ने हमला बोल दिया और 155 स्कूली बच्चों सहित करीब 320 लोगों को मार डाला तो खूनखराबे से भरे शॉट्स दिखाने में कोई परहेज नहीं किया गया।

इसी तरह मीडिया ने कई बार अपराधियों को भी सुपर स्टार का दर्जा देने में बड़ी भूमिका निभाई है। वह कभी चंदन तस्कर वीरप्पन को परम शक्तिशाली तस्कर के रूप में स्थापित करता दिखाई दिया तो कभी अपराधियों को पूरे सम्मान के साथ राजनीति के गलियारों की धूप सेंकते बलशाली प्रतिद्वंद्वी के रूप में। अब स्थिति यह है कि सांसद भी मानने लगे हैं कि भारत में बढ़ते अपराधों, खासतौर पर बलात्कार दर में वृद्धि के लिए एक हद तक मीडिया भी जिम्मेदार है।

यह भी स्वीकार करना होगा कि इस समय देश में पनप रहे आधे दर्जन से ज्यादा न्यूज चैनलों में से एक भी ऐसा नहीं है जो कि संपूर्ण भारत का प्रतिनिधित्व करता हुआ दिखाई दे। ग्रामीण भारत यहां तकरीबन गायब है। पिछले कई साल में ग्रामीण भारत की रिपोर्टिंग का हिस्सा 3 प्रतिशत के आंकड़े को पार नहीं कर पाया है जबकि अपराध की कवरेज 7 प्रतिशत के आंकड़े को कब की पार कर चुकी है। इसके लिए टीआरपी को एक बड़ी वजह माना जाता है। निजी चैनलों की प्राइम टाइम विज्ञापन की दरें अगर गौर से देखें तो आभास होता है कि अगर किसी कार्यक्रम में दर्शक को रोके रखने की क्षमता है तो प्रति दस सेकंड के विज्ञापन की दर 400 रुपए से लेकर 3 लाख रुपए तक हो सकती है।

दरअसल इस समय मीडिया का जो चेहरा हमारे सामने है, वह परिवर्तनशील है। उसमें इतना लचीलापन है कि वह पलक झपकते ही नए अवतार के रूप में अवतरित हो सकता है। एक साथ एक ही पल में सारी दुनिया की खबरें मिलना इतिहास के किसी भी दौर में संभव नहीं था। अब घर बैठे इराक और अफगानिस्तान पर हो रही बमों की बरसात का लाइव टेलीकास्ट देखा जा सकता है और *वर्ल्ड ट्रेड सेंटर टावर* के हमले के अनगिनत री-प्ले। आतंकी का फोनो सुना जा सकता है। कमरे में तैनात रिमोट मुस्तैदी से पूरी दुनिया समेटकर हमारे सामने रखने की काबिलियत रखता है। इस नए युग में अपराध के अंदाज, मायने और तरीके बदल रहे हैं। साथ ही उनकी रोकथाम की जरूरत भी बढ़ रही है। मीडिया चाहे तो इस प्रक्रिया में लगातार सार्थक भूमिका निभा सकता है। बेशक मीडिया ने अपराध की कवरेज के जरिए कई बार समाज की खोखली होती जड़ों को टटोला है लेकिन अब भी मीडिया को समाज के प्रति सकारात्मक रवैया रखने की नियमित आदत नहीं पड़ी है। वैसे भी अपराध, आतंक और हिंसा पर न्यूज मीडिया की पैनी नजर का होना उसे समाज के चौथे स्तंभ के रूप में स्थापित करता है लेकिन अति व्यवसायीकरण, पैनी प्रतियोगिता और नंबर एक पर खुद को प्रतिष्ठित देखने की अटूट इच्छा की वजह

से अपराधियों की तरह ही अपराध रिपोर्टिंग न्यूज मीडिया की भी स्थायी खुराक न बन जाए, इस पर विचार जरूरी है।

इस सच को नकारा नहीं जा सकता कि न्यूज चैनलों का बाजार तनाव, टकराव, आतंक और खुलासे की जमीन पर ही पनपता है। वह इन्हें पसंद करता है क्योंकि यह माना जाता है कि इन कारकों की वजह से टीआरपी यानी कि रेटिंग बढ़ती है लेकिन इसका मतलब यह कतई नहीं है कि सिर्फ सनसनी को ही खबर की इकलौती परिभाषा मान लिया जाए। पत्रकार का दायित्व आज भी खबर को ज्यों का त्यों बता देना ही है। विश्लेषण थोपना या फैसला सुनाना उसके कार्यक्षेत्र का हिस्सा न तो कभी रहा है और न ही रहेगा।

इस संदर्भ में अमरीकी समाचार चैनल *सीबीएस* के *एंकर-पत्रकार* डॉन रादर का बयान गौर करने लायक है। वे कहते हैं—"इस समय देश के सभी न्यूज रूमों में एक भय हावी है। यह बिल्कुल दूसरी तरह का भय है। यह भय है कि अगर हमने इस खबर को कवर नहीं किया तो कोई और इसे कवर कर लेगा और जब वह करेगा तो वह हमारी तुलना में कुछ और पाठक या श्रोता या दर्शक बटोर ले जाएगा। समाचारों का हॉलीवुडीकरण काफी गहरा चुका है।" डॉन रादर का यह बयान सिर्फ अमरीकी ही नहीं बल्कि भारतीय समाचार कक्षों की सच्चाई को भी उजागर करता है।

लेकिन यहां यह स्वीकार करना होगा कि देश का आसमान निजी चैनलों के लिए खोलने के बाद छोटे पर्दे के कलेवर में काफी बदलाव आए हैं। पत्रकारिता की सीलन भरी दीवारें ढहने लगी हैं और शहर से गांव के चौपाल तक न्यूज मीडिया का दबदबा बढ़ा है। पिछले एक दशक में भारतीय पत्रकारिता का पहिया तेजी से घूमा है। इसका एक सुखद पक्ष यह भी है कि भारतीय मीडिया के सामने प्रतियोगिता और आत्म-विश्लेषण का माहौल भी बना है। अब जबकि दर्शक के हाथों का रिमोट उसे दुनिया भर के चैनलों की सैर करवा सकता है, मीडिया के लिए बाजार की अपनी संकुचित समझ से बाहर आना अनिवार्य हो गया है। दरअसल टीवी पर न्यूज और बाद में न्यूज चैनलों की पैदाइश ने इस बात को साबित किया कि न्यूज बिकाऊ हो सकती है और फायदे का सौदा भी। भारत दुनिया के उन गिने-चुने देशों में से एक बन गया जहां टीवी न्यूज चैनल मुनाफा कमाते हैं। इस मुनाफे को बनाने में अपराध एक जरूरी तत्व रहा है।

अपराध समाज के हर कोण से साक्षात्कार कराने का माद्दा रखता है। मीडिया भले ही उसे बिकाऊ बनाने के लिए उसमें मसालों की छौंक लगा दे लेकिन तब भी अपराध की अनदेखी नहीं की जा सकती। अपराध की कवरेज में सूराखों की गिनती मुश्किल है लेकिन इन सूराखों के बीच की संकरी गली से सच के तारे भी टिमटिमाते हैं। भारतीय टीवी पर अपराध पत्रकारिता हमेशा ही विवादित रही है। बंधनहीन, अनुशासनहीन और कई बार संवेदनहीन तरीके से टीवी पर भागती दिखती अपराध पत्रकारिता गंभीरता से परे होने के लिए भी आरोपित रही है लेकिन फिर भी यह विश्वास कायम रहता है कि अपराध की सटीक कवरेज समाज में चिपक रही मैली परतों की सफाई का कामगर उपकरण बन

सकती है। यह कल्पना करना आसान हो सकता है लेकिन यह सपना साकार तभी होगा जब पत्रकार को शैक्षिक, व्यावहारिक और मानसिक प्रशिक्षण भी सुलभ हो सके। ऊपरी तौर पर की गई रिपोर्टिंग एक मिनट की खबर तो बन सकती है, लेकिन ऐतिहासिक दस्तावेज नहीं।

अपराध कवरेज में से झांकते पैबंद भी इसी तरफ इशारा करते दिखते हैं।

टिप्पणियां और संदर्भ

- न्यूज एज एंटरटेनमेंट, दया किशन थुस्सू, सेज पब्लिशर्ज, 2007
- सेक्स क्राइम इन द न्यूज, सूथहिल और वाल्बे, राउटलेज, 1991
- इंडिया ऑन टेलीविजन, नलिन मेहता, राउटलेज, 2009
- एवरीबडी लव्स ए गुड ड्राउट, पी. साईंनाथ, पेंगविन बुक्स इंडिया, 2002
- मीडिया और जन संवाद, वर्तिका नन्दा और उदय सहाय, सामयिक प्रकाशन, 2009
- मीडिया एथिक्स, परंजॉय गुहा ठकुरता, ऑक्सफोर्ड यूनिवर्सिटी प्रेस, 2009
- मीडिया टीचिंग, फ्लेमिंग डेन, ब्लैकवेल, 1993
- चांद, फिजा और मीडिया, वर्तिका नन्दा, दैनिक भास्कर, 21 फरवरी, 2009
- अपराध और हंसी, वर्तिका नन्दा, दैनिक हिंदुस्तान, 17 जनवरी, 2010
- रूरल पीपल, आर दे ऑन दी मीडियाज एजेंडा, जॉर्ज मैथ्यू, विदुरा, जनवरी-मार्च 2002

दूसरा अध्याय

हाऊ स्वीट...कितना भयानक चेहरा है! मेरे चैनल में क्राइम एंकर ज्वाइन करना चाहोगे?
PRESS
पवन

अपराध रिपोर्टर
योग्यता और तैयारी

- रिपोर्टिंग टीम
- टेलीविजन संवाददाताओं के प्रकार
- अपराध संवाददाता का महत्व
- क्राइम रिपोर्टर : योग्यताओं की फेहरिस्त
- समाचार संकलन और रिपोर्टिंग में दिलचस्पी
- राजनीतिक और सामाजिक समझ
- साइबर क्राइम
- एमएमएस
- आतंकवादी संगठनों का ब्योरा
- टेलीविजन की तकनीकी समझ
- बैकग्राउंडर
- बॉडी लैंग्वेज
- फोनो और ओबी
- लाइव रिपोर्टिंग के लिए टिप्स
- टीवी चैनलों के लिए सलाह
- दूसरे शहर में काम कर रहे पत्रकारों के लिए सावधानियां
- स्टिंग ऑपरेशन

2

अपराध रिपोर्टर योग्यता और तैयारी

रिपोर्टिंग टीम

रिपोर्टिंग एक सुनियोजित और सुगठित कोशिश है। खबर की दुनिया का व्यापार काफी हद तक रिपोर्टरों की क्षमता पर निर्भर करता है। पत्रकार कहानी का खोजकर्ता होता है और फिर उसका वाचक भी बनता है। कहानी के हर सिरे को पकड़ना उसका काम है। अगर अपराध की एक परंपरा रही है तो पत्रकारिता की भी परंपरा है ही। लेकिन पत्रकारिता की इस परंपरा को कायम रखना कोई खेल नहीं।

खबर की खोज कर लेना और खबर को कवर उसे दर्शक के लायक बना देना किसी एक के बस का नहीं है। यह मामला टीम का है। टेलीविजन चैनल का संपादकीय विभाग दर्जनों लोगों का संयोजन होता है। इसमें सम्मिलित लोगों की कार्यशैली, गुणवत्ता, खबर के प्रति दृष्टिकोण, संपादन-कला वगैरह अलग-अलग होते हुए भी इनका आपसी तालमेल निरंतर बना रहता है। यह विभाग दर्शक की पसंद-नापसंद के ग्राफ के आरोह-अवरोह पर लगातार नजरें टिकाए रहता है और काफी हद तक दर्शकों की इच्छानुसार ही बुलेटिन संजोने की कोशिश की जाती है। कड़ी शारीरिक और मानसिक कसरत के बाद जब बुलेटिन दर्शकों के बीच पहुंचता है तो उसमें एकरूपता और सामंजस्य की भावना छलकती दिखाई देती है। यही झलक एक कुशल टीम को परिभाषित करती है। इसी कुशल टीम का हिस्सा होता है—*टेलीविजन संवाददाता। इलेक्ट्रॉनिक मीडिया* के लिए समाचार इकट्ठा करने वाला व्यक्ति ही *टेलीविजन संवाददाता* या *रिपोर्टर* कहलाता है। संवाददाताओं के बिना किसी भी न्यूज चैनल की कल्पना भी नहीं की जा सकती। खबर की गहराई में गोता लगाकर सच्चाई को खोज निकालना और तुरंत उससे संबंधित तस्वीरें और बयान ले आना एक टेलीविजन रिपोर्टर की पहली अनिवार्य योग्यता है। हर टेलीविजन चैनल

में संवाददाताओं के काम एक निश्चित परिधि में बंटे हुए होते हैं। इसलिए इलेक्ट्रॉनिक मीडिया के संवाददाता के कार्यों और दायित्वों को समझने के लिए रिपोर्टिंग टीम के ढांचे को जानना होगा।

टेलीविजन संवाददाताओं के प्रकार

1. पूर्णकालिक संवाददाता : किसी भी टेलीविजन चैनल में पूर्णकालिक संवाददाता वे होते हैं जो पूरी तरह से वेतनभोगी होते हैं और एक खास चैनल के लिए समर्पित होते हैं। इनका काम उस चैनल विशेष के लिए समाचार इकट्ठा करना होता है। इनके लिए पत्रकारिता एक भरा-पूरा पेशा है। इनमें से कुछ पत्रकारों को केंद्र व राज्य सरकार से मान्यता भी मिली होती है और ये कभी-कभार कुछ सरकारी सुविधाओं और सेवाओं के हकदार भी बन जाते हैं।

पूर्णकालिक संवाददाताओं को हम इन श्रेणियों में बांट सकते हैं–

- ब्यूरो प्रमुख,
- विशेष संवाददाता,
- प्रमुख संवाददाता,
- नगर संवाददाता अपराध संवाददाता।

2. अंशकालिक संवाददाता : किसी भी चैनल के लिए यह सम्भव नहीं है कि वह देश के हर कोने में पूर्णकालिक संवाददाता रख सके। ऐसा करना किसी भी चैनल के लिए बहुत खर्चीला साबित हो सकता है। हर टीवी संवाददाता की दी गई रिपोर्ट चैनल की नीति, विचार और जरूरत के अनुरूप हो, यह भी जरूरी नहीं है। इसलिए टीवी चैनल समाचारों की दृष्टि से कम महत्व वाले क्षेत्रों में अंशकालिक संवाददाताओं की नियुक्ति करने को तरजीह देते हैं। टीवी की दुनिया में ऐसे संवाददाताओं को *स्ट्रिंगर्स* के रूप में जाना जाता है। हाल के दिनों में कुछ चैनलों ने इनके महत्व को देखते हुए *स्ट्रिंगर* शब्द की जगह *न्यूज कांट्रिब्यूटर* या *संवाद सहयोगी* (या *समाचार सहयोगी*) का इस्तेमाल करना शुरू कर दिया है। इससे छोटे कस्बों और शहरों में फैले अंशकालिक संवाददाता खुद को सम्मानजनक स्थिति में पाते हैं।

संवाद सहयोगियों का इस्तेमाल चैनल के कर्ता-धर्ता अपनी जरूरत के हिसाब से समय-समय पर करते रहते हैं। जिस तरह प्रिंट में अंशकालिक संवाददाता को उन्हें उनके कॉलम के आकार के हिसाब से पैसे दिए जाते हैं, उसी प्रकार टीवी चैनल में इन अंशकालिक संवाददाताओं को उन्हें उनकी स्टोरी के हिसाब से पैसों का भुगतान किया जाता है। ये संवाददाता नियमित वेतनभोगी नहीं होते। इनकी सेवाएं अक्सर फोनो, छोटी-मोटी बाइट्स मुहैया करवाने या फिर दूर-दराज में घटित हुई घटनाओं की कवरेज के लिए ली जाती हैं। चैनल के प्रतिनिधि के मौजूद न होने पर किसी बड़ी खबर के आने की स्थिति में यह वर्ग काफी उपयोगी साबित होता है। ऐसे संवाददाता खबर भेजने के अलावा दूसरे काम करने के लिए भी स्वतंत्र होते हैं।

अपराध संवाददाता का महत्व

टेलीविजन के आने के बाद अपराध रिपोर्टिंग ने जल्द ही विशिष्टतापूर्ण जगह हासिल कर ली। 90 के दशक से ही अपराध रिपोर्टिंग शीर्ष के काफी करीब आकर खड़ी दिखने लगी। खबरों के ताने-बाने में अपराध पर आधारित किस्सों का अनुपात काफी बड़ा है। इसकी एक बड़ी वजह यह है कि चौबीसों घंटे के न्यूज चैनल अकेले राजनीति के भरोसे अपना व्यापार नहीं चला सकते। जनता राजनीतिक गलियारे के बाहर की भी खबर जानना चाहती है। ऐसे में मीडिया यह महसूस करता रहा है कि अपराध में सस्पेंस, नाटक, हास्य, करुणा, विद्रूपता सहित वे तमाम अंश हैं जो कि दर्शक के लिए रोमांच और जिज्ञासा का कारण बन सकते हैं। कुल मिलाकर अपराध को दिखाना मुनाफे का सौदा है। इसे कवर करना फैशन भी है, जरूरत भी और मजबूरी भी। अपराध रिपोर्टिंग की फसल के हरे-भरे, फले-फूले होने के पीछे मीडिया की बाजारोन्मुख प्रवृत्ति ने भी जमकर योगदान दिया है। यह माना जाने लगा है कि मीडिया को अपराध से खुराक मिलती है। जाहिर है कि इस माहौल ने अपराध रिपोर्टर के प्रभुत्व को भी कायम किया है और वह ग्लैमर का केन्द्र-बिंदु बनता नजर आने लगा है। लेकिन यहां यह भी समझना चाहिए कि अपराध रिपोर्टिंग एक पत्रकार को भी बेहतरी के लिए प्रशिक्षित करने की दक्षता रखती है क्योंकि अपराध रिपोर्टिंग से—

- रिपोर्टर की समुदाय, समाज और देश—सभी के बारे में भौगोलिक और समाजशास्त्रीय समझ विकसित होती है।
- न्यूज के मौलिक सिद्धांतों और सटीक रिपोर्टिंग की जरूरत का आभास होता है।
- ऐसे स्रोत बनाने का अवसर मिलता है जो सालों काम आ सकते हैं।

आमतौर पर अपराध संवाददाता स्थानीय स्तर पर ही काम करते हैं। वे अपने परिवेश की हर नब्ज की पहचान रखते हैं और उनमें सामाजिक, आर्थिक और राजनीतिक परिदृश्यों को बेहतर ढंग से समीक्षा करने की काबिलियत भी होती है। जहां कहीं हत्या, डकैती, लूटपाट जैसी कोई घटना होती है, वहां यह उसके संबंध में घटनास्थल पर पुलिस और संबंधित विभागों से जानकारी और अधिकारियों से बाइट लेकर खबर को सभी पक्षों से संतुलित करके बुलेटिन का हिस्सा बनाते हैं। यह एक बेहद चुनौतीपूर्ण बीट है और इसमें जगह बनाने और फिर स्थायी तौर पर टिके रहने के लिए सतत प्रयासरत रहना इसकी प्राथमिक शर्त है।

वैसे तो टेलीविजन संवाददाता के पास अपराध रिपोर्टिंग के लिए अलग से कोई विशेष शैक्षणिक योग्यता का होना अनिवार्य नहीं है लेकिन अगर अपराध रिपोर्टिंग पर कोई अल्पकालीन कोर्स कर लिया जाए तो यह काम करने की प्रक्रिया को दिलचस्प और कम तकलीफदेह बना सकता है। नए पत्रकार को यह नहीं भूलना चाहिए कि टीवी चाहे कितना ही आकर्षक, लुभावना, गतिशील और ग्लैमरस माध्यम क्यों न लगे, यह जटिल भी है और अपराध पत्रकार को तो अपनी बीट का ज्ञाता होना ही होगा। वैसे नौकरी चाहे

कोई भी क्यों न हो, असली ट्रेनिंग तो काम के साथ ही होती है। कहावत भी है कि तपने के बाद ही सोना कुंदन बनता है। अगर सपना एक कुशल अपराध पत्रकार बनने का हो तो नए-नवेले पत्रकार के लिए इस बीट से जुड़ी अधिकाधिक जानकारी को जुटाना और व्यावसायिक प्रशिक्षण लेना राहें आसान बना सकता है।

क्राइम रिपोर्टर–योग्यताओं की फेहरिस्त

घुमंतूपन : जिस शहर में अपराध पत्रकारिता करनी हो, सबसे पहले उसके भूगोल, इतिहास, राजनीति, अर्थव्यवस्था जैसे तमाम कोणों को ठीक से जान लीजिए। फिर एक उम्दा जूता खरीदिए और कुछ दिनों तक शहर भर की खाक छानिए। एक पर्यटक की तरह हर कोण को गहरी दिलचस्पी से देखिए। इससे आपको शहर की धड़कनों का अंदाजा हो जाएगा। उन तमाम जगहों पर जाने की कोशिश करिए जहां सबसे महत्वपूर्ण और सबसे कम महत्वपूर्ण लोग खाना खाते हैं या अलग-अलग बहानों से जमा होते हैं। इससे शहर के मिजाज से आपका सच्चा परिचय होने लगेगा। शहर से परिचित हों तो भी, शहर का एक नक्शा अपने पास रख लीजिए और जितना हो सके, घूमिए।

खबर-बोध : खबर ही न्यूज मीडिया की सांस है। खबरों के मंच पर कदम रखने से पहले पत्रकार को अपने आस-पास के परिवेश से लेकर दुनिया भर की समसामयिक गतिविधियों से अपना परिचय बनाना होगा। मुझे याद आता है कि कई साल पहले एक नई पत्रकार ने संसद भवन से बाहर आते वक्त कुछ मंत्रियों की बाइट लेने की कोशिश की। सौभाग्य से उसे जल्द ही एक व्यक्ति की बाइट मिल गई। बाइट लेने के बाद उसने उस व्यक्ति से आग्रह किया कि वह उसे अपना नाम और पद भी बता दें। वह व्यक्ति थे—तत्कालीन गृहमंत्री—इंद्रजीत गुप्त। इस सवाल को सुनते ही गृहमंत्री ने युवती से कहा कि वह अपना होमवर्क करने के बाद संसद आया करे तो बेहतर होगा। स्वाभाविक है कि इस तरह के रवैए से पत्रकार और चैनल—दोनों की छवि पर सवालिया निशान लगाते हैं। पत्रकार के पास हर हाल में देश के विशिष्ट व्यक्तियों, महत्वपूर्ण विभागों और घटनाओं की मूलभूत जानकारी होनी चाहिए।

पढ़िए, पढ़िए और पढ़िए : वो तमाम पन्ने पलटिए जिनका अपराध से कोई भी वास्ता हो सकता हो। चाहे वो अखबार के पेज तीन पर छपने वाले छोटे-मोटे अपराध हों या फिर मामूली सर्कुलेशन वाली किसी अखबार का कोई कॉलम। याद रखिए, खबर कहीं से भी मिल सकती है।

खबर की परख : आम बोलचाल की भाषा में अक्सर लोग एक-दूसरे से पूछते दिखते हैं—क्या न्यूज है। लेकिन खबर जानने की बेताबी होना और असल में खबर की परख होना दो अलग बातें भी हो सकती हैं। दुनिया के हर हिस्से में हर पल कुछ न कुछ होता ही रहता है लेकिन इन घटनाओं की भीड़ में वास्तविक खबर क्या है और वह चैनल विशेष के कवर करने के लायक है या नहीं, इसका बोध समाचार ज्ञान की श्रेणी में आता है। मिसाल के तौर पर किसी शहर के एक मोहल्ले में किसी युवती के साथ छेड़छाड़ होना

मोहल्ले भर के लिए ख़बर का विषय तो हो सकती है लेकिन चैनल के लिए यह खबर नहीं है। चैनल इसे काफी *लोकल* मानेगा। इसका मतलब यह नहीं है कि इस समस्या से मीडिया का सरोकार नहीं है बल्कि इसका मतलब यह है कि चौबीसों घंटे खबर देने वाला मीडिया देश भर के हर मोहल्ले की इस तरह की समस्याओं को अगर जगह देने लगेगा तो बाकी लोगों की भी उसमें कोई रुचि नहीं होगी और पूरा समय इसी में सिमटकर रह जाएगा। इसी तरह देश भर में होने वाले हर बलात्कार या हत्या पर मीडिया स्टोरी नहीं करता लेकिन जब स्टोरी में कोई ऐसा कोण होता है जो बड़े जनमानस को झकझोर सकता है या फिर उसकी दिलचस्पी का कारण बन सकता है या कानून-व्यवस्था पर जोरदार चोट कर सकता है तो वह खबर कवर कर ली जाती है। इसलिए हर पत्रकार को इस बात का ज्ञान होना चाहिए कि उसका चैनल किस तरह की ख़बरों को प्राथमिकता देता है। अगर चैनल किसी शहर की स्थानीय समस्याओं पर ही केंद्रित है तो इस तरह की किसी भी खबर को नज़रअंदाज करना बेवकूफी होगी लेकिन अगर चैनल राष्ट्रीय और अंतर्राष्ट्रीय खबरों या फिर खेल पर आधारित है तो वहां इस तरह की खबर को देने या कवर करने का कोई औचित्य नहीं होगा।

पत्रकार इतिहासकार नहीं होता और न ही उसका काम भविष्यवाणियां करने या फिर डर को आतंक में तब्दील करने का है। उसका दायित्व है—खबर को देना और खबर देते हुए यह भी ध्यान में रखना कि खबर वाकई में खबर है भी या नहीं।

समाचार संकलन और रिपोर्टिंग में दिलचस्पी

खबर की पहचान होना और खबर को संकलित करने की योग्यता का होना, यह भी दो अलग बातें हो सकती हैं। खबर की पहचान भर होने से किसी भी पत्रकार के बारे में यह सुनिश्चित नहीं किया जा सकता कि वह खबर के विविध सूत्र एक साथ पिरोने में भी सक्षम होगा। इसलिए खबर की परख रखने के साथ ही पत्रकार को अपने अंदर यह काबिलियत भी दिनोदिन विकसित करनी होगी। मिसाल के तौर पर यह खबर मिलती है कि पटना के डाक बंगला चौराहा में बम विस्फोट हो गया है। बतौर पत्रकार आप यह तो समझ गए कि यह एक महत्वपूर्ण खबर है लेकिन यह जान लेना भर ही काफी नहीं है। खबर को पेश करने के लिए इसके बिखरे हुए अंशों को समेटकर आपस में जोड़ना होगा ताकि खबर एक ठोस आकार ले सके। अब इस खबर के संकलन के लिए यह भी गौर करना होगा कि

- खबर की पुष्टि की जाए,
- तुरंत मौके पर पहुंचा जाए,
- रास्ते में फोन भी किया जाए,
- संबंधित पुलिस अधिकारी से अधिकाधिक जानकारी ली जाए,
- संयम रखा जाए,
- ओबी को एक जानकार और संतुलित पत्रकार की तरह किया जाए,

- बाइट्स किससे और किस तरह लेनी है, इसका आभास हो,
- जिनकी बाइट्स ली जाएं, उनका सही नाम और पद मालूम हो,
- कोई भी ऐसी जानकारी न दी जाए जो गलत हो और बेवजह सनसनी फैला सकती हो,
- खबर से जुड़े तमाम महत्वपूर्ण शॉट्स लिये जाएं, जैसे–

—जहां वारदात हुई,
—जांच करती पुलिस,
—डॉग स्क्वॉड, खोजी दस्ता,
—अंगुलियों के निशान लेते अधिकारी,
—प्रभावित हुए लोग,
—एम्बुलेंस,
—आस-पास की भीड़ आदि।

सिर्फ यह समझ लेना कि मौके के 2-4 शॉट्स ले लेने हैं, नाकाफी होगा। रिपोर्टर और कैमरामैन को ध्यान रखना होगा कि हर शॉट घटना की और करीब से व्याख्या करता हो और खबर की महत्ता को बढ़ाता हो। इस तरह एक स्टोरी को करते समय समाचार संकलन की कई विधाएं इस्तेमाल में आती हैं जो कि हालात के हिसाब से अलग भी हो सकती हैं लेकिन बुनियादी जरूरतें तकरीबन यही होती हैं। शुरुआती दिनों में पत्रकारों को इन बातों की जानकारी न होने पर वे समय पर खबर देने के बावजूद काफी पिछड़ जाते हैं। इसलिए जिस तरह से संपादन या कैमरा करने के लिए विशेषज्ञता होनी जरूरी है, वैसी ही विशेषज्ञता अपराध पत्रकारिता के लिए भी लाजमी है।

राजनीतिक और सामाजिक समझ

कई बार अपराध पर राजनीति की छांव देखी जा सकती है। कई बार यह दोनों आपस में ऐसे गुंथे दिखते हैं कि यह समझना मुश्किल हो जाता है कि राजनीति में अपराध है या अपराध में राजनीति। इसलिए खबरों की खबर देने के लिए राजनीति के मिजाज को भी जानना चाहिए। वैसे भी भारतीय राजनीति में ऐसे कारनामों की फेहरिस्त काफी लम्बी है जिसमें राजनेता खुद ही अपराध के कटघरे में खड़े दिखाई दिए हैं। देश-विदेश की राजनीतिक सरगर्मियां समाज में पनप रहे अपराध को अनगिनत बार प्रभावित करती हैं। हत्या चाहे इंदिरा गांधी की हो या राजीव गांधी की या फिर फूलन देवी की, इन सभी घटनाओं ने राजनीति के गलियारे में विस्तार ले रहे मटमैलेपन को भी जाहिर किया। ऐसे में अपराध और राजनीति के एक-दूसरे में दखल और आपसी आंख-मिचौली की जानकारी इस बीट को कवर करने में विस्तृत परिप्रेक्ष्य दे सकती है।

इसी तरह राजनीतिक हस्तियों के जीवन की कोई चूक भी कई बार बड़ी खबर बन जाती है। जैसे कि बिल क्लिंटन-मोनिका लेविंस्की के प्रेम-प्रसंगों की सनसनीखेज जांच रिपोर्ट ने संचार के इतिहास में एक नया अध्याय रचा था। लगभग 450 पेजों की यह जांच रिपोर्ट पूरी दुनिया में जैसे उड़कर पहुंच गई थी। *अमरीका ऑन लाइन* पर उपलब्ध होने

के मात्र 24 घंटे के अंदर ही इसे दुनिया के 1.1 करोड़ लोगों ने देख-पढ़ लिया था और संपूर्ण रिपोर्ट को 7.5 लाख बार डाउनलोड किया गया था।

साइबर क्राइम

जमाना नए मीडिया का है। नए जमाने के अपराधी और आतंकवादी शिक्षित और तकनीक में पारंगत हैं। इसीलिए कई बार आतंकी लड़ाई एक संगठित अपराध के रूप में इंटरनेट पर होती दिखती है। इसे *साइबर आतंकवाद* कहा जाता है। सरकारें भी इस साइबर युद्ध के लिए लामबंद होने लगी हैं। इसीलिए दुनिया के कई देशों में साइबर सेनाएं गठित कर दी गई हैं जिनका काम इंटरनेटीय लड़ाई को बेदम करना है।

साइबर अपराधों के लिए साइबर स्पेस को लक्ष्य बनाया जाता है। साइबर स्पेस वह काल्पनिक स्पेस या जगह है जहां कंप्यूटरों के बीच आंकड़ों या सूचनाओं का आदान-प्रदान होता है। कंप्यूटर की दुनिया में प्रचलित भाषा में इस तरह के साइबर अपराधों में आमतौर पर वित्तीय हेरा-फेरी, गोपनीय सूचनाओं की चोरी, कंप्यूटर प्रणाली से छेड़छाड़ और उसमें वायरस डाले जाने की घटनाएं शामिल होती हैं लेकिन अब इसके जरिए विभिन्न देशों के बीच मनमुटाव पैदा करने, बिजली नेटवर्क धराशायी करने, दूसरे देशों के वेब इंफ्रास्ट्रक्चर को घुटने टेकने के लिए मजबूर करने और साइबर दंगे के हालात पैदा करने जैसे संगीन अपराध भी होने लगे हैं। आतंकवादी संगठन और माफिया के सदस्य आमतौर पर ई-मेल के जरिए जुड़े रहते हैं। गोपनीय संदेशों को इस तरह से भेजने की तकनीक को *स्टैगैनोग्राफी* कहते हैं। माना जाता है कि 11 सितंबर, 2001 को आतंकवादी समूह ने इसी तकनीक का प्रयोग किया था। इसी तरह 13 दिसंबर, 2001 को संसद भवन पर हुए आतंकी हमले में ई-मेल के जरिए हमले संबंधी गोपनीय संदेश भेजे गए थे। इस हमले के बाद एक लैपटॉप भी मिला था और माना जाता है कि इस लैपटॉप का इस्तेमाल करके ही जैश-ए-मोहम्मद और लश्कर-ए-तैयबा जैसे संगठनों से जुड़े आतंकवादियों ने ई-मेल से संदेश भेजे थे। इसके लिए उन्होंने पीजीपी डॉट कॉम और स्पामिमिक डॉटकॉम नामक विशिष्ट सॉफ्टवेयरों का भी प्रयोग किया था। समझा जाता है कि वर्ष 2000 में दिल्ली के लाल किले पर हुए हमलों में भी आतंकवादियों ने कंप्यूटर तकनीकों को खूब काम में लिया था।

26/11 के मुंबई हमले ने तो इस तर्क को पूरी तरह से साबित कर दिया कि आधुनिक तकनीक के अनियंत्रित संसार का आतंकवादी फायदा उठाने लगे हैं। हमला करने के लिए आतंकवादी जिस जहाज में बैठकर मुंबई आए थे, उसमें दक्षिण मुंबई का जीपीएस मानचित्र और एक सेटेलाइट फोन भी मिला था जिनसे पता चला था कि आतंकियों ने हमले से एकदम पहले और हमले के तुरंत बाद कराची में संपर्क किया था। इस हमले की सुनियोजित तैयारी के लिए वेब आधारित सेवा, गूगल अर्थ, वॉयस ओवर इंटरनेट प्रोटोकोल टेलीफोनी और ऑनलाइन डाटा को खूब काम में लाया गया था। हमले के बाद इंटरनेट पर ही हमले की जिम्मेदारी कबूल करने का नाटक भी चला था जिसका एक सूत्र रूस में मिला था। अब आतंकवादी आपस में संयोजन बनाने के लिए माइक्रो ब्लॉगिंग प्रणाली

और ट्विटर का भी खुलकर इस्तेमाल करने लगे हैं। रक्षा एजेंसियों की वेबसाइट पर प्रहार करके भी आतंकवादी संगठन दहशत फैलाने में जुटे रहते हैं। करगिल युद्ध के दौरान पाकिस्तानी साइबर सेंधमारों (हैकर्स) ने कथित तौर पर भारतीय सेना की वेबसाइटों के साथ छेड़छाड़ की थी। अमरीका में भी पेंटागन की वेबसाइटों पर इस तरह के प्रयास किए गए हैं। आफताब अंसारी (कोलकाता के अमरीकन सेंट्रल लाइब्रेरी में हमले का दोषी), उमर शेख (वॉल स्ट्रीट जर्नल के पत्रकार डेनियल पर्ल की हत्या का दोषी), दाऊद इब्राहिम और छोटा शकील (देश की कई आतंकवादी वारदातों के दोषी)–इन सभी ने ई-मेल प्रणाली का भरपूर इस्तेमाल किया है।

एक तरफ जहां आतंकवादी संगठन आधुनिक होते जा रहे हैं, वहीं सरकारें भी तकनीकी सक्षमता बढ़ाकर इन संगठनों तक पहुंचने की चुनौती स्वीकार कर चुकी हैं। इसी का नतीजा है कि ई-मेल के जरिए अमरीकी सरकार अंसारी और शेख की वर्ल्ड ट्रेड सेंटर के हमले में भूमिका साबित कर सकी थी। दाऊद इब्राहिम और छोटा शकील के पाकिस्तान में होने की पुष्टि भी उनके ई-मेल की निगरानी के बाद ही हो सकी थी।

अपराध रिपोर्टर के पास इस तरह के ब्योरे हमेशा आसानी से सुलभ रहने चाहिए। इसी तरह इंटरनेट पर मीडिया की वेबसाइटों के अलावा अपराध से जुड़ी संस्थाओं, अनुसंधान-कार्यों और दुनिया भर के विश्लेषकों की टिप्पणियों को भी गौर से देखते रहना चाहिए। मानना होगा कि वेबसाइट एक अनूठा मंच है जिसमें सूचनाओं का अपार संसार है। विभिन्न सर्च इंजन, वायर सर्विस, सरकारी, गैर-सरकारी, मदद मुहैया करवाने और खोजबीन करने वाली विश्वसनीय साइटें किसी भी पत्रकार के लिए बड़ी मददगार साबित हो सकती हैं। पत्रकार को खुद भी जानी-मानी सोशल नेटवर्किंग साइट्स से जुड़ना चाहिए। आखिर खबर का क्या भरोसा! वो तो कहीं से भी मिल सकती है।

एमएमएस

एमएमएस इसी नई तकनीक का जन्म है। एमएमएस का मतलब है-मल्टीमीडिया मैसेजिंग सर्विस। इसे हिन्दी में *दृश्य-श्रव्य संदेश सेवा* कह सकते हैं। इस सेवा के माध्यम से दृश्य-श्रव्य संदेशों का आदान-प्रदान किया जा सकता है। अपराध रिपोर्टर को हर हाल में इन तकनीकों से अवगत होने के साथ ही नई तकनीकों को जानने के लिए जिज्ञासु होना चाहिए। पत्रकार के लिए कम्प्यूटर का न्यूनतम ज्ञान, जिसे कि *कंप्यूटर लिटरेसी* कहा जाता है, काफी फायदेमंद हो सकता है। कंप्यूटर की जानकारी होने से वह किसी पर निर्भर हुए बिना अपना दायित्व ज्यादा कुशलता से निभा सकता है। इंटरनेट की बदौलत अब सारी दुनिया सिमट गई है और सूचना तक पहुंच के दरवाजे खुलने लगे हैं। इंटरनेट के माध्यम से पल भर में ही किसी भी खबर के चरित्र और स्वभाव को जांचा-परखा जा सकता है। इंटरनेट ने छलांग भरकर दूरियों को नाप लिया है। ऐसे में पत्रकार के लिए खबरों पर निगरानी रखने की नई खिड़कियां खुल गई हैं।

आतंकवादी संगठनों का ब्योरा

आतंकवाद का विस्तार तकरीबन पूरी दुनिया में हो चुका है। आतंकवादी संगठन बड़ी तादाद में उपजने लगे हैं। इन संगठनों की मोटी जानकारी, इनके सरगना, काम करने के तरीके, इनकी की गई वारदातें-आकार और इनका लेखा-जोखा रिपोर्टर के पास होना चाहिए। जैसे कि भारत में लश्कर-ए-तैयबा, अल-कायदा, जैश-ए-मोहम्मद आदि आतंकवादी संगठन किस तरह से सक्रिय रहे हैं, इनका खाका अपनी *सोर्स बुक* में दर्ज रखना चाहिए ताकि इनसे संबंधित खबर आने पर तुरंत इनका विस्तार से वर्णन किया जा सके। लाइव रिपोर्टिंग के दौरान ऐसे तथ्यों का ब्योरा दर्शक को काफी रुचिकर लगता है। इस तरह की थोड़ी-सी नियमित मेहनत रिपोर्टिंग के स्तर को निखार सकती है।

टेलीविजन की तकनीकी समझ

टेलीविजन सिर्फ दृश्य और श्रव्य माध्यम नहीं है बल्कि यह तकनीकों का अंतहीन फैलाव है। एक ही बार में इस फैलाव को जान लेना न तो आसान है और न ही अनिवार्य लेकिन अपने कामकाज से जुड़ी तकनीकों की थोड़ी-बहुत जानकारी होनी ही चाहिए। मिसाल के तौर पर—ओबी या पीटूसी के लिए किस माइक का इस्तेमाल होता है, वी सेट किसे कहते हैं, ओबी वैन कैसे काम करती है, न्यूज में टिकर कैसे डाले जाते हैं, शॉट्स अपलिंक कहां से किए जाते हैं, रिकॉर्डिंग टेप कितने प्रकार की होती हैं वगैरह। हो सकता है कि प्रत्यक्ष रूप में आपसे कभी भी इन सवालों के जवाब ना मांगे जाएं लेकिन अगर आप इस बारे में जानते हैं तो स्वाभाविक तौर पर आपकी स्थिति दूसरे पत्रकारों की तुलना में बेहतर होगी और आपको ज्यादा काबिल माना जाएगा।

टाइपिंग स्पीड

इन दिनों हर रिपोर्टर के लिए अपनी स्टोरी को खुद लिखना या यूं कहें कि कंप्यूटर पर टाइप करना अनिवार्य हो गया है। इसलिए यह जरूरी है कि आप जिस भाषा में पत्रकारिता करने का मन बना रहे हों, उस भाषा में फुर्ती के साथ टाइप करना जरूर सीख लें। इसी तरह हर पत्रकार की अंग्रेजी टाइपिंग में भी महारत होनी चाहिए। फोटोशॉप और कंप्यूटर की नई विधाएं सीखना भी फायदेमंद होगा।

हिंदी, अंग्रेजी के अलावा एक और भाषा

अब पत्रकार का सिर्फ हिंदीवादी या अंग्रेजीवादी होने से मीडिया चैनलों का मकसद पूरा नहीं होता। हर चैनल ऐसे पत्रकारों को वरीयता देता है जो द्विभाषी होते हैं। इसका सबसे बड़ा फायदा यह होता है कि अगर चैनल हिंदी और अंग्रेजी—दोनों में ही है तो एक द्विभाषी पत्रकार को मौके पर भेजकर दोनों ही चैनलों के लिए काम करवाया जा सकता है। इससे चैनल के संसाधनों की बचत होती है। इसी तरह अगर पत्रकार को हिंदी और अंग्रेजी के अलावा कम से कम एक अन्य क्षेत्रीय या फिर विदेशी भाषा की जानकारी हो

या उसे सीखा हो तो इससे पत्रकार के लिए नई जगहों पर भेजे जाने की संभावना और भी बढ़ जाती है जो कि कैरियर का ग्राफ बढ़ाने में सहयोग दे सकती है। वैसे भी अतिरिक्त ज्ञान हीनभावना से बचाने का काम भी करता है। इसी तरह पत्रकार को अनुवाद में भी महारत हासिल होनी चाहिए। दोयम दर्जे का अनुवाद किसी भी खबर का स्वाद बिगाड़ सकता है। इसलिए भाषाई पकड़ को लगातार बेहतरी की तरफ लेते जाइए।

प्रभावी अंदाज

हर पत्रकार को पहले तो खुद ही अपनी सीमाओं और कमियों का आकलन करना चाहिए। मिसाल के तौर पर उसे खुद को आंकते हुए देखना चाहिए कि वह पत्रकार के मौलिक योग्यताओं पर खरा उतरता है कि नहीं, उसकी आवाज, प्रस्तुतीकरण, व्यक्तित्व प्रभाव छोड़ता है कि नहीं, वगैरह। इस आकलन के बाद उसे अपने संपूर्ण सुधार और व्यक्तित्व में निखार के अभियान में जुट जाना चाहिए। टीवी पत्रकार का दायित्व सिर्फ खबर की जानकारी लेकर उसका संकलन भर ही नहीं करना होता बल्कि उसे पैकेज के हर कदम में सशक्त भूमिका निभानी होती है। इस नाते वह स्टोरी के विभिन्न आयामों में प्रत्यक्ष या अप्रत्यक्ष रूप में दिखाई देता है। ऐसे में पत्रकार को अपनी बोलचाल और उच्चारण पर गौर करना चाहिए और अपने वॉयस ओवर को प्रभावी बनाने के लिए समय-समय पर व्यावसायिक सलाह लेकर अमल करते रहना चाहिए। इसके लिए योग की मदद भी ली जा सकती है और गले के लिए नियमित व्यायाम भी किए जा सकते हैं। ऐसे ही कुछ टिप्स एंकरिंग पर लिखे गए अध्याय में दिए जा रहे हैं।

टीवी पर खबर कुछ इस शैली में बताई जानी चाहिए कि वह *कहानी* जैसी लगे। इस अर्थ में पत्रकार में स्टोरी टेलर यानी कहानी सुनाने वाला स्वाभाविक गुण होना चाहिए। वैसे भी कहानी के अंदाज में सुनाई गई खबर ही ज्यादा प्रभावशाली होती है क्योंकि इसे साक्षर से लेकर निरक्षर तक—हर वर्ग आराम से समझ सकता है।

शॉट्स की परख

टेलीविजन को रेडियो का विस्तार या विकास माना जाता है। यह दृश्य-श्रव्य माध्यम होने की वजह से बेहद असरदार माना जाता है। इंटरनेट पर भी चौबीसों घंटे खबरों का प्रवाह देखने के बावजूद अगर दर्शक टीवी के जरिए खबर जानना चाहता है तो उसकी बड़ी वजह दृश्य ही होते हैं। इसलिए दृश्य, शब्द, सूचना के असीमित भंडार और व्यक्तित्व—इन सभी के सामंजस्य को स्थापित करते हुए संवाददाता को अपनी हर स्टोरी की दूसरे चैनल की स्टोरीज से तुलना करते रहना चाहिए। इससे उसे अपनी कमियों को और करीब से जांचने और परखने का अवसर मिलेगा। आपकी दी गई खबर दूसरे चैनलों पर दिखाई जा रही खबरों की तुलना में कहां पर ठहरती है, इसका आकलन आपको खुद करना चाहिए। मिसाल के तौर पर आपने हत्या के किसी मामले को कवर किया है। वही खबर दूसरे चैनल भी दिन भर कवर करते रहे हैं। अब रात होते-होते अगर आप दूसरे चैनलों की कवरेज

भी देख लें तो आपके लिए अपनी कमियों को जानना बड़ा आसान हो जाएगा। आपको यह भी देखना चाहिए की दूसरे चैनलों ने हेडलाइंस से लेकर टीजर और स्टोरी तक में किस तरह के शॉट्स लगाए हैं। इससे आपकी शॉट्स की समझ भी बढ़ेगी और दिनोदिन आत्मविश्वास भी। आप जानेंगे कि सही समय पर सही शॉट जोड़ देने से कहानी सुनाने का मजा दुगुना हो जाता है, साथ ही कहानी के सफल होने के आसार भी। इसके अलावा आपको बेहतर आइडिया भी मिल सकते हैं।

बैकग्राउंडर

अपनी बीट के इतिहास को जानिए। प्रमुख आपराधिक घटनाओं के रिकॉर्ड पढ़िए। इंटरनेट पर भी अपराधियों का प्रोफाइल देखते रहिए। अगर कोई अपराध हुआ है तो पिछले कुछ अपराधों से उसकी समानता की परख कीजिए।

शब्द भंडार

हालांकि यह राग हमेशा ही अलापा जाता है कि टीवी पर एक शॉट सौ शब्दों के बराबर होता है लेकिन फिर भी वास्तविकता तो यह है कि इन कम शब्दों का अपने में संपूर्ण होना लाजमी है। शुरुआत से लेकर अंत तक खबर इस तरह बताई जाए कि वह तमाम कोणों पर रोशनी भी डाल दे और कुछ छूटे भी न। इसका मतलब यह भी हुआ कि हर शब्द इतना नपा-तुला और सटीक होना चाहिए कि वह मजे से शॉट्स के अंतराल को भर भी दे और सब कुछ कह भी दे। ओबी और पीटूसी करते हुए तो भाषाई ज्ञान खुद ही झरकर सामने आने लगता है। पत्रकार अगर एक ही शब्द को बार-बार कहता है या फिर सही शब्दों की तलाश में अटकता-भटकता हुआ दिखता है तो तमाम कोशिशों के बावजूद दर्शक उसे असफल ही मानता है। पत्रकार को मौके के अनुसार शब्दों और मुहावरों का इस्तेमाल करने का अभ्यास डालना चाहिए। निरंतर अपने शाब्दिक भंडार में बढोतरी करते रहें, आवश्यकता के मुताबिक नए-नए शब्दों का प्रयोग करें, अंदाज बदलें, पीटूसी की भाषा में लचक हो और आपके अपने व्यक्तित्व में भी। इसी तरह ओबी करते समय भी हर पल सावधानी बरतनी चाहिए। अगर रोजमर्रा के जीवन में सोच-समझकर ठोस व्याकरण के साथ संवाद की आदत विकसित कर ली जाए तो टीवी कैमरे के सामने शब्दों की तलाश में जूझने की नौबत ही नहीं आएगी। टीवी में किस तरह के भाषाई बदलाव आ रहे हैं, इस पर भी अपने ज्ञान का दायरा बढ़ाते रहें और दूसरों की भाषाई अशुद्धियों से प्रभावित न हों। आप भाषाई पंडित भले ही न बनें लेकिन भाषा के सुरों से वाकिफ जरूर हों।

जुबान संभाल के

अपराध रिपोर्टर जब किसी खबर से संबंधित तथ्यों को बता रहा होता है तो दर्शक की दिलचस्पी कम समय में ज्यादा से ज्यादा जानकारी लेने में होती है। इस लिहाज से रिपोर्टर में इतनी काबिलियत होनी चाहिए कि वह पूरे घटनाक्रम को जुबानी याद रखे,

उसके इतिहास से परिचित हो और साथ ही वास्तविक स्थिति को देखते हुए कानूनी और प्रशासनिक कार्रवाई की परख रखता हो। जाहिर है कि इसके लिए असाधारण रूप से मजबूत दिमागी संतुलन और तेज याददाश्त की जरूरत पड़ेगी।

मिसाल के तौर पर नई दिल्ली स्थित संसद भवन के पास कोई बड़ा धमाका होता है तो रिपोर्टर को इस घटना की जानकारी होने के साथ ही वर्ष 2001 में संसद पर हुए हमले के घटनाक्रम से भी अवगत होना चाहिए और सारी जानकारी को लाइव प्रस्तुतीकरण के दौरान देने में सक्षम भी। ऐसा तभी हो सकेगा अगर रिपोर्टर में घटनाओं को नियमित तौर पर गंभीरता के साथ देखते रहने और उनके विविध पहलुओं को याद रखने की आदत होगी। इसके अलावा रिपोर्टर की सजगता और मानसिक संतुलन भी यहां काफी मायने रखती हैं। आप बात कर रहे हों संसद भवन की और तथ्य बताने लगें लाल किले पर हुए हमले के तो वह अटपटा लगेगा और संदर्भ से परे भी।

इसी तरह एक बार एक जंगल में लगी आग पर स्टोरी करते हुए रिपोर्टर ने जल्दबाजी में यह कहने के बजाय कि गांव को यहां बड़ी तादाद में *लकड़ियां* जलाने की आदत रही है, उसने कह दिया कि गांव के लोगों को यहां बड़ी तादाद में *लड़कियां* जलाने की आदत रही है। इस वाक्य को उसने कई बार दोहरा दिया और उसे इस गलती का आभास तब हुआ जब कि चैनल के मुख्यालय ने उसे फोन करके इस गलती के प्रति आगाह किया। इस तरह की गलतियां अक्सर ध्यान की कमी से होती हैं। इसके अलावा बलात्कार पीड़ित पर लाइव ओबी करते हुए लड़की का परिचय देने न लगें। बाद में अगर आप कहेंगे भी कि आप भूल गए थे कि आपको यह नहीं बताना है तो भी इसे एक गंभीर भूल ही माना जाएगा। अपराध कवर करते समय अपनी सीमाओं में रहें, नियमों का अनुशासन से पालन करें और खुद ही अपराध न करने लगें।

बॉडी लैंग्वेज

ऐसे दर्शकों की कोई कमी नहीं है जो बिना किसी वजह के किसी रिपोर्टर या एंकर को सख्त नापसंद करते हैं। पूछने पर भले ही वे ढंग से इसकी वजह न बता पाएं लेकिन असल में ऐसा अक्सर शारीरिक हाव-भाव की वजह से होता है। आम जिंदगी में भी हम अनावश्यक रूप से हिलने-डुलने, हाथ हिलाते रहने वाले या फिर पल-पल चेहरे की भाव-भंगिमाएं बनाते लोगों को नापसंद करते हैं। टीवी पर यही हाव-भाव और भी सूक्ष्म रूप से नजर आते हैं और ज्यादा अखरते हैं। इसलिए रिपोर्टरों को अपनी शारीरिक भाषा को लेकर भी सजग रहना चाहिए। यहां सवाल अक्सर पूछा जाता है कि ओबी या पीटूसी करते समय हाथों को कितना हिलाना चाहिए। इसका सीधा जवाब यह है कि थोड़ा-बहुत हिलाना सिर्फ ठीक ही नहीं बल्कि जरूरी भी है। ऐसा नहीं होने पर रिपोर्टर शून्य की-सी स्थिति में बिना हाव-भाव के सिर्फ मशीन की तरह बोलता लगेगा और प्रभावित नहीं करेगा लेकिन यह हिलना-डुलना एक सीमा में ही होना चाहिए। लगातार हिलना आत्मविश्वास की कमी को दिखाता है। इसी तरह हर पल चेहरे पर शिकायती भाव या बेवजह की हंसी

किसी को भी चुभ सकती है। कुछ पत्रकार ऐसे भी होते हैं जो कि सदाबहार परेशानी ओढ़े दिखते हैं। ऐसे परेशान पत्रकारों से भी एक हद के बाद दर्शक बचने की कोशिश करने लगते हैं।

कानूनी समझ

वैसे तो भारतीय संविधान के मुताबिक भारत में सभी को अपने विचार अभिव्यक्त करने का अधिकार है और यहां प्रेस की स्वतंत्रता की बात भी प्रभावी रूप में कही जाती है, तब भी कुछेक नियम हैं जिनका पालन अनिवार्य है। संविधान में अभिव्यक्ति की जिस स्वतंत्र की बात कही गई है, प्रेस की स्वतंत्रता सिर्फ वहीं तक सीमित है। हालांकि अनुच्छेद 19 (1) (d) में अभिव्यक्ति के स्वतंत्रता का अधिकार प्रेस की स्वतंत्रता का मूल संवैधानिक अधिकार है लेकिन प्रेस की स्वतंत्रता के कई पहलू अधिक व्यापक, विस्तृत और विशिष्ट हैं। प्रेस काउंसिल (अधिनियम 34-1965) इसका प्रमाण है। इस अधिनियम का प्रमुख मकसद यह है कि प्रेस काउंसिल के माध्यम से प्रेस की स्वतंत्रता की रक्षा हो और समाचार चैनलों और समाचार-पत्रों के स्तर में गुणवत्ता को बनाए रखा जाए। इस अधिनियम की धारा 12 में इस दूसरे प्रयोजन और उसे पूरा करने के लिए प्रेस काउंसिल के किए कामों का वर्णन किया गया है। यह अधिनियम एक तरह से प्रेस की स्वतंत्रता के कई पहलू प्रस्तुत करता है। यह माना जाता है कि प्रेस काउंसिल प्रेस की स्वतंत्रता को कायम रखने के लिए तैनात एक सजग प्रहरी है और इसलिए जब भी प्रेस का स्वतंत्रता पर सवाल लगते हैं, तब प्रेस का यह कर्तव्य हो जाता है कि वह ऐसे मामलों की जांच करे। इन परिस्थितियों में एक पत्रकार, खासतौर पर अपराध पत्रकार, के लिए कानूनी दांवपेच को समझना जरूरी होता है। अपराध पत्रकार को कम से कम आधारभूत सिद्धांतों और नियमों से तो परिचित होना ही चाहिए।

भारतीय दंड संहिता को 1860 में तैयार किया गया था। हालांकि इसका सीधा संबंध प्रेस से नहीं है लेकिन इसमें कई धाराएं ऐसी हैं जिनका प्रभाव पत्रकारों और उनके काम पर पड़ता है। जैसे कि अश्लीलता (धारा 292) और मानहानि (धारा 499) से संबंधित कानूनी उपबंध ऐसे थे जो लेखक, संपादक, प्रकाशक और मुद्रक के काम को प्रभावित करते थे। इसमें आगे चलकर धारा 124 (क) को जोड़ा गया जिसका ताल्लुक राजद्रोह से है।

पत्रकारों को जजों, सांसदों, विधायकों या प्रशासकों की तरह कोई विशेषाधिकार नहीं होते। इसलिए जरूरी है कि पत्रकारों को देश और स्थानीय शासन के कानून मालूम हों, संविधान में वर्णित अधिकारों से परिचय हो, अभिव्यक्ति की आज़ादी का बुनियादी ज्ञान हो और प्रेस की ही तय की गई आचार संहिताओं और नियमों से वे अनभिज्ञ न हों। वे मूलभूत कानूनों, जैसे कि मानहानि, विशेषाधिकार, सरकारी गोपनीयता अधिनियम, शिष्टाचार और सदाचारों की मर्यादा को जानें। भले ही वे इनके विशेषज्ञ न हों लेकिन इनसे अनजान भी न दिखें। यह न भूलें कि अपनी बीट में महारत हासिल करने के लिए कानूनी ज्ञान अर्जित करते हुए अतिरिक्त मेहनत करनी होगी। दरअसल मीडिया में मामला सिर्फ

पैसे, सत्ता के दबाव और सबसे आगे बढ़त बनाए रखने भर का ही नहीं है बल्कि सवालों की संकरी पगडंडी से बचते हुए खबर को सही ढंग से पेश करने का भी है। तहलका मामले में कथित तौर पर लड़कियां सप्लाई करने, अदालतों या फिर संसद की आलोचना की सीमा रेखा तय करने, पोटा जैसे कानूनी प्रावधानों के तहत स्रोत जाहिर करने, सैनिक अदालतों में पेश होने और नियमित तौर पर सरकारी एजेंसियों के हाथों फटकार पाने के मामलों के चलते मीडियाकर्मियों को कानूनी दांव-पेचों से परिचित होना ही चाहिए।

यह सच है कि मीडिया की आजादी सबसे अहम है लेकिन मीडियाकर्मी को इस बात का ध्यान रखना चाहिए कि मीडिया की आजादी की आड़ में पत्रकारिता अनियंत्रित और निरंकुश न हो जाए। बेशक मीडिया की आजादी के अंतर्गत पत्रकार को यह विशेषाधिकार प्राप्त है कि वह बिना किसी रोक या सेंसर के जो भी उचित समझे, उसे प्रकाशित या प्रसारित कर सकता है लेकिन फिर निकलने वाले परिणामों की जिम्मेदारी भी पत्रकार को खुद ही लेनी होगी। मीडिया की आजादी पत्रकार को इस बात की अनुमति कतई नहीं देती कि वह अपनी लेखनी को लापरवाही से चलाना शुरू कर दे। इसलिए भारतीय संविधान में मानहानि कानून का प्रावधान भी किया गया है।

इसी तरह बाल अधिनियम 1960 के अंतर्गत समाचार-पत्रों और पत्रिकाओं पर किसी बच्चे के बारे में चल रही जांच के सिलसिले में बच्चे का नाम, पता, इसके स्कूल का नाम या फिर कोई ऐसा विवरण, जिससे उसकी पहचान हो सके, प्रकाशित करना या उसकी तस्वीर छापना वर्जित है। अगर जांच करने वाला प्राधिकरण बच्चे की पहचान को प्रकट करना उसके हित में समझे तो लिखित रूप में इसकी वजह देते हुए इसकी इजाजत दे सकता है। इसके बिना बच्चे की पहचान दिखाने वाली कोई सूचना देने वाले पत्रकार को दंड भी भुगतना पड़ सकता है। उपरोक्त प्रावधान का मकसद बाल-अपराधी को बदनामी से बचाना और उन्हें सुधरने का मौका देना है।

इसके अलावा बलात्कार की स्टोरी में पीड़ित की पहचान को सार्वजनिक नहीं किया जाना चाहिए और ऐसे मामलों को अतिरिक्त सावधानी और संवेदनशीलता के साथ कवर करना चाहिए। मिसाल के तौर पर 2009 में अभिनेता शाइनी आहूजा पर उसकी नौकरानी ने बलात्कार का मामला दर्ज किया तो कुछ समाचार-पत्रों ने नौकरानी की पहचान और उसके गांव के नाम आदि को सार्वजनिक कर दिया था। ऐसा होने पर पीड़ित पक्ष अक्सर अपनी बात कह नहीं पाता है। इसलिए रिपोर्ट एकतरफा बन जाती है। खबर किसके हक में खड़ी है और किसके लिए समाचार वाचन कर रही है, यह दुविधा भी खड़ी हो जाती है।

स्क्रिप्ट में महारत

वैसे तो स्क्रिप्ट लेखन एक विशिष्ट कला है और इस पर पर्याप्त प्रशिक्षित का भी अभाव है लेकिन टेलीविजन न्यूज रूम में काम करते हुए इसे आराम से निखारा जा सकता है। अपने सहयोगियों की लिखी स्क्रिप्ट देखें, न्यूज एजेंसियों के दी गई स्क्रिप्ट को लेकर नए सिरे से लिखी गई स्क्रिप्ट का अवलोकन करें और दूसरे चैनलों के स्क्रिप्ट पर गौर करें ऐसा करने भर से स्क्रिप्ट की बेहतरी की शुरुआत हो जाएगी। स्क्रिप्ट को लिखते समय भारी-भरकम शब्दों का इस्तेमाल न करें और शब्दों में ताजगी और प्रवाह का अहसास भी बनाए रखें। *न्यूज़* की स्क्रिप्ट भी बेहतरीन शब्दों का संगम हो और दर्शक को खुद-ब-खुद ही हर शब्द *शॉट्स* के अनुरूप बोलता हुआ लगे। अगर आपका भाषाई ज्ञान सीमित है तो इसको पुख्ता करने के लिए आपको नियमित तौर पर सफल पत्र-पत्रिकाएं पढ़नी चाहिए (भाषाई ज्ञान बुलंद होने पर भी यह आदत कायम रखनी चाहिए)। इलेक्ट्रॉनिक और प्रिंट मीडिया का एक-दूसरे का विरोधी मानने की मानसिकता रखना मूर्खता होगी। टीवी भले ही तुरत-फुरत का माध्यम है लेकिन व्यापक और विस्तृत खबर के क्षेत्र में प्रिंट अब भी अपनी बढ़त बनाए हुए है। ये दोनों ही माध्यम एक-दूसरे के पूरक हैं। वैसे भी टेलीविजन का जन्म प्रिंट के बाद हुआ है। इसलिए अनुभव और परिपक्वता के लिहाज से वह आगे है और भाषायी दायरा बढ़ाने में बड़ी मदद कर सकता है। जाहिर है कि जब भाषा पर पकड़ होगी तो लाइव प्रस्तुतीकरण में भाषाई अशुद्धियां गायब हो जाएंगी। वैसे इन सुझावों पर अमल कर स्क्रिप्ट लेखन को मांजा जा सकता है–

- समाचार-पत्रों (खासतौर से संपादकीय टिप्पणियों और लेखों) का नियमित अध्ययन।
- पत्रकारिता से संबंधित किताबों और पत्रिकाओं को पढ़ना।
- अपनी बीट से संबंधित पत्रिकाओं और सरकारी रिपोर्टों का अध्ययन।
- डेस्क लाइब्रेरी तैयार करने की आदत।
- रेडियो के समाचार सुनना।
- नियमित लेखन।

वॉयस ओवर

वॉयस ओवर यानी वह आवाज जो कि टीवी के पर्दे पर सुनाई देती है। यह आवाज आमतौर पर रिपोर्टर या एंकर की होती है। संचार माध्यम के दृष्टिकोण से वह आवाज सर्वाधिक आकर्षित करती है जिसमें खुलापन हो और जो बिना किसी रोक-टोक के बाहर आती हो। यानी शोर के विपरीत ऐसी ध्वनि जो अपने आपमें भरी-पूरी और समृद्ध हो। चाहे एंकरिंग करनी हो या फिर रिपोर्टिंग–दोनों ही लिहाज से आपको अपनी आवाज के सही इस्तेमाल की कला सीखनी होगी। चूंकि रिपोर्टर या एंकर की आवाज को दर्शक सीधे अपने सामने नहीं सुनता बल्कि हवाई तरंगों के सहयोग से टीवी के माध्यम से सुनता है, इसलिए आवाज का ज्यादा साफ, सटीक उतार-चढ़ाव के साथ प्रस्तुतीकरण और ठहराव

और भी जरूरी हो जाता है ताकि छोटे पर्दे पर सुनाई देने वाली आवाज एकदम पास से आती हुई महसूस हो। इसका मतलब यह नहीं है कि अपने बोलने के अंदाज को दूसरों के मुताबिक पूरी तरह से बदल दिया जाए बल्कि इसका मतलब यह हुआ कि अपनी आवाज को इस काबिल बनाया जाए कि दूसरे कमरे में बैठा दर्शक भी आपकी आवाज को पहचान सके और आपके कहे एक-एक शब्द को आसानी से पकड़ सके। इसके लिए ध्वनि विशेषज्ञों की सलाह भी ली जा सकती है।

लेकिन बेहतर होगा कि शुरुआती दिनों में अपनी आवाज को रिकॉर्ड कर लिया जाए और उसे बार-बार सुनकर अपनी कमियों का अंदाजा लगाया जाए। इसके बाद कुछेक विशेषज्ञों को सुनाने के बाद अपनी आवाज, उच्चारण, अंदाज और स्वर के आरोह-अवरोह पर काम किया जा सकता है।

टिप्स

- पुरुषों की आवाज स्वाभाविक रूप से कुछ भारी और महिलाओं की थोड़ी तीखी होती है। इसे न भूलें। इसलिए अक्सर युवतियां जब अति उत्साह में बोलने लगती हैं तो आवाज कर्कश लगने लगती है। इसलिए रिकॉर्डिंग या शूट से पहले ही माइक को अपनी आवाज के अनुरूप सेट करवा लें और फिर सधी हुई शैली में बोलें।
- साफ आवाज सेहतमंद आवाज की परिचायक है। इसलिए अपने चेहरे-मोहरे पर ध्यान देने के साथ ही रोज कम से कम दो पन्ने जोर-जोर से पढ़ने की आदत डालें। यह आवाज के लिए बेहतरीन व्यायाम होगा।
- हर रोज कम से कम छह गिलास पानी पीयें। गले की खुश्की आवाज में भी झलकती है, इसे एंकर और पत्रकार अक्सर भूल जाते हैं।
- जब भी मौका मिले, गुनगुनाएं। इससे गले की मांसपेशियों का व्यायाम होता है और इनमें गरमाहट आती है। आप जब भी किसी टीवी पत्रकार को लगातार गुनगुनाते पाएं तो समझ जाएं कि वह तब भी अपना काम कर रहा है।
- कंधों के व्यायाम पर जोर दें। शूट से पहले एकाध मिनट के लिए कंधों को ऊपर और नीचे करने से तनाव घटता है।
- 2-3 मिनट तक गहरी सांसें लें। इससे भी तनाव घुलने लगता है और शरीर की खिंची हुई नसों को राहत मिलती है।
- अत्यधिक दूध और चीनी के पदार्थों के सेवन से परहेज करें।
- कॉफी के अत्यधिक सेवन से बचें।
- धूम्रपान न करें। शुरू में तो लगता है कि इससे आवाज में भारीपन आ रहा है लेकिन धीरे-धीरे धूम्रपान गले में खुश्की लाने लगता है।
- सर्दियों में गले को ढककर रखें। ठंडी हवा गले की मांसपेशियों के लिए नुकसानदेह होती है।

- जुकाम-खांसी को गंभीरता से लें और तेज असर करने वाली दवाएं खाने के बजाय प्राकृतिक उपचार पर तवज्जो दें।
- टीवी पर खांसते हुए दिखाई न दें। अगर खांसें भी तो गले के आगे हाथ जरूर रखें।
- शूट शुरू होने से पहले काफी देर तक चुप न रहें। इससे गले के बीच में रुकने की संभावना ज्यादा रहती है।
- बीच-बीच में कुछ न कुछ खाते रहने की आदत भी डालिए। खाली पेट काम करने से न तो ऊर्जा बरकरार रहती है और न ही स्मरणशक्ति।
- जेब में रखी चाबियां या फिर खुली चीजें अलग रख लें, नहीं तो ये चीजें माइक के साथ टकराकर खनखनाहट की आवाज देंगी।
- अपने उच्चारण पर काम करते रहें। नए और मुश्किल शब्दों को एक कॉपी में नोट करते रहें और समय मिलने पर उनका अभ्यास करें। आपको अगर 8 और 6 से उच्चारण में परेशानी होती है तो इससे शुरू होने वाले कुछ शब्दों की एक सूची अपने सामने रखें और जोर देकर बार-बार पढ़ते रहें। हीनभावना रखने या उसे टालने से सुधार नहीं किया जा सकता।
- कई बार ऐसा होता है कि रिपोर्टर की आवाज तो साफ होती है लेकिन उसके कहे पहले और आखिरी शब्द ठीक से सुनाई नहीं पड़ते। इसलिए आदत डालें कि आपका कहा एक-एक शब्द पूरी तरह से सुनाई दे।
- आवाज में ताजगी, स्फूर्ति और जीवंतता हो। दर्शक थकी, हांफती या निराशा में डूबी आवाज में दिलचस्पी नहीं लेता।
- वाक्य के किस शब्द पर जोर देना है और किस पर नहीं, यह न भूलें। गलत जगह पर जोर देने से अर्थ का अनर्थ भी हो सकता है। मिसाल के तौर पर—

मनजीत का कहना है कि यह हत्या उसने नहीं की थी।

अब अगर वॉयस ओवर करते हुए उच्चारण ढीला-ढाला है तो यह वाक्य इस तरह सुनाई दे सकता है—

मनजीत का कहना है कि यह हत्या उसने **ही की थी**।

वीओ करते समय हर शब्द पर सतर्कता बरतने से ऐसी स्थिति से बचा जा सकता है।

पहनावा

यह माना जाता है कि हम लोगों पर अपनी छाप तीन तरह से छोड़ते हैं—

- 7.10 प्रतिशत हम क्या कर रहे हैं,
- 30.40 प्रतिशत कहने का अंदाज,
- 50.55 प्रतिशत हम कैसे दिखते हैं और कैसा व्यवहार करते हैं।

इसका सीधा-सा मतलब यह हुआ कि हमारे कपड़ों और बाहरी आवरण की भी एक

भाषा होती है जो बिना कहे ही संदेश को प्रचारित करती है। किसी से मिलने या किसी को देखने के पल भर बाद ही मानसिक तौर पर जो आकलन किया जाता है, वह काफी हद तक इन्हीं परिपाटियों पर आधारित होता है। अंदरूनी गुण-दोष की बारी इसके बाद आती है। यह कहा जाता है कि आमने-सामने मिलने पर इस तरह की धारणा को बनने में 30 सेकंड लगते हैं लेकिन टेलीविजन पर किसी को देखने के बाद धारणा बनाने में मुश्किल से 10 सेकंड का समय लगता है। जाहिर है कि एक इंसान के वजूद के कई तत्व सम्मिलित रूप से पसंद-नापसंद बनाने का काम करते हैं। इनमें महत्वपूर्ण तत्व हैं–

- आंखें,
- बाल,
- दांत,
- त्वचा,
- मेकअप,
- कपड़े,
- शारीरिक बनावट,

बॉडी लैंग्वेज (शारीरिक भाषा)

यानी कि शरीर की भाषा। यह मन के अंदर चहलकदमी कर रहे विचारों की शारीरिक अभिव्यक्ति का एक माध्यम है। शरीर के किसी हिस्से का हिलना-डुलना, प्रतिक्रिया करना या फिर शिथिलता दिखाना अंदरूनी भावनाओं को व्यक्त करता है। टीवी का कैमरा हर गतिविधि को सूक्ष्मता से लेंस में कैद कर लेता है, इसलिए कैमरे के सामने शारीरिक भाषा और भी मुखर होकर सामने आती है। इस विषय पर अनगिनत किताबें लिखी गई हैं जो कि इस विषय को गहराई से समझने में कारगर हो सकती हैं। मिसाल के तौर पर साक्षात्कार के दौरान अगर रिपोर्टर ने अपने दोनों हाथ आपस में बांध रखे हैं तो इसका मतलब होगा कि वह बातचीत करने में ज्यादा इच्छुक नहीं है या फिर वह सामने वाले के विचारों से असहमत है। इसी तरह बातचीत के बीच में नाखूनों को चबाना आत्मविश्वास की कमी या फिर कुछ छिपाने की प्रवृत्ति का परिचायक हो सकता है। ऐसी बॉडी लैंग्वेज दर्शक को असहज कर सकती है।

क्या करें

- टेलीविजन की आवाज बंद कर दीजिए और टीवी पर दिखाई देने वाले रिपोर्टरों और एंकरों की शारीरिक भाषा पर गौर फरमाइए। इस तकनीक को अलग-अलग कार्यक्रमों पर आजमाइए लेकिन अपराध कार्यक्रमों को विशेष सावधानी से देखिए। बहुत-कुछ आप खुद ही सीख जाएंगे।
- एक बड़े शीशे के सामने खड़े होकर कुछ बोलिए और अपनी बॉडी लैंग्वेज पर गौर कीजिए।
- अपने कार्यक्रमों को रिकॉर्ड करवाइए और फिर आवाज बंद करके खुद को देखिए

और अपनी शारीरिक भाषा का विश्लेषण कीजिए।

- अपने परिचितों से बात करते समय अपनी और सामने वालों की शारीरिक भाषा पर गौर करते जाइए।
- शारीरिक भाषा से जुड़ी लोकप्रिय किताबों को पढ़कर उन पर चिंतन-मनन करिए।

टिप्स

- शरीर को ऊर्जा से भरपूर रखिए।
- ध्यान रखें कि आप संयमित दिखें लेकिन थके-हारे नहीं।
- मन में खुशी और ताकत को महसूस कीजिए।
- याद रखिए, आप मन में जैसा सोचेंगे और सोचते हैं, वैसे ही दिखाई देंगे। नकारात्मक सोच वाला व्यक्ति बेहतरीन मेकअप करके भी सकारात्मक नहीं दिख सकता।
- थोड़ा-बहुत हाथों को हिलाना ठीक है लेकिन यह लगातार नहीं होना चाहिए।
- हाथों की उंगलियों से न तो खेलें और न ही हिलाएं।
- अचानक ही झटके के साथ न हिले। हिलने की प्रकिया सहज रखें।
- आरोपित या फिर अपराधी से बात करते हुए भी हाथ को उसी तरफ करके ऊंची आवाज में बात न करें। यह याद रखें कि आप पत्रकार हैं, पुलिस अधिकारी नहीं।

आंखें

आंखों में दिखने वाला भाव एक क्षण में ही सोच को काफी प्रभावित कर सकता है। इस बात को हमेशा ध्यान में रखें कि आपकी बातचीत दर्शक से हो रही है और वह अपने आपको उपेक्षित महसूस न करे। सीधे कैमरे के लेंस में देखने की आदत विकसित करें लेकिन आंखें भी हैरानी से खुली हुई न दिखाई दें और न ही आंखों मे अश्लीलता या उपहास का कोई भाव हो। अगर आप चश्मा पहनते हों तो वह भी साफ और सुंदर दिखाई दे। चश्मे का आकार चेहरे की बनावट से मेल खाता होना चाहिए।

बाल

इन दिनों न्यूज चैनल रिपोर्टरों के बालों को भी तरजीह देने लगे हैं। कई चैनलों ने तो हेयर स्टाइलिस्ट भी रखने शुरू कर दिए हैं जो कि चेहरे के हिसाब से बालों को संवारते हैं। कई पत्रकार अपने बालों को लेकर प्रयोग भी करते रहते हैं। किसी भी शूट पर जाने से पहले बालों की सफाई पर ध्यान दें। एक टेलीविजन चैनल के एक वरिष्ठ पत्रकार से लोग बात करने में इसलिए कतराते थे क्योंकि उसके बालों में बेहद डैंड्रफ थी और मुंह से बदबू आया करती थी। बाल समय-समय पर कटवाते रहें और अच्छे पार्लर में मालिश भी करवाते रहें ताकि बालों की स्वाभाविक चमक बरकरार रहे।

दांत

टूटे-फूटे काले दांतों वाला रिपोर्टर देखना भला कौन पसंद करेगा! यही वजह है कि टीवी पर दिखाई देने वाले लोग (इनमें राजनेता भी शामिल हैं) समय-समय पर अपने दांतों की देखभाल करवाते रहते हैं। कार्यक्रम की रिकॉर्डिंग के दौरान दांतों की सफाई करते नजर न आएं।

मेकअप

स्टूडियों में रिकॉर्डिंग के दौरान तो हमेशा ही मेकअप किया जाता है लेकिन आउटडोर शूट या फिर स्टोरी करते समय भी थोड़ा-बहुत मेकअप करने में कोई हर्ज नहीं है। टीवी पर साफ-सुथरा, ताजगी लिये चमकता हुआ चेहरा सभी को भाता है। इसलिए अगर समय हो तो कम से कम थोड़ा-सा पाउडर ही लगा लिया जाए ताकि चेहरे में ताजगी का आभास हो लेकिन अपराध कवर करने वाले पत्रकार को किसी भी हाल गहरे मेकअप या फिर भारी-भरकम जेवर नहीं पहनने चाहिए। अपराध एक संगीन मसला है और इसे पेज-थ्री जैसा नहीं बनाया जा सकता।

कपड़े

टीवी कैमरा शरारत करने में भी सक्षम है और इसका सबूत यह है कि टीवी किसी को भी उसके वास्तविक वजन से ज्यादा मोटा दिखाता है। लेकिन इसमें परेशान होने जैसी कोई बात नहीं है क्योंकि सही ढंग के कपड़े पहनने से इस समस्या से भी निजात पाया जा सकता है। टेलीविजन खबरों की दुनिया से जुड़े लोगों, खासतौर से अपराध पत्रकारों, को अपने पहनावे पर खास ध्यान देना चाहिए।

टिप्स

- चमकीले कपड़े न पहनें।
- आपको शूट के लिए कभी भी कहीं भी जाना पड़ सकता है। इसलिए कपड़े ऐसे हों जो कि शालीन और सभ्य हों।
- ढीले-ढाले कपड़े न पहनें। एक तो इससे वजन ज्यादा लगता है और दूसरे व्यक्तित्व भी ढीला लगने लगता है।
- गहरा काला या गहरा सफेद रंग के कपड़े पहनने से परहेज करें क्योंकि यह रंग टीवी स्क्रीन पर फैलते हैं। यही बात छोटे-छोटे चेक्स पर भी लागू होती है।
- गले के पास बहुत पट्टियों वाले कपड़े न पहनें। यह टीवी पर भद्दा लगेगा।
- कॉलर पूरी तरह से फिट होता हो।
- चाहे स्टूडियो में हो या बाहर या शूट पर कहीं बाहर जा रहें हो, कपड़ों का तालमेल सुरुचिपूर्ण हो।

आचार और विचार

खबर की समझ से लेकर परिधान तक तमाम तैयारियों के बाद अंदरूनी तैयारियों पर भी नजर डाल लेनी चाहिए। पत्रकार का काम अपने आस-पास के परिवेश से एकात्मता रखने का होता है। वह चाहे कितने ही बड़े चैनल का हिस्सा क्यों न हो, उसके व्यवहार में स्थायी तौर पर ये गुण होने चाहिए–

- शालीनता,
- जिज्ञासा,
- सतर्कता,
- निर्भयता,
- अनुशासन,
- गतिशीलता,
- सहजता,
- विवेकशीलता,
- संशयालु,
- ईमानदारी,
- संयम,
- मेहनती प्रवृत्ति,
- दमदार व्यक्तित्व,
- निर्णय लेने का क्षमता,
- दायित्व-बोध,
- टीम प्रबंधन,
- तकनीकी क्षमता,
- निष्पक्षता,
- अपनी सीमाओं का ज्ञान,
- मानसिक संतुलन,
- राष्ट्रहित को ध्यान में रखने की समझदारी।

इसके अलावा अपने कहे शब्दों का सम्मान भी करें यानी जो वादा करें, वह पूरी ईमानदारी और मुस्तैदी के साथ निभाएं। साथ ही अपने नाम और रुतबे को लेकर आत्मप्रशंसा के शिकार न बनें। समय, बजट और तकनीक के भले ही कितने ही दबाव क्यों न हों, अगर कभी स्टोरी को सलीके से न कर सकें, तब भी बहाने बनाने से परहेज करें, जैसे कि–

- स्टोरी पर काम करने के लिए पर्याप्त समय नहीं दिया गया। मुझे इसके अलावा दो और स्टोरीज करनी थीं।
- शूट के लिए ढंग के उपकरण मौजूद नहीं थे।
- लाइटिंग संतोषजनक नहीं थी।

- मेकअप फीका था।
- आज मूड ही नहीं बन रहा था।
- मुझे इतनी तनख्वाह नहीं मिलती कि मैं इतना काम करूं।
- मेरा काम सिर्फ तथ्य जमा करना है, शॉट्स के लिए दिशा-निर्देश देते रहना नहीं।
- स्टोरी को बिना सुधारे बुलेटिन में चला देने से कुछ नहीं होगा। दर्शक स्टोरी को इतनी सूक्ष्मता से समझने की काबिलियत नहीं रखते।

इस तरह के बहाने बनाकर रिपोर्टर अपनी छवि को कमजोर बना सकता है। बेहतर होगा कि ऐसे बहाने करने के बजाय अपनी गलती स्वीकार कर ली जाए और सौंपी गई हर जिम्मेदारी को सलीके से पूरा करने की आदत विकसित की जाए। अपने दिमाग को हर रोज यह संदेश दें कि जो भी किया जाए, वह अपनी तरफ से बेहतरीन हो और उसमें कमी की कोई गुंजाइश ही बाकी न रहे।

लाइव रिपोर्टिंग का अभ्यास

टीवी को कभी घरेलू सिनेमा तो कभी तस्वीरों से भरे रेडियो की संज्ञा दी गई लेकिन उसे इन परिधियों में बांधा नहीं जा सकता। टीवी की सबसे बड़ी खासियत है—जीवंत यानी लाइव प्रसारण। पिछले एक दशक में बड़ी खबरें *ब्रेक* करने का जिम्मा इलेक्ट्रॉनिक मीडिया ने जैसे अपने हाथों में ही ले लिया है। ऐसे में रिपोर्टर को लाइव रिपोर्टिंग का अभ्यास करते रहना चाहिए। न्यूज मीडिया का अस्तित्व काफी हद तक तुरंत, तेज और सबसे पहले खबर देने की अवधारणा पर टिका है। इसका सीधा-सा मतलब यह हुआ कि घटना के घटते ही किसी भी तरीके से तुरंत दर्शक तक खबर को पहुंचाया जाए। इलेक्ट्रॉनिक मीडिया की यही तेजी उसे प्रिंट से अलग करती है लेकिन लाइव रिपोर्टिंग एक जटिल काम है। इसे सक्षमता से निभाने के लिए लगातार सीखते चलना होगा। लाइव रिपोर्टिंग आमतौर पर इन दो विधियों से की जाती है—

फोनो (फोन पर रिपोर्ट देना) या फिर

ओबी (आउटसाइड ब्रॉडकास्ट)

फोनो और ओबी के शाब्दिक और तकनीकी अर्थ को आगे और भी स्पष्ट किया जाएगा, इसलिए यहां सिर्फ इनके लिए बुनियादी पहलुओं पर गौर किया जा रहा है।

ओबी अक्सर किसी बड़ी घटना के घटने के तुरंत बाद और बाद में उसके फॉलो-अप के रूप में किया जाता है। यह आमतौर पर लाइव होता है, इसलिए यह टीवी न्यूज की एक नायाब पहचान भी है। चूंकि ओबी किसी घटना के घटते ही या घटने के कुछ देर बाद तक किया जाता है और यह किसी घटना से जुड़ी गंभीरता का अहसास कराता है, इसलिए रिपोर्टर को वैसा ही सधा हाव-भाव और भाषा पर पकड़ बनाए रखना होता है। इसके साथ ही उसे यह मालूम होना चाहिए कि ओबी क्यों किया जा रहा है।

- घटना काफी महत्वपूर्ण है।
- दर्शक को तुरंत अधिकाधिक जानकारी देनी है।

- मौके का आंखों देखा हाल बताना है।
- संबंधित अधिकारी से जानकारी लेकर उसे समय गंवाए बिना तुरंत प्रसारित करना है।
- बाकी चैनलों की प्रतियोगिता के बीच उसे किसी भी हाल में पिछड़ना नहीं है।

इसे समझने के बाद रिपोर्टर को जितना संभव हो सके, घटनाक्रम और घटना से जुड़े विभिन्न पहलुओं पर जानकारी जुटाने का काम करना चाहिए। वह चाहे तो तमाम चीजें नोट भी कर सकता है लेकिन ध्यान रखना होगा कि स्रोत भरोसेमंद हो और पत्रकार उसे पहले भी परख चुका हो।

लाइव रिपोर्टिंग के लिए टिप्स

- ओबी करने से पहले रिपोर्टर को दफ्तर से यह पूछ लेना चाहिए कि उसके ओबी की समय-सीमा तकरीबन कितनी होनी चाहिए ताकि वह मानसिक रूप से तैयार रहे और निर्धारित समय-सीमा के आस-पास अपनी बात को पूरा कर सके।
- चूंकि टेलीविजन एक दृश्य-श्रव्य माध्यम है, इसलिए अच्छा होगा कि खबर देने वाला पत्रकार प्रभावशाली व्यक्तित्व रखता हो। भले ही वह मॉडल न दिखे लेकिन दमदार पत्रकार की तरह तो दिखे ही। उसमें विश्वसनीयता का पुट भी हो और समझदारी का भी।
- वेशभूषा मौके के अनुकूल हो। चूंकि ऐसी घटनाएं बिना किसी पूर्व सूचना के घटती हैं, इसलिए बेहतर यही होता है कि पत्रकार हमेशा ही शालीन कपड़े पहने। जिन घटनाओं में ओबी का अनुमान पहले से ही होता है (जैसे कि पुलिस के वार्षिक समारोह की सूचना अक्सर पहले ही मिल जाती है), वहां औपचारिक किस्म का सूट पहनकर मौके के अनुकूल दिखा जा सकता है।
- वाक्य एकदम साफ हों, बात को छोटे-छोटे वाक्यों में कहा जाए और पत्रकार तथ्यों को इस तरह से सामने रखे कि दर्शक को पृष्ठभूमि से लेकर स्टोरी का मौजूदा हाल आसानी से समझ में आ जाए।
- रिपोर्टर का एक-एक शब्द नपा-तुला और सटीक होना चाहिए। कुछ भी बेवजह न कहा जाए और न ही समय बिताने के लिए एक ही बात को बारंबार कहा जाए। घटना चाहे कैसी भी क्यों न हो, किसी भी शब्द में असभ्यता नहीं झलकनी चाहिए और न ही रिपोर्टर के पक्षपाती होने का कोई संकेत मिलना चाहिए। मिसाल के तौर पर अगर कॉर्ल गर्ल का कोई गिरोह पकड़ा गया हो तो भी कॉर्ल गर्ल के पेशे या फिर पकड़ी गई युवतियों के बारे में कोई ऐसी टिप्पणी न करें, जो सीमा का उल्लंघन करती हो।
- याद रखिए, पत्रकार का काम खबर देना है, अपनी व्यक्तिगत राय देना नहीं।
- हर खबर को जोश के साथ दीजिए लेकिन अपना होश भी बनाए रखिए।
- टीवी कैमरे के सामने आने से पहले रिपोर्टर को अपनी घबराहट से निजात पा लेना चाहिए। ऐसा तभी हो सकेगा जबकि वह खबर के तमाम कोणों को परख और समझ चुका होगा।

- रिपोर्टर के कहने का अंदाज सहज हो। किसी शब्द पर ज्यादा जोर देने के लिए मुंह बनाना, उपेक्षा का भाव बनाना, बार-बार माथे का पसीना पोंछना, होंठों पर जीभ फेरना या बेवजह हाथ हिलाना यह जतलाता है कि पत्रकार में आत्मविश्वास की कमी है और जिस पत्रकार में आत्मविश्वास की कमी होगी, दर्शक उसकी खबर पर भला क्या यकीन करेगा। वह तो चैनल बदल देना ही बेहतर समझेगा।
- रिपोर्टर हर बात को सीधे कैमरे के लेंस में देखकर ही कहे। इससे दर्शक को महसूस होता है कि रिपोर्टर सीधे उसी से बात कर रहा है। इससे संचार प्रभावशाली बनता है।
- बीच-बीच में अगर रिपोर्टर कागज देखकर कुछेक सूचनाएं देता है तो इसमें कोई हर्ज नहीं है लेकिन इसे स्थायी आदत बना लेना ठीक नहीं होगा। कागजी टुकड़ों पर अपनी निर्भरता को धीरे-धीरे घटाने के लिए प्रयासरत रहें।
- एक अर्थ में हर पत्रकार संपादक होता है, वह खबर का ज्ञाता भी होता है और खबर में से भी असली खबर निकालकर काट-छांट करने वाला संपादक भी। इसलिए सूचनाओं के अंबार में से बेमतलब की खबर निकालकर मूल मुद्दे को तलाश लेने की व्यावहारिक कुशलता किसी भी पत्रकार को सफलता की कसौटी पर खरा उतार सकती है।

कुछ पत्रकार ऐसे होते हैं जिनमें निजी जिंदगी में तो आत्मविश्वास की कमी होती है लेकिन कैमरे के सामने आते ही वे सबको मात देते हैं जबकि कुछ लोग ऐसे होते हैं जिनका अत्यधिक आत्मविश्वास कैमरे के सामने आते ही गायब हो जाता है। आप किस श्रेणी में आते हैं, इसका आकलन करने के बाद आपको अपने प्रस्तुतीकरण के सुधार पर लगना होगा। आपको कैमरा और माइक्रोफोन को अपना साथी मानने की प्रवृत्ति लानी होगी क्योंकि इनका साथ टीवी में आपकी जमीन को पक्का करेगा।

सावधानियां

रिपोर्टर चैनल का प्रतिनिधित्व करता है। पत्रकारिता को समाज का चौथा स्तंभ माना जाता है, इसलिए एक पत्रकार में संवेदनशीलता के साथ सुलझे व्यक्ति के तमाम गुण समाहित होने चाहिए। इसके अलावा ध्यान रखें कि—

- भारत में विभिन्न जातियों, धर्मों और संप्रदायों को मानने वाले लोग रहते हैं। इसलिए ऐसी कोई भी टिप्पणी न करें जो कि भावनात्मक आघात या फिर सांप्रदायिक तनाव की वजह बन सकती हो।
- पत्रकार किसी से तोहफे न लें।
- ऐसी स्टोरीज या खबरों को प्राथमिकता न दी जाए जिनकी वजह से होक्स कॉलों (फोन पर झूठी खबर देने की प्रवृत्ति) को बढ़ावा मिले या फिर अपराधियों को अपराध करने के नए तरीके मिलें।
- स्टोरी भले ही वेश्याओं पर की जा रही हो, तब भी किसी की भावनाओं को ठेस न पहुंचाएं।

- शूट करने से पहले इस बात का अंदाजा हो कि स्टोरी क्या है, किस कार्यक्रम के लिए शूट किया जाना है और समय-सीमा क्या है। पत्रकार को मालूम होना चाहिए कि शूट को कितने समय के भीतर समेट लेना है।
- विद्रूप शॉट्स दिखाने से परहेज करें।
- अगर किसी भी स्टोरी में नाटकीय रूपांतरण करवाया जा रहा हो तो उसका सुपर/एस्टन साथ में देना न भूलें।
- बाल अपराधी का चेहरा या फिर बलात्कार पीड़ित महिला की पहचान सार्वजनिक न करें। लेकिन इसका मतलब यह नहीं है कि बाल-अपराधी या फिर महिला का चेहरा दिखाए बिना उसका पूरा परिवार दिखा दिया जाए और फिर इसे जायज बताया जाए।
- स्टोरी से जुड़ी हेडलाइन या बाइट या प्रोमो घटना को संदर्भ से बाहर न दिखाएं और न ही जान-बूझकर दहशत फैलाएं।
- मानव रुचि की खबरों का फॉलो-अप दिखाएं।
- स्टोरीज को अलग-अलग ढंग से रोचक बनाने के तरीके ईजाद करते रहें।

टीवी चैनलों के लिए सलाह

- चैनल को देखकर निष्पक्ष राय देने वाले मीडिया समीक्षकों की एक टीम का गठन करना चाहिए जो नियमित रूप में अपनी बेबाक राय देती रहे।
- जिस तरह पुलिस अधिकारियों को सेवा का हिस्सा बनने के समय प्रशिक्षण दिया जाता है, उसी तरह अपराध कवर करने वाले पत्रकारों को घरेलू हिंसा, अपहरण, हत्या, आगजनी, सांप्रदायिकता, बमबारी और हिंसा के पहलुओं को समझने का प्रशिक्षण अनिवार्य तौर पर दिया जाना चाहिए। इसके लिए मीडिया प्रशिक्षकों या वरिष्ठ पत्रकारों का सहयोग लिया जा सकता है।
- अकेले टीआरपी को ही सफलता का पैमाना न मानने लगें।
- संवेदनशीलता (न कि सनसनी) के साथ स्टोरी करने वाले पत्रकारों को सम्मानित और प्रोत्साहित करें।
- अगर पत्रकार कभी किसी खबर के प्रसारण को राष्ट्रहित के खिलाफ बता रहा हो तो उसकी बात पर गौर करें।

दूसरे शहर में काम कर रहे पत्रकारों के लिए सावधानियां

- जो पत्रकार मुख्यालय में काम न करते हों यानी जिन्हें दूसरे शहर में रहकर अपनी खबर भेजनी हो, उन्हें भी इन बातों का विशेष ध्यान देना चाहिए।
- अपना स्टोरी आइडिया फोन और मेल दोनों के ही जरिए स्वीकृत करवाने की कोशिश करें। स्ट्रिंगर को खासतौर पर शुरुआती दिनों में स्टोरी की लिखित रूप से मंजूरी ले लेनी चाहिए ताकि बाद में भुगतान को लेकर कोई समस्या न हो।
- वॉयस ओवर खुद करने का प्रयास करें। अगर वॉयस ओवर स्वीकृत न हो तो

खुद ही पहल करते हुए अपना वीओ रिकॉर्ड कर मुख्यालय के संबंधित विभाग में भिजवा दें।

- ऐसे अल्पकालीन कोर्स कर सकते हैं जो कि पीटूसी या फिर ओबी को सलीके से करने के दिशा-निर्देश दे सकें।
- अपनी स्टोरी से जुड़ी फुटेज को खुद संभालकर रखने की व्यवस्था करें। हर टेप के बाहर एक पर्ची लगा दें ताकि कभी भी शॉट्स को ढूंढ़ने के लिए ज्यादा कसरत न करनी पड़े। पुराने शॉट्स के लिए हमेशा मुख्यालय पर निर्भर रहना सही नहीं होगा।
- कैमरामैन भी इतना सक्षम हो कि कभी रिपोर्टर मौजूद न होने पर भी वह खुद ही सारी स्टोरी कर सके। इसके लिए आपको कैमरामैन को खुद ही ट्रेनिंग देनी होगी।
- इसी तरह रिपोर्टर को भी कैमरा और वीडियो एडिटिंग सीखनी चाहिए क्योंकि ब्यूरो में अक्सर टीम बहुत छोटी होती है और कई बार टीम के सदस्यों को एक-दूसरे का काम भी करना पड़ सकता है।
- अपने शहर ही नहीं बल्कि राज्य को लेकर भी जागरूक रहें। शहर की धड़कन से वाकिफ रहें। क्या पता कब कोई बड़ा मौका मिल जाए।
- अगर स्टोरी को एडिट करके न भेज रहे हों तो टेप को लॉग करके भेजें।
- स्टोरी के साथ अलग से इस्तेमाल होने वाले सुपर भी लिख दें। इस बात का ध्यान रखें कि जिस क्रम में सुपर लिखे जाएं, वे टेप में भी उसी क्रम में हों, नहीं तो हास्यास्पद स्थिति भी बन सकती है। जैसे कि बात हो रही हो अपराधी की और बाइट लगा दी जाए जांच कर रहे अधिकारी की।
- कई बार मुख्यालय में एडिटिंग कर रहे एडिटर को रिपोर्टर की पहचान नहीं होती। इसलिए वे रिपोर्टर के शॉट्स को ढूंढ़ने में काफी समय लगा देते हैं। ऐसे में बेहतर होगा कि रिपोर्टर स्क्रिप्ट के साथ अपनी पहचान भी लिख दें। जैसे कि उसने किस रंग के कपड़े पहने हैं या वह क्या कह रहा है।

स्टिंग ऑपरेशन

यह खोजी पत्रकारिता है। यह रिपोर्टिंग की वह विधा है जिसे आमतौर पर छुपकर और बिना अनुमति के रिकॉर्ड कर लिया जाता है। स्टिंग करने से पहले इन पहलुओं पर गौर किया जाना जरूरी है—

- क्या उस स्टोरी को सामान्य तरीके से कवर करना असंभव है?
- क्या यह स्टिंग पूरी तरह से जनता या देश के हित में है?
- क्या स्टिंग के लायक पक्के सबूत मिल रहे हैं?
- क्या स्टिंग करते हुए पत्रकारिता के मूल्यों को ध्यान में रखा जाएगा?
- इस स्टिंग को करने के क्या जोखिम हैं?

● स्टिंग से किस तरह के नतीजे निकलने की संभावना है?

इन तमाम सवालों पर गंभीर विचार करने के बाद ही स्टिंग किया जा सकता है। वॉटर गेट प्रकरण से लेकर बोफोर्स, हवाला और तहलका तक खोजी पत्रकारिता ने एक लंबा सफर तय किया है। हालांकि सरकार प्रेस को स्वतंत्र अभिव्यक्ति का एक साधन मानती है लेकिन खोजी पत्रकारिता की बात आते ही प्रेस को एक दुश्मन की तरह देखा जाने लगता है। खोजी पत्रकारिता को राजनीतिक भ्रष्टाचार और अपराध के खुलासे का सबसे प्रभावी हथियार माना जाता है। आमतौर पर खोजी पत्रकारिता ऐसे मामलों में होती है जो जनता की रुचि में होते हैं और जिन्हें जानना जनता के हित में होता है। साल 2000 में तहलका ने मैच फिक्सिंग की जांच के लिए एक स्टिंग किया था जिस पर *फॉलन हीरोज* नाम से 90 मिनट की एक डाक्यूमेंट्री बनाई गई थी। इसमें कपिलदेव, अजहरूद्दीन और अजीत वाडेकर का नाम काफी उछला था।

इसके बाद 2001 में तहलका ने *ऑपरेशन वैस्ट एंड* किया जिसमें सैन्य सौदों में हो रही धांधली दिखाई गई। इस स्टिंग से भ्रष्ट तंत्र की सच्चाई तो सामने आई ही लेकिन साथ ही स्टिंग को कामयाब करने के लिए लड़कियां सप्लाई करने के मामले पर कड़े सवाल भी खड़े किए गए। इसी तरह युद्ध के समय सीमा से या फिर आतंकवादी हिंसा की चपेट में घिरे इलाकों से खबरें लाने, लड़कियों की खरीद-फरोख्त को दुनिया के सामने साबित करने के लिए खुद लड़की खरीदने, बिना वीसा-पासपोर्ट के सारी दुनिया की सैर कर सुरक्षातंत्र के खोखलेपन से जुड़ी सूचनाएं देने के लिए कई बार खोजी पत्रकारिता का सहारा लिया गया है। बॉलीवुड में नई लड़कियों के शोषण को लेकर एक टीवी चैनल ने शक्ति कपूर और अमन वर्मा पर भी हिडन कैमरे का इस्तेमाल किया था।

स्टिंग के औचित्य और उसकी लड़खड़ाती विश्वसनीयता पर सबसे ज्यादा सवाल उमा खुराना मामले को लेकर उठाए गए। दिल्ली के एक सरकारी स्कूल में गणित की अध्यापिका उमा खुराना ने वीरेंद्र अरोड़ा नामक व्यक्ति से कुछ पैसे उधार लिये थे जिन्हें वह लौटा नहीं पा रही थी। उमा को परेशान करने के लिए वीरेंद्र ने लाइव इंडिया के पत्रकार प्रकाश सिंह के जरिए एक स्टिंग करवाकर साबित करने की कोशिश की कि उमा लोगों को स्कूल की लड़कियां सप्लाई करती है। 30 अगस्त, 2007 को जिस समय इस स्टिंग को टीवी पर दिखाया गया, उमा खुराना स्कूल में पढ़ा रही थीं। टीवी पर खबर देखते ही स्कूल के बाहर आगजनी होने लगी और कुछ लोगों ने उमा खुराना के साथ बदसलूकी भी की। उन्हें गिरफ्तार कर लिया गया। लेकिन बाद में पुलिस ने जब प्रकाश सिंह और उसकी साथी पत्रकार रश्मि सिंह को बुलाया तो स्टिंग उमा के खिलाफ एक आपराधिक साजिश साबित हुआ। जल्दबाजी के स्वभाव, कच्चे स्रोत और पड़ताल की कमी से उपजी इस स्टोरी ने पूरे मीडिया को ही जैसे कठघरे में खड़ा कर दिया। दूसरी तरफ दिसंबर, 2009 में आंध्र प्रदेश के राज्यपाल 86 वर्षीय नारायण दत्त तिवारी को लेकर तेलुगु चैनल *एबीएन आंध्र ज्योति* ने एक स्टिंग ऑपरेशन दिखाया। फुटेज में उन्हें राजभवन में तीन महिलाओं के साथ आपत्तिजनक अवस्था में दिखाया गया था। इसे कुछ पत्रकारों ने *जिप्परगेट स्कैंडल* तो कुछ

ने *सेक्स गेट स्कैंडल* तक कह डाला था। इससे उपजे विवाद के चलते कुछ घंटों के भीतर ही कांग्रेस के इस पुराने नेता को अपनी गद्दी को अलविदा कहना पड़ा था।

वैसे छिपे कैमरे की विधा को बहुत प्रोत्साहित नहीं किया जाता और सिर्फ आपात परिस्थितियों में ही इस हथियार का सहारा लिया जाना चाहिए। दरअसल स्टिंग ऑपरेशन एक पेचीदा मामला है। अगर जनहित को सर्वोपरि रखे बिना और पत्रकारिता के सिद्धांतों को ताक में रखकर स्टिंग किया जाता है तो उससे पेचीदगियों में उलझने के आसार बढ़ सकते हैं।

टिप्पणियां और संदर्भ

- मीडिया एथिक्स, परंजॉय गुहा ठकुरता, ऑक्सफोर्ड यूनिवर्सिटी प्रेस, 2009
- प्रेजेंटिंग फॉर टीवी एंड वीडियो, जोएन जोरियन लिन, ए एंड सी पब्लिशर्ज, लंदन, 2001
- भारत की समाचार-पत्र क्रांति, रॉबिन जेफ्री, भारतीय जनसंचार संस्थान, नई दिल्ली, 2004
- वीमेन एंड मीडिया, इंटरनेशनल पर्सपेक्टिव, केरन रौस, कैरोलिन एम.ब्येरली, ब्लैकवैल पब्लिशिंग, 2004
- टेलीविजन फील्ड प्रोडक्शन एंड रिपोर्टिंग, फ्रेडरिक शूक, लांगमैन पब्लिशर्ज, 1996
- टेलीविजन समाचार-लेखन और वाचन, एसएच मुस्तफा जैदी, सुलभ प्रकाशन लखनऊ, 2004
- आफत बनता साइबर क्राइम ज्ञानेन्द्र रावत, राष्ट्रीय सहारा सितंबर, 2009
- साइबर के जुर्म, प्रदीप मखोपाध्याय, आलोक-1 जनवरी, 2004
- इंटरनेट : सूचनाओं का अद्‌भुत महासागर, जगदीप सक्सेना, 'विदुर', अक्तूबर-दिसंबर, 1998
- पैगामों का कारोबार चले, दिनेश सी शर्मा, जनसत्ता, 1 जनवरी, 2004
- दर्शकों से दूर होता दूरदर्शन, वर्तिका नन्दा, दैनिक हिंदुस्तान, 13 दिसंबर, 2009
- असली खबर तो बताइए हुजूर, वर्तिका नन्दा, दैनिक भास्कर, 5 फरवरी, 2009
- अपहरण की खबर, जनसत्ता, वर्तिका नन्दा, 16 फरवरी, 2005
- क्रिमिनल असाल्ट ऑन आर सेंसिज, पायनियर, वर्तिका नन्दा, 6 फरवरी, 2005

तीसरा अध्याय

चार घंटे तो हो गए यहां के चक्कर लगाते... कोई सोर्स ही नहीं मिल रहा है सर
पुलिस मुख्यालय
सीनियर से बगावत करता है? लो किया सस्पेंड!
मिल गया सोर्स!
पुलिस मुख्यालय
पवन

खबरों के स्रोत

- रिपोर्टिंग के स्रोत-कहां, कब, कैसे, क्यों
- क्राइम रिपोर्टर के लिए अनिवार्य जानकारी
- स्रोत विकसित करने के तरीके
- प्रेस विज्ञप्ति के इस्तेमाल के कुछ टिप्स
- न्यूज एजेंसियां
- समाचार-पत्र
- ई-मेल और एसएमएस
- आत्मविश्लेषण
- सूत्रबद्ध करने की कला
- अदालती खबरें
- टेलीफोन डायरेक्टरी
- लाइब्रेरी
- स्रोत विकसित करने में सावधानियां

3

खबरों के स्रोत

रिपोर्टिंग के स्रोत–कहां, कब, कैसे, क्यों

प्रतिबद्धता खबर की प्राप्ति की सांस है। बीट एक रूटीन रास्ता है जिस पर रोज चलकर संपर्क बनाए जाते हैं और संपर्कों के जरिए खबर तक पहुंचा जाता है। बीट रिपोर्टर एक तरह का घुमंतू जीव होता है जिसका काम अपनी बीट की नब्ज पर हाथ रखना होता है। अपराध बीट का पत्रकार स्थानीय अपराधों की आंख और कान होता है। लेकिन ऐसा महारत से करने के लिए उसे स्रोतों पर निर्भर होना होगा।

स्रोत यानी वे तमाम संपर्क-सूत्र जो कि स्टोरी को बताने और आगे बढ़ाने में किसी भी तरह से एक कड़ी का काम कर सकते हैं। मजे की बात तो यह है कि रिपोर्टिंग के शुरुआती दिनों में स्रोतों को ढूंढ़ना मुश्किल होता है और बाद में स्रोतों को संभालना। हर अपराध रिपोर्टर को इन दोनों ही स्थितियों का सामना करना पड़ता है और इन दोनों से निपटने में अपनी समझ और पेशागत अनुभव ही काम में आता है। स्रोतों की कमी के समय में यह समझ कि स्रोत विकसित कैसे किए जाएं और स्रोत ज्यादा होने की स्थिति में यह समझ कि विश्वस्त स्रोतों तक खुद को सीमित कैसे किया जाए, यह भी कम चुनौतीपूर्ण नहीं। है। हालांकि इस तरह का विधिवत् प्रशिक्षण चैनल में देना संभव नहीं होता, इसलिए अगर इसकी जानकारी हो तो काम करना अधिक रोमांचक, सुगम और दिलचस्प हो सकता है।

भारत के संविधान में अभिव्यक्ति की स्वतंत्रता की बात कही गई है लेकिन इसमें मीडिया की अभिव्यक्ति की आजादी का कोई अलग से उल्लेख नहीं किया गया है। मीडिया की आजादी के मायने यह लगाए जा सकते हैं कि उसे जनहित में स्रोतों तक पहुंचने और फिर खबर को जनता तक पहुंचाने का अधिकार हो सकता है लेकिन यहां यह भी ध्यान में

रखना होगा कि संविधान में हर अधिकार के साथ कुछ शर्तें भी जुड़ी हुई हैं और मीडिया भी स्रोतों और खबर के मामले में कानूनी और आत्म-नियंत्रक प्रावधानों में बंधा हुआ है।

यहां एक मामले का जिक्र करना होगा। घटना जून, 2007 की है। चार साल की मैडेलिन मैक्कन नामक एक ब्रितानी लड़की अपने माता-पिता के साथ घूमने पुर्तगाल जाती है और वहीं से वह गुम जाती है। मैडेलिन के अभिभावक उसकी तलाश के लिए मीडिया से मदद मांगते हैं लेकिन मैडेलिन का कोई सुराग नहीं मिलता। कुछ दिनों बाद स्टोरी के लिए बेचैन मीडिया यह खबर चलाने लगता है कि मैडेलिन की हत्या में उसके मां-बाप का भी हाथ हो सकता है। यह खबर हफ्तों ब्रिटिश मीडिया में हेडलाइन बनी रही। ज्यादातर रिपोर्टिंग स्रोतहीनता से उपजे गॉसिप और तुक्कों पर आधारित ही दिखी। बड़े पैमाने पर यह लिखा गया कि हो सकता है कि मैडेलिन के मां-बाप की गलती से ही मैडेलिन की *मौत* हो गई हो और उसके बाद उन्होंने ही मैडलिन के अगवा होने की कहानी *पकाई* हो। रिपोर्टिंग के इस अंदाज पर कुछ दिनों बाद खुद मैडेलिन के पिता ने कहा कि अपने अखबारों की बिक्री बढ़ाने के लिए मीडिया ने उनका इस्तेमाल एक *कॉमोडिटी* के रूप में किया। बेशक उन्हें खबरों की थोड़ी गिट्टियां थमाने का काम कुछ पुलिस वालों ने भी किया होगा।

घटना के करीब एक साल बाद, मार्च 2008 में मैक्केन दंपती ने पुर्तगाल के एक अखबार के खिलाफ मानहानि का केस चलाया और वे इसे जीते भी। इसके तुरंत बाद ब्रिटेन के 4 अखबारों ने मुखपृष्ठ पर अमर्यादित रिपोर्टिंग के लिए माफीनामा छापा।

इस घटना का असर इतना गहरा रहा कि 2008 में ब्रिटेन की एक स्वायत्त संस्था, *मीडिया स्टैंडर्ड ट्रस्ट,* ने जारी अपनी एक रिपोर्ट में खुलकर कहा कि ब्रिटेन में पत्रकारिता का स्तर गिरावट पर है और यहां अखबारों की विश्वसनीयता दिनोदिन घटती जा रही है। फाइनेंशियल टाइम्स ग्रुप के चेयरमैन सर डेविड बैल इसके चेयरमैन हैं। रिपोर्ट में कहा गया कि रिपोर्टरों ने इस तरह की गैर-जिम्मेदाराना रिपोर्टिंग इसलिए की क्योंकि वे *खुद संपादकों* के दबाव में थे। वेस्टमिनस्टर यूनीवर्सिटी के प्रोफेसर ऑफ कम्यूनिकेशंस प्रोफेसर स्टीवन बारनेट भी इस शोध का हिस्सा थे। उन्होंने समूचे प्रकरण के अध्ययन के बाद टिप्पणी की कि जो पत्रकार इस घटना की रिपोर्टिंग के लिए पुर्तगाल भेजे गए थे, उन्हें संपादकों की तरफ से साफ निर्देश दिए गए थे कि उन्हें हर रोज एक एक्सक्लूसिव स्टोरी फाइल करनी होगी *चाहे जो भी हो जाए।*

शोध में खुलासा किया गया कि 75 प्रतिशत लोग यह मानते हैं कि अखबार ऐसी खबरें छापते रहते हैं *जिनके बारे में वे जानते हैं कि वे पूरी तरह से सच्ची नहीं हैं।* अखबारों पर लोगों का विश्वास इतना गिरा है कि सिर्फ 7 प्रतिशत लोग यह उम्मीद करते हैं कि अखबारों को अपना काम जिम्मेदारी से निभाना चाहिए। विश्वास का यह स्तर बैंकों पर लोगों के मौजूदा विश्वास से भी काफी कम है। शोध के लिए जिन लोगों से संपर्क किया गया, उनमें से 60 फीसदी लोगों ने माना कि निजता की रक्षा के लिए अब सरकार का दखल जरूरी हो गया है जबकि 73 फीसदी ने इस बात पर जोर दिया कि मीडिया की गलत

रिपोर्टिंग को रोकने के लिए सरकार को अब कड़े कदम उठाने ही चाहिए।

इसी तरह सामाजिक चिंतक ईयान हारगीव्स ने अपनी विख्यात किताब *जर्नलिज्म* में साफ तौर पर यह लिखा कि सर्वेक्षण कहते हैं कि पत्रकारों का रुतबा और उन पर जनता का विश्वास पहले जैसा नहीं रहा। आलम यह है कि वे राजनेताओं की ही तरह विश्वसनीय नहीं माने जाते। उनका मानना है कि *हाइपर जर्नलिज्म* और *जंक जर्नलिज्म* ने पत्रकारों को बरसों पुराने अपने इज्जतदार रुतबे के ठीक विपरीत ध्रुव पर लाकर पटक दिया है। यह महसूस किया जाने लगा है कि पत्रकार अपने बनाए एक ऐसे संसार में रहता है जहां उसे सब कुछ काला ही दिखता है और बेरोक टिप्पणियां करने की अपनी आदत के चलते वह स्रोत से मिले तिल से खबर का ताड़ बनाता है।

बहरहाल भारत में *नेशनल यूनियन ऑफ जर्नलिस्ट* का मानना रहा है कि पत्रकार को किसी स्टोरी को इनकार करने का अधिकार दिया जाना चाहिए। एनयूजे का कहना है कि हर पत्रकार के कांट्रेक्ट में *कॉन्शियस क्लॉज जरूर* शामिल किया जाना चाहिए जो कि उन्हें किसी भी ऐसी स्टोरी को करने से इनकार करने का अधिकार दे जिसे उनकी आत्मा स्वीकार नहीं करती या फिर जिसके पुख्ता सबूत नहीं होते।

अमरीका के सबसे प्रतिष्ठित और ताकतवर समाचार-पत्रों में से एक *न्यूयॉर्क टाइम्स* ने मई, 2004 के आखिरी सप्ताह में एक संपादकीय आलेख प्रकाशित किया जिसमें उसके संपादकों ने स्वीकार किया कि इराक युद्ध के पहले और युद्ध के दौरान *न्यूयॉर्क टाइम्स,* ने इस बारे में एकतरफा खबरें छापी थीं। संपादकीय में भूल को स्वीकार करते हुए कहा गया कि हमें बुश प्रशासन के जरिए उपलब्ध कराए गए तथ्यों की जांच-पड़ताल में कहीं ज्यादा आक्रामक और सजग होना चाहिए था। संपादकों ने इराक में जनसंहार के हथियारों की मौजूदगी के बारे में न्यूयॉर्क टाइम्स में छपी खबरों का हवाला देते हुए कहा कि उनके संपादकों और रिपोर्टरों ने कुछेक सूत्रों (इस मामले में इराकी राष्ट्रीय कांग्रेस और उसके नेता अहमद चलाबी) पर जरूरत से ज्यादा भरोसा किया और उनकी मुहैया कराई गई सूचनाओं की पर्याप्त छानबीन नहीं की गई।

अमरीका में *न्यूजपेपर ऑफ रिकॉर्ड* का दर्जा रखने वाले *न्यूयॉर्क टाइम्स* के इस बयान ने इराक युद्ध के पहले युद्ध के पक्ष में जनमत तैयार करने और युद्ध के दौरान एकतरफा खबरें प्रकाशित और प्रसारित करने वाले अमरीकी मीडिया की भूमिका को फिर से सवालों के दायरे में लाकर खड़ा कर दिया है। इसमें कोई शक नहीं है कि इराक युद्ध के दौरान अमरीकी मीडिया ने पत्रकारिता के न्यूनतम आदर्शों, मान्यताओं और नियमों की जमकर अवहेलना की। उस दौरान वे पूरी तरह से बुश प्रशासन के लिए जनसंपर्क का काम कर रहे थे और उन्हें अमरीकी फौज के साथ एम्बेडेड होने में भी कोई संकोच नहीं हुआ।

इसी तरह हाल ही के वर्षों में *न्यूयॉर्क टाइम्स* के कार्यकारी संपादक हावेल रेंस और प्रबंध संपादक जेराल्ड वौयड को अपने एक स्टार रिपोर्टर जैसन ब्लेयर पर फर्जी खबरें लिखने के आरोप लगाने के बाद इस्तीफा देना पड़ा था। दोनों संपादकों पर आरोप था कि उन्होंने जैसन ब्लेयर को खूब बढ़ावा दिया, जबकि ब्लेयर फर्जी डेटलाइन और सूत्रों

के आधार पर मनगढ़ंत खबरें लिख रहे थे और उनके संपादक उन खबरों को अखबार में पहले पन्ने पर छाप रहे थे। जाहिर है कि इस मामले में भी न्यूयॉर्क टाइम्स के संपादकों ने अपने रिपोर्टर की खबरों की जांच-पड़ताल करने की जरूरत नहीं समझी। ऐसा लगता है कि क्रॉस-चेक जैसी कोई व्यवस्था उनके अखबार में मौजूद ही नहीं थी।

लेकिन यह सोचना गलत होगा कि इस तरह की गैर-जिम्मेदाराना पत्रकारिता सिर्फ दूसरे देशों में ही हो रही है। दरअसल मुख्यधारा के भारतीय मीडिया का भी काफी हद तक अमरीकीकरण हो चुका है या हो रहा है। नामी-गिरामी अखबारों के पहले पन्ने पर ऐसी खबरों की संख्या दिनोदिन बढ़ रही है जो कि प्रायोजित होती हैं। इसी तरह जैसन ब्लेयर जैसे कई पत्रकार भारतीय टेलीविजन चैनलों में भी मौजूद हैं जो कि फर्जी डेडलाइन और सूत्रों के आधार पर खबरें लिख और पेश कर रहे हैं। स्रोत की दी हुई सूचना की जांच-परख की प्रवृत्ति घट रही है। राजनीतिक खबरों को प्लांट करने के लिए जनसंपर्क कंपनियों से संपर्क साधा जा रहा है और अपराध को भी कई बार निजी फायदों के अनुरूप परोसने की आदत बढ़ने लगी है। ऐसे में खबरों की दुनिया में स्रोत की विश्वसनीयता और अहमियत का अंदाजा सहज रूप में लगाया जा सकता है।

क्राइम रिपोर्टर के लिए अनिवार्य जानकारी

क्राइम रिपोर्टर हमेशा एक्शन के घेरे में रहते हैं। इसलिए उन्हें सूचना देने वालों की सूची अंतहीन हो सकती है लेकिन यहां चुनौती यह है कि वह सूचना-तंत्र कितना ठोस और विश्वसनीय है। वैसे तो सूचना देने और चैनल के स्वभाव के अनुरूप स्टोरीज ढूंढ़ने में इंटरनेट का बड़ा योगदान हो सकता है लेकिन फिर भी सूचना के पारंपरिक तरीकों की अनदेखी नहीं की जा सकती क्योंकि वे सूचना देने के प्रत्यक्ष स्रोत साबित हो सकते हैं। इंटरनेट पर एक ही खबर बहुत बड़े तबके को एक साथ मिलेगी, इसलिए उसे पढ़ने वाला उस खबर को ब्रेक करने का श्रेय नहीं ले सकता। बहरहाल, खबर कोई भी हो, उसके पक्ष आमतौर पर इन्हीं में से एक होते हैं। जैसे कि–

- स्थानीय रुचि की खबर,
- मानव रुचि की खबर,
- कोई नई तरह की घटना,
- विवाद या झगड़ा,
- बड़ी शख्सियत से संबंधित खबर,
- खबर से पड़ने वाला असर,

ऐसे में किसी भी खबर के अंदर की सही खबर क्या है, इसके लिए एक विस्तृत और सुदृढ़ सूचना-तंत्र का होना लाजमी है। इस तंत्र को निर्मित करने की प्रक्रिया में निम्नलिखित स्रोत पथ-प्रदर्शक का काम कर सकते हैं–

1. पुलिस–

   ● पुलिस कंट्रोल रूम ● क्राइम टीम ● बम स्क्वॉड (बम निरोधी दस्ता)

● डॉग स्क्वॉड ● स्थानीय पुलिसकर्मी ● आर्थिक अपराध शाखा

2. न्यूज एजेंसियां,
3. समाचार पत्र,
4. अग्नि शमन विभाग और अस्पताल,
5. अन्य टीवी चैनल,
6. पीड़ित,
7. आम आदमी,
8. ई-मेल और एसएमएस ,
9. आत्मविश्लेषण (छठी इंद्रिय)।

स्रोत विकसित करने के तरीके

दुनिया भर के पत्रकारों ने यह माना है कि खबर का मूल विश्वास है। वॉटरगेट मामले में अगर इसके स्रोत डीप थ्रोट का नाम छिपाकर नहीं रखा जाता तो स्टोरी का अंजाम क्या होता, यह कल्पना की जा सकती है। डीप थ्रोट नाम उस स्रोत को दिया गया था जो *वॉशिंगटन पोस्ट* के दो पत्रकारों को निक्सन प्रशासन की खुफिया खबर मुहैया करवा रहा था। उसकी यह पहचान 30 साल तक पर्दे में ही रही।

अपनी स्टोरी की तलाश को सफल बनाने के लिए विश्वस्त स्रोत को ढूंढ़ना और फिर विकसित करना एक लंबी और जटिल प्रक्रिया का हिस्सा है। सबसे पहले रिपोर्टर को इस बात की पड़ताल करनी चाहिए कि कोई भी स्रोत उसे (या सिर्फ उसे ही) कोई सूचना क्यों दे रहा है और सूचना देने वाला विश्वसनीयता की कसौटी पर खुद कितना खरा उतरता है? अगर शुरुआती अनुभवों के बाद पत्रकार को अंदाजा हो जाता है कि कोई विशिष्ट स्रोत बात को सही परिप्रेक्ष्य में नहीं बताता या फिर विश्वसनीय नहीं है तो उसे खुलेतौर पर स्रोत से दूरी बना लेनी चाहिए क्योंकि अविश्वसनीय स्रोत काम पर नकारात्मक असर डाल सकता है। वैसे कई बार आपसी द्वेष, बदले की भावना या फिर बड़बोलेपन की वजह से भी स्रोत सूचनाएं देते हैं, ऐसे में दी गई खबर पर आंख मूंदकर विश्वास करने के बजाय खबर में से कुरेदकर असली खबर को निकालने की कला भी सीखनी चाहिए।

लेकिन अगर कोई स्रोत तमाम पक्षों पर खरा साबित होता है तो फिर संबंध बनाए रखने में कोई हर्ज नहीं है। इस तरह के स्रोत अक्सर सफलता दिलाने में मजबूत नींव का काम करते हैं। लेकिन जरूरी है कि स्रोत को यथोचित सम्मान भी दिया जाए। अगर स्रोत जोर देता है कि उसका परिचय न दिया जाए तो रिपोर्टर को अपने वादे को निभाना चाहिए। वैसे तो स्रोत की विश्वसनीयता को आंकने में समय लगता है लेकिन विश्वसनीय स्रोत मिलने से बीट को मजबूती मिलती है। पत्रकार की अपनी बीट पर पकड़ जितनी पक्की होगी, स्टोरी के प्रति अपने कर्तव्य को निभा पाना उतना ही आसान और रुचिकर भी होगा।

अपराध रिपोर्टर की कोशिश होनी चाहिए कि वह किसी वरिष्ठ अपराध पत्रकार से

पूरी निष्ठा के साथ मार्गदर्शन ले। वैसे माना जाता है कि पत्रकार एक-दूसरे को व्यवसाय के गुर देने में हिचकिचाते हैं लेकिन इस आदत का सभी में शुमार हो, यह भी जरूरी नहीं है। अनुभवी पत्रकार की छत्र-छाया में हफ्ते भर काम कर लेने से बीट की समझ में गहराई आएगी। स्रोत चाहे कोई भी हो, पत्रकार को इन सवालों के जवाब खुद खोजने चाहिए।

- क्या-यानी क्या घटना हुई,
- कहां—यानी किस जगह पर हुई,
- कब—यानी किस दिन, किस समय घटना घटी,
- किस पर—यानी किसके साथ घटना घटित हुई,
- क्यों—यानी घटना का कारण क्या था और,
- कैसे—यानी घटना किस क्रम में या रूप में घटित हुई।

पुलिस

क्राइम रिपोर्टर की सूचना का पहला आधिकारिक स्रोत तो पुलिस ही है क्योंकि यही संस्था कानून-व्यवस्था को लागू करती है। एक सजग पत्रकार को पड़ताल करनी चाहिए कि स्थानीय स्तर पर पुलिस के कौन-कौन से विभाग अपराध से किस रूप में जुड़े हुए हैं और इनका काम करने का तरीका एक-दूसरे से अलग कैसे है। पुलिस एक विशाल विभाग है, इसके कई उपविभाग हैं, जो अलग-अलग जांचों से संबंध रखते हैं। मिसाल के तौर पर अगर दिल्ली पुलिस की बात करें तो यहां पर सबसे पहले जिला पुलिस आती है। पूरी दिल्ली 11 जिलों में विभाजित है। इसके अलावा अपराध शाखा, डॉग स्क्वॉड, बम निरोधक विभाग, आर्थिक मामलों का विभाग, यातायात—इस तरह से कई विभाग हैं जिनके कार्य-क्षेत्र और दायित्व भी अलग हैं। अब अगर दिल्ली में हत्या का कोई मामला सामने आया है तो सबसे पहले रिपोर्टर को उस जिले का पता लगाना होगा जहां घटना घटी है। इसके बाद जिले के अधिकारी से बात करनी होगी। अब किस अधिकारी से बात की जानी है, इसके लिए अधिकारी के पद का भी ध्यान रखा जाना चाहिए। रिपोर्टर को मालूम होना चाहिए कि हर जिले का एक अधिकारी होता है जिसे उपायुक्त यानी डीसीपी कहते हैं। वही जिले की सर्वोपरि शक्ति होता है। फिर अतिरिक्त उपायुक्त, एसीपी, एसएचओ और निचले स्तर के कर्मियों जैसे कि सब-इंसपेक्टर, हेड कांस्टेबल और कांस्टेबल की बारी आती है। आधिकारिक तौर पर सिर्फ उपायुक्त या फिर इससे ऊपरी स्तर के अधिकारी ही जैसे कि अतिरिक्त पुलिस आयुक्त या पुलिस आयुक्त ही मीडिया से बात कर सकते हैं। ऐसे में हत्या पर अगर कोई जानकारी लेनी है तो पत्रकार को सबसे पहले उपायुक्त से ही बात करनी चाहिए। आधिकारिक जानकारी प्राप्त करने के साथ ही निचले कर्मचारियों को विश्वास में लेकर भी बात कर ली जाए। इससे घटना से जुड़ी जानकारियों की पुष्टि हो जाएगी और वरिष्ठ अधिकारियों की छिपाई जा रही जानकारियों पर विरोधात्मक सवाल पूछने की पृष्ठभूमि भी बन जाएगी।

इसके अलावा पत्रकार के पास हमेशा एक पुलिस डायरी होनी चाहिए ताकि वह हर

जिले के अधिकारी के नाम और दफ्तर के पते से अवगत रह सके। पुलिस के जनसंपर्क अधिकारी से नियमित संपर्क रखना भी अनिवार्य है ताकि पुलिस मुख्यालय में होने वाली कॉन्फ्रेंस और समय-समय पर जारी होने वाली विज्ञप्तियों की जानकारी मिल सके। इसके अलावा पुलिस स्टेशनों से नियमित तौर पर पुलिस *लॉग* चेक करते रहें। पुलिस लॉग में दिन भर दर्ज किए गए अपराधों की सूची होती है। इसे *ब्लॉटर* कहते हैं। आपराधिक रिकॉर्ड रखने वाले विभाग से परिचय बनाए रखें और पुलिस की वेबसाइट को समय-समय पर चेक करते रहें।

देश भर के तकरीबन हर पुलिस मुख्यालय में एसआई प्रेस या प्रेस अधिकारी का भी प्रावधान होता है। वह राज्य के सभी प्रमुख (प्रिंट और इलेक्ट्रॉनिक दोनों) पत्रकारों के पते और फोन नंबर रखता है और आधिकारिक तौर पर मिलने वाली सूचनाएं पत्रकारों को देता रहता है। इनसे संपर्क रखने से भी पत्रकारों को कई बार अपने काम की खबरें मिल सकती हैं। हर अपराध पत्रकार से यह अपेक्षा की जाती है कि वह दिन में कम से कम तीन बार एसआई प्रेस को फोन कर शहर का जायजा लेता रहे क्योंकि इनके पास पूरे शहर की महत्वपूर्ण सूचनाएं आती रहती हैं। यह पुलिस की 24 घंटे की निःशुल्क सेवा है। एसआई प्रेस के माध्यम से ही पत्रकारों को समय-समय पर आयोजित होने वाली प्रेस कॉन्फ्रेंसों की सूचना मिलती है और प्रेस विज्ञप्तियां भी हासिल होती हैं लेकिन प्रेस विज्ञप्ति से मिलने वाली खबर को प्रसारित करने से पहले इन बातों को ध्यान में रखना चाहिए—

प्रेस विज्ञप्ति के इस्तेमाल के कुछ टिप्स

- जो आसानी से बताया जाता है, वह जनसंपर्क है और जो छिपाया जाता है, वह खबर है। अमूमन यही होता है। यह जरूरी नहीं है कि प्रेस विज्ञप्ति पूरी तरह से सच पर आधारित हो (इसमें अपवाद भी हो सकते हैं) क्योंकि इसे विभाग अपनी रुचि से प्रचारित करना चाहता है। इसलिए हमेशा इसे सत्यवचन न मान लें। वैसे भी प्रेस विज्ञप्ति का इस्तेमाल घटनाक्रम को जानने में तो किया जा सकता है लेकिन विश्लेषण या फिर घटना की पेचीदगियों को समझने में नहीं। इसके लिए घटना से जुड़े विविध पक्षों से खुद बातचीत कर पड़ताल करनी होगी।
- प्रेस विज्ञप्ति में जिन स्रोतों का नाम लिखा गया हो, उन्हीं लोगों से एक बार खबर की पुष्टि भी कर लेनी चाहिए।
- अन्य स्रोतों से भी प्रेस विज्ञप्ति से मिली सूचना पर टिप्पणियां ले लेनी चाहिए।

अपराध रिपोर्टर जब भी कोई स्टोरी करने फील्ड में जाता है, उसे अक्सर कम से कम एक ऐसा व्यक्ति तो मिल ही जाता है जो कि स्रोत बन सकता हो लेकिन उसकी परख पत्रकार को खुद ही करनी होती है। अगर कोई स्रोत पत्रकार को फोन करके कोई सूचना देता है और बाद में पत्रकार को या तो वह सूचना गलत मिलती है या फिर उसमें स्रोत का कई गहरा निजी स्वार्थ दिखाई देता है तो फिर पत्रकार को अगली बार उस स्रोत पर भरोसा करने से पहले दोबारा सोचना चाहिए।

इसके अलावा क्राइम रिपोर्टर को सीबीआई और खुफिया विभाग में भी अपने पुख्ता संपर्क बनाकर रखने चाहिए।

न्यूज एजेंसियां

यानी वे एजंसियां जो दुनिया भर के मीडिया संस्थानों को खबर देने का काम करती हैं। मिसाल के तौर पर—पीटीआई, यूएनआई और टेलीविजन के लिए एएनआई। ये एजेंसियां चौबीसों घंटे विभिन्न क्षेत्रों की खबरें देती रहती हैं। इनके संवाददाता पूरी दुनिया में फैले होते हैं और इनका नेटवर्क न्यूज चैनलों या फिर अखबारों से कहीं ज्यादा व्यापक होता है। इनकी जारी की गई खबरों को आधार बनाकर स्टोरी को आगे बढ़ाया जा सकता है और दबे हुए तथ्य भी तलाशे जा सकते हैं।

समाचार-पत्र

समाचार-पत्र में काम कर रहे पत्रकार कई बार काफी सहयोग देते हैं लेकिन ऐसे संबंध परस्पर विश्वास और दोतरफा मदद के रवैए के बिना नहीं बनाए जा सकते। सच तो यह है कि टीवी न्यूज चैनलों के फैलाव के साथ ही इलेक्ट्रॉनिक और प्रिंट के पत्रकारों के संबंधों में भी काफी खटास आई है। प्रिंट के पत्रकार अक्सर यह शिकायत करते सुने जाते हैं कि टीवी के पत्रकारों में बेहद जल्दी और प्रिंट की अपेक्षा में आसानी से मिलने वाली शोहरत की वजह से स्वभाव में काफी अकड़न होती है और वे सिर्फ ब्रेकिंग न्यूज़ जानने के लिए ही संबंध बनाते हैं जबकि टीवी के पत्रकार मानते हैं कि चूंकि प्रिंट में तुरंत खबर को ब्रेक करने की सुविधा नहीं होती, इसलिए वे जान-बूझकर खबरों को टीवी पत्रकारों से छिपाकर रखते हैं। खटास के भले ही जो कारण हों, यह पक्का है कि जो पत्रकार दूसरे पत्रकारों को सम्मान देते हैं, उनके सफल होने के आसार ज्यादा होते हैं। कई बार अखबार के पेज तीन पर छपी मामूली दिखती खबर भी टीवी के लिए धमाकेदार साबित हो सकती है। ऐसे में प्रिंट पत्रकार से दोस्ताना संबंध होने पर सूचना के नए दरवाजे खुल सकते हैं।

आपातकालीन सेवाएं (अग्नि शमन विभाग)

इस विभाग में भी नियमित रूप से फोन करते रहना चाहिए। यहां से आग बुझाने के लिए किए गए फोनों की जानकारी, जगह और स्थिति का ब्योरा मिल सकता है। इसके अलावा घटना के आकार और फैलाव को भी यहां से टटोला जा सकता है। इसी तरह अस्पताल की आपातकालीन सेवा, शवगृह और पोस्टमार्टम विभाग से विभिन्न किस्म के अपराधों और दुर्घटनाओं की खबर मिल सकती है।

अन्य टीवी चैनल

एक जागरूक पत्रकार की स्रोत की हर संभावना पर नजर होनी चाहिए। उसे दूसरे टीवी चैनलों, अखबारों और एजेंसियों को भी समय-समय पर देखते रहना चाहिए ताकि प्रतिद्वंद्वियों की प्राथमिकताओं का भी अंदाजा मिल जाए। वैसे कोई भी अपराध रिपोर्टर

अपने में इतना सक्षम नहीं होता कि वह अपने क्षेत्र के चप्पे-चप्पे पर अकेले चौबीसों घंटे निगरानी रख सके। इसके लिए मेहनत और सहयोग जितना महत्वपूर्ण है, उतनी ही चौकसी भी।

पीड़ित

पीड़ित यानी कि प्रभावित व्यक्ति या फिर उसके परिवार या करीबी लोगों से बात किए बिना स्टोरी मुकम्मल नहीं मानी जा सकती। वैसे भी स्टोरी को संतुलित रखने के लिए दोनों पक्षों की आवाज को जगह देना पत्रकार का फर्ज है। पीड़ित का परिप्रेक्ष्य खबर को निष्पक्षता देता है। मिसाल के तौर पर किसी के घर में हत्या हुई है, अब हत्या के बाद परिवार का बयान अपराधी की पहचान में भी कारगर हो सकता है और अपराध का मकसद जानने में भी। लेकिन बलात्कार या फिर बाल-पीड़ित से बात करने के समय कई सावधानियां बरतनी होंगी। जैसे कि पीड़ित का चेहरा किसी हाल में न दिखाया जाए, उसका परिचय न दिया जाए और उससे जबरदस्ती बाइट लेने की कोशिश भी न की जाए। इसके साथ ही परिवार को भी इस तरह से न दिखा दिया जाए कि पीड़ित की पहचान सार्वजनिक हो जाए।

यह भी याद रखिए कि पीड़ित से बात करने का पहला अधिकार उसके परिवार और पुलिस को ही होता है। दिल्ली के मौलाना आजाद कॉलेज की एक युवती के बलात्कार के मामले में दिल्ली पुलिस की महिला एसीपी वर्षा शर्मा ने पीड़ित युवती को विश्वास दिलाया था कि उसका परिचय लीक नहीं किया जाएगा। इस विश्वास की वजह से ही इस सनसनीखेज मामले को काफी जल्दी सुलझाया जा सका था। अगर आरोपी के सुराग लीक हो गए होते तो शायद यह मामला कभी भी सुलझ नहीं पाता। इसी तरह कई साल पहले दिल्ली पुलिस के मुख्यालय में एक बलात्कार पीड़ित युवती को लाया गया था। वहां एक पत्रकार ने सबके सामने कैमरे पर उससे यह जानना चाहा था कि उसके साथ बलात्कार किस तरह किया गया था। इस बर्ताव की चर्चा शहर में कई महीनों तक चली थी।

कई बार पत्रकार पीड़ित से कुछ इस तरह के सवाल पूछते भी दिखते हैं—आपको कैसा लग रहा है? यह निहायत ही संवेदनहीन रवैया है। इस तरह के सवाल पत्रकार के व्यक्तित्व का खुलासा करने के अलावा चैनल को भी उपहास का विषय बना देते हैं।

आम आदमी

सुनने में आम लेकिन काम में खास। यह वह आम आदमी है जो चुनाव के समय बड़ी से बड़ी सत्ता को भी पलट देता है, यही आम आदमी हर पांच साल में देश के सूत्रधार का फैसला करता है। इसलिए वह आम भले ही कहलाए लेकिन भूमिका बड़ी जोरदार निभाता है। इस आम आदमी की आवाज अपराध को टटोलने में भी काम की साबित हो सकती है। हत्या या अपहरण जैसों मामलों में जब पुलिस और पत्रकार सुरागों की कशमकश के बीच झूल रहे होते हैं, तब आम आदमी की मद्धिम आवाज भी मामले को

पल भर में सुलझा सकती है लेकिन इसके लिए पुलिस की तरह ही पत्रकार को भी चौकस रहने का अभ्यास करना होगा। कई बार इन्हीं आम लोगों में से कोई एक विशिष्ट स्रोत की तरह सामने आ जाता है जो पत्रकार को सालो-साल सूचनाएं देने का काम कर सकता है। इसके अलावा रूटीन घटनाओं को कवर करते समय भी पास मौजूद आम इंसान कोई बड़ी खबर दे सकता है।

ई-मेल और एसएमएस

आधुनिक युग में स्रोत जमा करने के ये सबसे स्मार्ट उपकरण हैं। घटना की खबर से लेकर भारी-भरकम दस्तावेज तक बहुत-कुछ इनके जरिए हासिल किया जा सकता है बशर्ते इनका दुरुपयोग न हो। मिसाल के तौर पर 2004 में दिल्ली के डीपीएस के दो छात्र एक अश्लील दृश्य को अपने मोबाइल में रिकॉर्ड करते हैं जो कि एमएमएस के जरिए मुट्ठी भर लोगों के हाथ लगता है। बाद में मीडिया इसे खूब उछालता है और नैतिकता की परवाह किए बिना कुछ चैनल कुछेक बार इसे टीवी पर दिखा भी देते हैं। इतना ही नहीं, कुछ पत्रकार इस एमएमएस को कई दिनों तक अपने मोबाइल में रखे घूमते भी दिखाई देते हैं। इसे पत्रकारिता के मूल्यों की अवहेलना के साथ ही स्रोत के विश्वास का हनन भी कहा जाएगा।

आत्मविश्लेषण

रिपोर्टर को इस बात की भी पुष्टि करनी होगी कि जो तथ्य उसे बताए जा रहे हैं, वे वास्तविकता के कितने करीब हैं। इसके लिए बाकी सभी कोणों की जांच के अलावा उसे अपनी खुद की समझ को जाग्रत् रखना होगा ताकि सच के तमाम तारों को आपस में जोड़ा जा सके।

इसके अलावा पत्रकार को लगातार खोज करते रहना चाहिए। इस खोज को तीन हिस्सों में बांटा जा सकता है—

1. सच की खोज,
2. साक्षात्कार और,
3. मौके का मुआयना और अवलोकन,

ये तीनों ही हिस्से आपस में जुड़े हुए हैं। हर अपराध पत्रकार को इनका मूल्यांकन करना चाहिए ताकि कहानी को सही दिशा में ले जाया जा सके। लिखित तथ्यों पर चिंतन-मनन और ढंग से छानने के बाद ही पत्रकार सच के करीब पहुंच सकता है। खुद की गई छानबीन कई बार एक कामयाब हथियार बन जाती है।

सूत्रबद्ध करने की कला

घटनास्थल से लेकर कागजों की खोजबीन तक मिली हर सामग्री को गंभीरता के साथ जोड़ देने के बाद एक क्रम में ढालकर फिर से घटना पर नजर डालनी चाहिए। इससे नए कोणों पर खुद को केंद्रित करने में मदद मिल सकती है और फिर स्टोरी को गहन विचार

के बाद बताया जा सकता है।

अदालती खबरें

अपने शहर के फौजदारी और सिविल मुकदमों की जानकारी रखने से भी कहानियों के नए हिस्से खोजे जा सकते हैं। इसलिए ऐसी जगहों पर भी अपने स्रोतों से संपर्क बनाए रखना चाहिए।

टेलीफोन डायरेक्टरी

हर पत्रकार के अपने कुछ विशिष्ट और कुछ सामान्य स्रोत होते हैं। ऐसे सभी स्रोतों के नाम-पते सहेजकर रखने चाहिए। इसके अलावा स्थानीय अधिकारियों के फोन नंबरों की भी अपनी एक अलग डायरेक्टरी बना लेनी चाहिए। डायरेक्टरी इतनी छोटी होनी चाहिए कि आसानी से हमेशा अपने पास रखी जा सके।

लाइब्रेरी

अपने दफ्तर और आस-पास के प्रमुख पुस्तकालयों में आने वाली किताबों और पत्रिकाओं में से भी कई बार अद्भुत कहानियां ढूंढ़ी जा सकती हैं। सार्वजनिक रिकॉर्डों की पड़ताल करने से भी कहानियों के रोचक और अधूरे हिस्सों की खोज की जा सकती है। लोग अकसर भूली-बिसरी लेकिन चर्चित रही पुरानी घटनाओं के फॉलो-अप को देखना पसंद करते हैं।

स्रोत विकसित करने में सावधानियां

- विशेष परिस्थितियों में स्टोरी के लिए स्रोत तलाशने पड़ें तो पहले यह सोचना चाहिए कि सवाल क्या है। सही सवाल का आकलन करने के बाद विभाग को ढूंढ़ना और अधिकारी से बात करना आसान हो जाएगा।
- स्रोत को विकसित करने के लिए समय और सब्र दोनों ही अहम हैं। यहां स्रोत से ज्यादा सावधानी पत्रकार को अपनानी पड़ती है। पत्रकार को अपने व्यवहार को जमीन से जुड़ा रखना होगा और स्रोत को कभी भी यह आभास नहीं देना होगा कि चूंकि वह एक विख्यात पत्रकार है या होने वाला है, इसलिए वह खास है। इस तरह के व्यवहार को देखकर स्रोत पत्रकार के साथ संबंध बनाना नहीं चाहेगा।
- ऐसा भी हो सकता है कि कोई स्रोत सूचना देने से साफ मना कर दे और इंटरव्यू के दौरान बार-बार कहे–'नो कमेंट्स'। ऐसी परिस्थिति में पत्रकार को अपने व्यक्तित्व के प्रभाव से खबर निकालनी होगी।
- स्टोरी को लेकर चैनल की क्या नीति है या वह कैसा रवैया अपना रहा है, इसकी जानकारी भी रखनी चाहिए।
- अदालत की अवमानना जैसे मुद्दों की भी जानकारी होनी चाहिए।
- ध्यान रखें कि स्रोत ही कहीं आपका और आपके चैनल का इस्तेमाल न करने लगे।

- सूचना देने वाले से ऐसे वादे न करें जो कि आप निभा न सकें। जैसे कि यह न कहें कि आप टेलीकास्ट होने से पहले स्टोरी की टेप दिखा देंगे और स्रोत जो भी परिवर्तन चाहेगा, वह आप कर देंगे।
- अगर समय हो तो स्रोत की मुहैया कराई गई खबर को क्रॉस-चेक कर लें क्योंकि कई बार स्रोत का इस्तेमाल संवाददाता नहीं बल्कि स्रोत संवाददाता का इस्तेमाल कर अपना हित साधने लगते हैं।
- पत्रकार को नियमित तौर पर फील्ड में रहने की आदत डालनी होगी क्योंकि दफ्तर में बैठकर स्टोरी को नहीं तलाशा जा सकता। हालांकि टीवी के पत्रकार की कई सीमाएं होती हैं, वह एक स्टोरी पर 3-4 दिन खर्च नहीं कर सकता लेकिन फिर भी वह फील्ड में अपनी उपस्थिति को बनाए रखे।
- अगर आप 24 घंटे के ऐसे न्यूज चैनल में काम करते हैं जहां अपराध रिपोर्टिंग को काफी महत्व दिया जाता है, तब जरूरी होगा कि दिन भर होने वाली घटनाओं के विकास का लेखा-जोखा रखा जाए। जो स्टोरीज कवर न की जा रही हों या नहीं की जा सकती हों, उनकी एक लिस्ट भी न्यूज एडिटर को मेल कर देना समझदारी का काम होगा।

और क्या मालूम होना चाहिए

- पुलिस के अधिकार और उनकी सीमाएं,
- राज्य सरकार की भूमिका,
- राज्य सरकार का बजट और उसके पुलिस पर नियंत्रण का विस्तृत ज्ञान,
- जनता से जुड़े रिकॉर्ड रखने की जगह,
- नियमों में होने वाले फेर-बदल।

टिप्पणियां और संदर्भ

- पत्रकार और पत्रकारिता प्रशिक्षण, अरविंद मोहन, सामयिक प्रकाशन, 2003
- फंडामेंटल्स ऑफ रिपोर्टिंग एंड एडिटिंग. डॉ. अंबरीष सक्सेना, कनिष्क पब्लिशर्ज, 2007
- द रिपोटर्स हैंड-बुक, स्टीव विनेबर्ग, सेंट मार्टिन प्रेस,1996
- राइटिंग एंड रिपोर्टिंग न्यूज, कैरोल रिच, वडवर्थ पब्लिशिंग कंपनी, 1994
- स्रोत की साख पर सवाल, आनंद प्रधान, विदुर, जुलाई से सितंबर, 2004
- बलात्कार और मीडिया, वर्तिका नन्दा, प्रभात खबर, 11 जनवरी, 2009
- कैमरे और कलम की संवेदनहीनता, वर्तिका नन्दा, अमर उजाला, 20 जनवरी, 2009
- बलात्कार की खबर, वर्तिका नन्दा, जनसत्ता, 13 अक्टूबर, 2003

चौथा अध्याय

इतना मिर्च-मसाला क्यों झोंके जा रहा है बे जर्नलिस्ट की औलाद? ये एग फ्राई है कोई समाचार नहीं!
पवन

न्यूजरूम का व्याकरण

आपस में मिलकर काम करते हैं। न्यूज को एक सूत्र में पिरोने के लिए प्रशिक्षित लोगों का समूह एक साथ काम करता है। तभी जाकर एक सफल और सुगठित न्यूज बुलेटिन का निर्माण हो पाता है। वैसे तो हर चैनल का न्यूजरूम दूसरे चैनल से कई मायनों में अलग होता है लेकिन मूल ढांचा और दायित्व काफी हद तक एक जैसे ही रहते हैं। एक टीवी न्यूजरूम को हम मुख्य रूप से तीन हिस्सों में बांट सकते हैं—संपादकीय कक्ष, प्रोडक्शन और स्टूडियो।

संपादकीय विभाग

चैनल हेड : यह चैनल का मुखिया होता है और संपादकीय नीति तय करता है। सभी विभाग इसके अधीन काम करते हैं। वह न्यूज के हर पक्ष में अपना दमदार दखल रखता है।

न्यूज एडिटर : यह एक तरह से समाचार कक्ष का प्रमुख होता है। वह दिन भर खबरों पर नजर रखता है, दूसरे चैनलों के प्रस्तुतीकरण का आकलन करता है और बुलेटिन के लिए तैयार की जा रही खबरों के आलेख का संपादन भी करता है। इस तरह से वह न्यूज के चेहरे को निखारने का दायित्व निभाता है।

इनपुट एडिटर / एसाइंमेंट एडिटर : इनपुट एडिटर का काम चैनल के स्थानीय और देश भर में फैले ब्यूरो के हर संवाददाता से संपर्क स्थापित करना और उनसे तालमेल रखकर उनको दिए गए काम की प्रगति की सूचना रखना होता है। वह इस बात की जानकारी भी रखता है कि दिन भर में कौन-सा संवाददाता कौन-सी स्टोरी करेगा और उसकी स्टोरी कितने समय में टेलीकास्ट के लिए तैयार हो जाएगी। इसके अलावा स्टोरी से जुड़ी जानकारियां संवाददाताओं तक पहुंचाने का काम भी वही करता है। मिसाल के तौर पर लुधियाना में स्थित रिपोर्टर कोई स्टोरी कर रहा है और अगर उससे संबंधित कोई जानकारी दिल्ली स्थित दफ्तर को मिलती है तो इनपुट एडिटर वह जानकारी लुधियाना के संवाददाता को दे देगा।

आउटपुट एडिटर : आउटपुट एडिटर बुलेटिन को अंतिम रूप देता है। हेडलाइन तय करने और शॉट्स और बाइट्स के चुनाव की हिदायत देने के अलावा वह यह भी निर्णय लेता है कि रनडाउन में किस न्यूज का क्या क्रम होगा। यानी वह रनडाउन को पूरी तरह से संयोजित करने की जिम्मेदारी भी निभाता है। इसके अलावा वह संवाददाताओं की कॉपियों को संपादित करता है और एंकर लिंक्स को चेक करके उनको प्रसारण के योग्य बना देता है। *स्क्रॉल* यानी कि *टिकर* (खबरों की वह पट्टी जो कि टीवी के परदे के निचले हिस्से पर लगातार चलती रहती है) को अपडेट करना भी उसी का काम होता है। कुल मिलाकर बुलेटिन के अंतिम प्रसारण यानी कि जो भी *ऑन एयर* दिखाया-सुनाया जा रहा है, इसके लिए आउटपुट एडिटर ही पूरी तरह से जिम्मेदार होता है।

न्यूज स्टोरी के प्रकार

1. स्पॉट न्यूज,

2. हार्ड न्यूज,
3. बैकग्राउंडर,
4. साइड बार,
5. सीरीज,
6. डाक्यूमेंटरी,
7. फीचर,
8. फॉलो-अप,
9. किकर (एंड फाइनली),
10. ब्रेकिंग न्यूज।

स्पॉट न्यूज

इसमें अमूमन ऐसी स्टोरीज आती हैं जो कि अचानक ही घटती हैं यानी जिनकी पहले से कोई सूचना नहीं होती। ऐसी स्टोरीज न्यूज के लिहाज से भी काफी महत्वपूर्ण होती हैं, इसलिए इन्हें हर हाल में न्यूज में शामिल किया जाता है। इससे चैनल की फुर्ती और उसके रिपोर्टरों के सूचना तंत्र की मजबूती का भी आभास मिलता है।

मिसाल के तौर पर किसी बड़े नेता की हत्या, किसी पॉश इलाके में किसी युवती का बलात्कार या फिर आतंकी हमला। ऐसी खबरों को न्यूज चैनल पूरी तवज्जो देते हैं।

हार्ड न्यूज

यह काफी हद तक स्पॉट न्यूज की ही तरह होती है लकिन इसमें यह जरूरी नहीं कि स्पॉट न्यूज की ही तरह इसकी पहले से कोई जानकारी न हो। इसलिए ऐसी स्टोरीज की तैयारी और अनुसंधान के लिए कई बार पर्याप्त समय भी मिल जाता है।

मिसाल के तौर पर भोपाल गैस त्रासदी के 26 साल होने पर एक स्टोरी करना। अब चूंकि रिपोर्टर यह जानता है कि यह घटना 3 दिसंबर को घटी थी, उसके लिए इस पर पहले से ही जानकारी और शॉट्स को जमा करना सुविधाजनक होता है।

बैक ग्राउंडर

इसका मतलब है कि किसी घटना विशेष, व्यक्ति या योजना की पृष्ठभूमि देना। इसके माध्यम से विषय से जुड़े महत्वपूर्ण पहलुओं को एक साथ क्रम के साथ समेट दिया जाता है ताकि दर्शक को कहानी की पूरी जानकारी मिल सके। ऐसी स्टोरीज में अक्सर या तो ग्राफिक्स इस्तेमाल किए जाते हैं या फिर बहुतायत में आर्काइव (यानी पहले शूट की गई फुटेज) का इस्तेमाल किया जाता है।

मिसाल के तौर पर बोफोर्स पर कोई महत्वपूर्ण फैसला होता है तो ऐसी परिस्थिति में कंप्यूटर से तमाम पुरानी जानकारियों को जमा करके एक छोटा-सा बैकग्राउंडर तैयार किया जा सकता है जिसमें संक्षेप में यह बताया जा सकता है कि बोफोर्स मामला पहली बार कब सामने आया, इसमें किन-किन लोगों के नाम शामिल थे, जांच किस-किसने की,

कितनी बार सुनवाई हुई वगैरह। इसे बताने की सबसे बड़ी वजह दर्शक को पूरे घटनाक्रम को समझाना और याद दिलाना होता है। इससे विषय में दोबारा से दिलचस्पी जागती है। इसी तरह मुंबई पर हुए हमले के बाद बीते कुछ सालों में हुए आतंकी हमलों पर बैकग्राउंडर स्टोरीज की गई थीं।

साइड बार

इसमें किसी विशेष स्टोरी से जुड़े अहम पहलुओं पर कुछ अलग से स्टोरीज दिखाई जाती हैं ताकि दर्शक स्टोरी से जुड़े तमाम पक्षों को गहराई से जान सके। वह बैकग्राउंडर के रूप में भी हो सकता है। मिसाल के तौर पर दिल्ली में स्विस राजनयिक का बलात्कार होता है। तब इस बड़ी घटना पर डेढ़ मिनट की स्टोरी दिखाई जाती है। दूसरी स्टोरी दिल्ली में असुरक्षित युवतियों पर दिखाई जाती है और तीसरी पिछले दो साल में हुए बलात्कारों की। इस तरह से देखा जाए तो दोनों स्टोरीज असल में प्रमुख स्टोरी का ही एक हिस्सा हैं लेकिन अगर इन दोनों को एक ही स्टोरी के रूप में कर दिया जाता तो इससे एक तो स्टोरी बहुत लंबी हो जाती और दूसरे अटपटी भी लगने लगती। हो सकता है कि तब स्टोरी 4 या 5 मिनट तक लंबी हो जाती जिसे न्यूज में दिखाने का कोई अर्थ नहीं है और वैसे भी दर्शक इतनी लंबी स्टोरी देखना पसंद नहीं करता। इसलिए स्टोरी को छोटे-छोटे हिस्सों में बांट दिया जाता है। इसे ही *साइड बार* कहा जाता है।

सीरीज

इसमें जनता को पसंद आने वाली किसी खास विषंय से जुड़ी स्टोरीज की शृंखला को एक लंबे समय तक दिखाया जाता है। मिसाल के तौर पर भारत में बाघों की हत्याओं और उनकी खालों की तस्करी पर किसी-किसी शृंखला को एक लंबे समय तक दिखाया जाना।

डॉक्यूमेंटरी

डॉक्यूमेंटरी स्टोरी का विस्तृत रूप होती है और अकेले खबर पर केंद्रित नहीं होती। डॉक्यूमेंट्री की लंबाई पंद्रह मिनट से लेकर एक घंटे तक भी हो सकती है। इसमें निर्माता को शॉट्स की कलाकारी और अपनी कल्पनाशीलता दिखाने का भी काफी मौका मिल जाता है।

फीचर

इन्हें अपने नरम स्वभाव और मानवीय कोण की वजह से सॉफ्ट स्टोरी कहा जाता है। ये न्यूज के रनडाउन के हिसाब से अति महत्वपूर्ण स्टोरी तो नहीं होतीं लेकिन रोचक जरूर होती हैं। इनका तकरीबन वही महत्व होता है जो कि अखबार के रंगीन पृष्ठों में छपने वाली खबरों का होता है।

मिसाल के तौर पर दिल्ली के गुमशुदा तलाश केंद्र पर एक स्टोरी करना और यह

बताना कि इस विभाग के जरिए आज तक कितने गुमशुदा तलाश किए जा चुके हैं। ऐसी स्टोरीज को दिखाने के तीन बड़े फायदे होते हैं–

- इन्हें जब चाहें रनडाउन में शामिल किया जा सकता है या हटाया जा सकता है क्योंकि ऐसी स्टोरीज अक्सर किसी समय-सीमा की मांग नहीं करतीं। इन्हें चाहें तो आज भी दिखाया जा सकता है और 10 दिन बाद भी।
- ऐसे ढीले-ढाले दिनों में, जबकि रनडाउन में स्टोरीज का अभाव होता है, तब ऐसी स्टोरीज से रनडाउन को कुशलतापूर्वक भरा जा सकता है और
- ऐसे लोग, जिनकी राजनीति, खेल या अपराध में ज्यादा दिलचस्पी नहीं होती, वे ऐसी स्टोरीज के खास दर्शक होते हैं। इससे चैनल की दर्शनीयता बनी रहती है।

फॉलो-अप

फॉलो-अप में किसी एक खबर के आगे के विकास को बताया जाता है ताकि दर्शक को घटना के बाद की गतिविधियों से भी अवगत करवाया जा सके। मिसाल के तौर पर भोपाल में कोई सनसनीखेज घटना होती है लेकिन अपराधी पकड़ में नहीं आता। ऐसे में घटना के बाद वाले दिनों में जो स्टोरीज दिखाई जाएंगी, वे उस घटना का *फॉलो-अप* कहलाएंगी। फॉलो-अप को घटना के एक महीने बाद भी किया जा सकता है। किसी ढीले-ढाले दिन में जब पत्रकारों के पास कोई स्टोरी नहीं होती, तब वे अक्सर *फॉलो-अप* स्टोरी करते नजर आते हैं। सामाजिक मुद्दों पर फॉलो-अप फायदेमंद साबित हो सकता है। जैसे कि सार्वजनिक जगहों पर धूम्रपान पर रोक लगने के एक महीने बाद फॉलो-अप किया जा सकता है कि इस कानून का कितना पालन किया जा रहा है।

किकर (एंड फाइनली)

इसे बुलेटिन के अंत में दिखाए जाने की परंपरा है। इस तरह की स्टोरीज का टीवी में खास महत्व होता है क्योंकि यह न्यूज के मूड और स्वाद को बदलने की क्षमता रखते हैं। अपने नरम स्वभाव की वजह से यह भी *सॉफ्ट स्टोरी* का ही एक रूप हैं।

अपराध के आधे घंटे के कार्यक्रम में सभी स्टोरीज हत्या, बलात्कार और अपहरण से ही संबंधित हैं लेकिन अगर अंत में कोई दिलचस्प और हल्की-फुल्की स्टोरी दिखाई जाती है तो सारे बुलेटिन का जायका ही बदल सकता है। मिसाल के तौर पर अंत में एक स्टोरी किसी एक ऐसे पुलिसकर्मी पर दिखाई जाए जो हर रविवार गरीब कॉलोनी के बच्चों को मुफ्त में पढ़ाने जाता है तो बुलेटिन में सरसता महसूस की जा सकती है और दर्शक को भी लगातार अपराधों की ख़बर सुनने के बाद एक सुखद अनुभूति होगी। इस तकनीक का इस्तेमाल किसी भी तरह के न्यूज बुलेटिन में किया जा सकता है ताकि न्यूज के अंत में दर्शक को हल्कापन अनुभव हो। इन्हें *ह्यूमन इंटरेस्ट स्टोरी* या फिर *मानवीय पहलू को उभारने वाली खबर* भी कहा जा सकता है। इस तरह की खबर को अक्सर विशेष संवेदना और रुचि के साथ पेश किया जा सकता है। अब ऐसी खबरें न्यूज बुलेटिनों का अभिन्न अंग बनने लगी हैं।

न्यूज की विभिन्न प्रकारों की जानकारी के अलावा टीवी पत्रकार के लिए स्टोरी के अलग-अलग पहलुओं की पहचान का होना भी जरूरी है ताकि वह यह समझ सके कि किस स्टोरी को किस फॉरमेट के हिसाब से शूट, संपादित और प्रस्तुत किया जाना है।

ब्रेकिंग न्यूज

24 घंटे के न्यूज चैनलों में इस विधा का खूब इस्तेमाल किया जाता है। इसका मतलब है—किसी बड़ी घटना का एकाएक घटित हो जाना और उसे खबर बनाना। ऐसे में समाचारों के प्रसारण के बीच अगर कोई बड़ी घटना घट जाती है और घटना से जुड़ी ताजा सूचना लगातार आ रही हो तो उसे *ब्रेकिंग न्यूज* कहा जाएगा। 24 घंटे के न्यूज चैनल इनके जरिए अपनी पहचान को पुख्ता बनाने के प्रयास करते रहे हैं। ब्रेकिंग न्यूज में इस बात का भी महत्व होता है कि किस चैनल ने सबसे पहले उसे ब्रेक किया और फिर उस पर बाद में फॉलो-अप कैसे किया गया।

बीट

इसका मतलब रिपोर्टिंग के किसी एक विशेष क्षेत्र से है जिसे कोई रिपोर्टर नियमित तौर पर कवर करता है। मिसाल के तौर पर अगर किसी को क्राइम बीट दी जाती है तो उसका मतलब होता है कि वह रिपोर्टर क्राइम की खबरों के लिए पूरी तरह से समर्पित हो, नियमों की मूल जानकारी रखे और बीट से जुड़ी हर खबर पर उसकी पैनी नजर हो। मिसाल के तौर पर वह अपने शहर के पुलिस के कामकाज, कानून और व्यवस्था की समझ और इससे जुड़े विभागों में अपने स्रोत रखता हो। बीट रिपोर्टर से यह अपेक्षा की जाती है कि वह अपनी बीट से जुड़े तमाम फोन नंबर, प्रेस कॉन्फ्रेंसों और नीतियों की भी जानकारी रखता हो। किसी रिपोर्टर के पास एक से ज्यादा बीट भी हो सकती है। रिपोर्टर को बीट देने से रिपोर्टर के लिए भी किसी एक क्षेत्र में अपनी दक्षता को बढ़ाना और उसे मांजना सुविधाजनक हो जाता है। वह अपनी बीट का एंसाइक्लोपीडिया बन सकता है।

बाइट

यह टीवी न्यूज का जाना-पहचाना शब्द है। प्रोडक्शन के कुछेक दफ्तरों में इसे *सिंक* भी कहा जाता है लेकिन *बाइट* शब्द ज्यादा प्रचलित है। इसका सीधा-साधा मतलब होता है—किसी भी स्टोरी के लिए किए गए इंटरव्यू के एक चुने हुए हिस्से का इस्तेमाल करना। जाहिर है अगर किसी का 20 मिनट का इंटरव्यू लिया गया है तो उसे ज्यों का त्यों स्टोरी में नहीं डाला जा सकता क्योंकि टीवी न्यूज की एक स्टोरी आमतौर पर एक से डेढ़ मिनट की ही होती है। ऐसे में इंटरव्यू के उस सर्वश्रेष्ठ हिस्से का चुनाव कर लिया जाता है जिसमें से खबर निकलती हो। इसे ही *बाइट* कहा जाता है। इससे स्टोरी समय-सीमा में पूरी भी की जा सकती है और दर्शक की स्टोरी में दिलचस्पी भी बनी रहती है। वैसे बाइट को 3 सेकंड से कम और 25 सेकंड से ज्यादा नहीं रखा जाता। स्टोरी के स्वभाव के अनुरूप बाइट

का चयन करने के लिए रिपोर्टर को स्टोरी के मूल तत्व की परख होनी चाहिए। साथ ही जो बात वॉयस ओवर में बताई जा रही हो, एकदम वही बात बाइट में भी न कही जाए। पुनरावृत्ति से दर्शक की स्टोरी में दिलचस्पी घट सकती है।

बाइट का एक नियम यह भी है कि इसमें बोलने वाले व्यक्ति का नाम और उसका दर्जा जरूर शामिल किया जाता है।

मिसाल के तौर पर—

युसूफ, प्रत्यक्षदर्शी

''मैंने तो लुटेरों को अपने सामने से भागते जाते देखा। आस-पास और कई लोग खड़े थे लेकिन डर के मारे किसी ने भी उन्हें रोकने की कोशिश नहीं की।''

अनकट

यह बाइट का ही दूसरा रूप है। जब किसी बाइट को स्टोरी में शामिल करने की बजाय सीधे न्यूज में ही शामिल कर लिया जाता है तो उसे *अनकट* या *एंकर बाइट* कहते हैं। आमतौर पर अनकट दो परिस्थितियों में लिये जाते हैं—

- जब बाइट बहुत महत्वपूर्ण हो और उसे लेकर पैकेज बनाने का समय न हो तो स्टोरी में इस्तेमाल करने से भी पहले उसके जरूरी हिस्से को निकालकर न्यूज में शामिल किया जा सकता है या फिर—
- कोई बाइट तो महत्वपूर्ण हो लेकिन पूरी स्टोरी बहुत महत्वपूर्ण न हो तो स्टोरी की बजाय खबर के सार के रूप में सिर्फ अनकट को ही लगा दिया जाए और स्टोरी का सार एंकर दे दे।

मिसाल के तौर पर—

(एंकर)

उत्तर प्रदेश के बुलंदशहर जिले में 15 साल की एक लड़की को एक बच्चे की बलि देने के आरोप में गिरफ्तार किया गया है। उसके खिलाफ हत्या का मामला दर्ज कर लिया गया

है। आरोप है कि तंत्र-मंत्र की सिद्धि के लिए उसने चार साल के बब्लू की बलि दे दी।

(अनकट)

लड़की अभी बयान देने की स्थिति में नहीं है। शायद हम कल बयान रिकॉर्ड कर पाएं। इसमें चौंकाने वाली बात यह है कि इस लड़की के मां-बाप को भी दो महीने पहले तांत्रिक सिद्धि के लिए एक बच्चे की बलि देने के आरोप में गिरफ्तार किया गया था और दोनों इस समय जेल में बंद हैं।

यहां कॉपी राइटर ने सिर्फ एंकर लिंक लिखा है और अनकट में बुलंदरशहर जिले बुगरासी थाना क्षेत्र के चंदियाना गांव के पुलिस प्रमुख की बाइट का वो हिस्सा लगा दिया गया है जो स्टोरी को विस्तार दे रही है।

वॉक्सपॉप

1960 में वॉक्सपॉप शब्द पहली बार प्रयुक्त किया गया। इसे *वॉक्सपॉपुली* भी कहा जाता है। इसका मतलब ऐसी बाइट्स से है जिनका परिचय नहीं दिया जाता। मिसाल के तौर पर दिल्ली में एक हफ्ते के भीतर 10 बुजुर्गों की हत्या हो जाती है। स्वाभाविक तौर पर इससे राजधानी में तनाव का माहौल बनेगा। इन घटनाओं के घटने पर चैनल का रिपोर्टर अलग-अलग वर्गों के लोगों की प्रतिक्रिया ले सकता है। ये लोग अकेले दिल्ली के भी हो सकते हैं और देश के अलग-अलग हिस्सों के भी। टीवी पर इन लोगों की प्रतिक्रिया दिखाते समय उनका नाम या कोई और परिचय नहीं दिया जाता क्योंकि इसकी आवश्यकता महसूस ही नहीं होती। यह महज जन प्रतिक्रिया जानने का एक तरीका है। इस संवाद को ही *वॉक्सपॉप* कहा जाएगा।

वॉक्सपॉप लेती हुई एक रिपोर्टर

मिसाल के तौर पर–

वॉक्सपॉप 1 : "इन घटनाओं को देखकर मुझे तो यकीन हो गया है कि दिल्ली में सुरक्षा नाम की कोई चीज है ही नहीं। हम सबको अपनी हिफाजत खुद करनी होगी।"

वॉक्सपॉप 2 : "ऐसे अपराध मुझे हैरान नहीं करते। जब तक अपराधियों को कड़ी सजा देने की व्यवस्था नहीं की जाती, तब तक ऐसे अपराध होते ही रहेंगे। पुलिस को अपराधियों को जल्द खोजकर तुरंत कार्रवाई करनी चाहिए नहीं तो ऐसे अपराधी खुद को राजा ही समझते रहेंगे।"

ध्यान रखें कि सभी वॉक्सपॉप एक ही बैकग्राउंड में रिकॉर्ड न किए जाएं। टीवी स्क्रीन पर एक ही बैकग्राउंड में तमाम वॉक्सपॉप देखना दर्शक को बोर करेगा और उसे महसूस होगा कि रिपोर्टर और कैमरामैन ने अपने आराम के लिए एक ही जगह पर सारा शूट कर लिया है। यह न भूलें कि वॉक्सपॉप का मतलब है–अलग-अलग जगहों पर अलग-अलग लोगों की आम राय लेना और यह दायित्व सिर्फ एक जगह पर ठहरकर नहीं निभाया जा सकता।

सुपर

वाईएस ढढवाल

पुलिस आयुक्त, दिल्ली

टीवी पर समाचार के प्रसारण के समय आप अक्सर ऐसी पट्टियां देखते होंगे, इन्हें ही *सुपर* या *एस्टन* कहते हैं।

सुपर के जरिए व्यक्ति का परिचय दिया जाता है ताकि दर्शक उसे पढ़कर व्यक्ति का नाम और पद जान सके। इससे खबर की विश्वसनीयता भी बढ़ती है और रिपोर्ट प्रभावशाली दिखाई देती है। मान लीजिए कि दिल्ली पुलिस दिल्ली में बुजुर्गों की हत्या के मामले में दो लोगों को गिरफ्तार कर लेती है और इस सिलसिले में टीवी चैनल पर किसी अधिकारी का बाइट भी दिखाया जाता है। बाइट दिखाते समय अगर अधिकारी का नाम या पद नहीं बताया जाता तो इससे खबर का पूरा प्रभाव नहीं पड़ेगा क्योंकि व्यक्ति के नाम और पद को जाने बिना दर्शक इस बयान को आधिकारिक मानने में हिचकिचाएगा।

पीटूसी यानी पीस टू कैमरा

पीटूसी और ओबी टीवी रिपोर्टर की जान माने जा सकते हैं। यह स्टोरी को बांधने का एक प्रभावी तरीका है। रिपोर्टर पीटूसी अक्सर स्टोरी के अंत में करते हैं जिसमें स्टोरी का सार या स्टोरी से जुड़े मूल मुद्दे पर जोर दिया जाता है। *पीटूसी* या फिर *पीटीसी* का अर्थ है–*पीस टू कैमरा* यानी वह हिस्सा जिसमें रिपोर्टर सीधे कैमरे के सामने आकर अपनी बात कहता है। अमूमन पीटूसी खड़े होकर किया जाता है, इसलिए इसे *स्टैंड अपर* भी कहते हैं। लेकिन यह कोई अनिवार्य नियम नहीं है। बहुत से पत्रकार पीटूसी को प्रभावी बनाने के लिए नए-नए प्रयोग करते रहते हैं।

पीटूसी करता हुआ एक रिपोर्टर

पीटूसी कुछ खास वजहों से किए जाते हैं–

- इससे स्टोरी की विश्वसनीयता बढ़ती है। दर्शक को इस बात का यकीन होता है कि जो स्टोरी दिखाई जा रही है, वहां रिपोर्टर खुद मौजूद था। इसलिए उसकी बात पर यकीन करने की संभावना बढ़ जाती है।
- इससे स्टोरी की रोचकता में इजाफा होता है।
- संवाददाता के जरिए चैनल या कार्यक्रम की पहचान भी बनती है क्योंकि हर संवाददाता अपनी स्टोरी के माध्यम से अपने चैनल का प्रतिनिधित्व करता है। जब दर्शक संवाददाताओं को पहचानने लगते हैं तो उनका प्रत्यक्ष या अप्रत्यक्ष तौर पर चैनल से आत्मीय संबंध भी बनने लगता है जिसका फायदा अंततः चैनल को ही होता है।
- पीटूसी के जरिए कई बार रिपोर्टर किसी ऐसी बात को कहता है जो या तो पहले स्टोरी में कही नहीं गई या जिसके शॉट्स मौजूद नहीं हैं लेकिन सूचना महत्वपूर्ण है। ऐसा करने से पीटूसी भी हो जाता है और साथ ही सूचना देने का मकसद भी पूरा होता है।

पीटूसी को तीन तरीके से स्टोरी में शामिल किया जा सकता है–

- शुरुआती पीटूसी(ओपनिंग),
- मध्य पीटूसी(मिड),
- अंत पीटूसी(एंड)।

इनमें अंत पीटूसी (एंड) का प्रचलन सबसे ज्यादा है।

पीटूसी में बैकग्राउंड का खास ध्यान रखा जाता है ताकि दर्शक देखते ही घटनास्थल को पहचान जाए और उसके दिमाग में यह बैठ जाए कि रिपोर्टर घटनास्थल पर खुद मौजूद था। मिसाल के तौर पर रिपोर्टर असम में बाढ़ को कवर कर रहा है तो उसके पीटूसी में आस-पास के बाढ़ में डूबे कुछ हिस्से दिखाई दें या फिर राहत का काम दिखाई दे या कुछ भी ऐसा दिखाई दे जो इस बात की पुष्टि कर दे कि रिपोर्टर वहां मौजूद था। इससे रिपोर्टर का कथन खुद ही वजनदार हो जाएगा। वैसे पीटूसी रिकॉर्ड करने से पहले रिपोर्टर और कैमरामैन आपस में सलाह कर लिया करते हैं कि कौन सा बैकग्राउंड ज्यादा असरदार होगा।

शुरुआती दिनों में रिपोर्टर के लिए पीटूसी करना काफी चुनौतीपूर्ण और तनावपूर्ण हो सकता है। वह मानसिक और मनोवैज्ञानिक दबाव महसूस कर सकता है। आस-पास का शोर और भीड़ भी उसे विचलित कर सकती है लेकिन आत्मविश्वास और निरंतर प्रयास से पीटूसी को निखारा जा सकता है। इसके अलावा स्टोरी की पक्की समझ होने पर ऐसे पीटूसी भी किए जा सकते हैं जो बाकी रिपोर्टरों से अलग हों। इसके लिए कलम पर पकड़ और प्रिंट मीडिया का अनुभव काम आ सकता है। इसलिए किसी भी मोड़ पर प्रिंट मीडिया की ताकत की अनदेखी न करें। उदाहरण के लिए किसी मानसिक चिकित्सालय पर एक स्टोरी की जा रही है जिसका स्टोरी आइडिया यह है कि ठीक हो जाने पर भी कई लोग ऐसे हैं जिनके परिवार वाले उन्हें स्वीकार करने के लिए तैयार नहीं हैं। ऐसे में पीटूसी विविध शैलियों में किया जा सकता है। उसे राजनीतिक या सरकारी रूप भी दिया जा सकता है और पूरी तरह से संवेदनात्मक भी।

ओबी

इसका मतलब है—आउटसाइड ब्रॉडकास्ट। इसमें अक्सर लाइव टेलीकास्ट होते हैं। (वैसे कई बार ओबी रिकॉर्ड भी कर लिये जाते हैं)। इसे किए जाने के कुछ विशेष मकसद होते हैं—

दूरदर्शन की एक ओबी वैन

- किसी बड़ी खबर के होने पर,
- किसी ऐसी विशेष जानकारी को देने के लिए जिनके शॉट्स न हों,
- यह दिखलाने के लिए कि बड़ी घटना के दौरान चैनल का पत्रकार खुद मौजूद था और,
- दर्शक को चैनल से जोड़ने के लिए।

इन दिनों ओबी एक फैशन भी है और जो चैनल किसी घटना पर जितनी जल्दी ओबी करता है, वह उतना ही तेज माना जाता है। वैसे भी कायदे से पत्रकार को अपनी स्टोरी को जानने के लिए खुद फील्ड में होना ही चाहिए। पत्रकार का काम है—लगातार क्रियाशील रहना और किसी घटना के घटते ही तुरंत मौके पर पहुंच जाना। ओबी के लिए ओबी वैन का इस्तेमाल किया जाता है और किसी भी चैनल की मजबूती और आर्थिक स्थिति अक्सर इस आधार पर भी आंकी जाती है कि उसके पास कितने ओबी वैन हैं। ओबी वैन को न्यूज के लाइव प्रसारण का दूत माना जा सकता है। वैसे तो भारत में ओबी वैन एशियाड खेलों के समय ही आ गए थे लेकिन न्यूज में इसका नियमित और व्यापक प्रयोग निजी चैनलों के आगमन के बाद ही शुरू हुआ। ओबी वैन एक तरह से मीडिया के चलते-फिरते तकनीकी विभाग की तरह होता है जिसमें कैमरे, माइक्रोफोन, एडिटिंग के उपकरण और अन्य तकनीकी यंत्र मौजूद रहते हैं।

भारत के संसद भवन पर जब आतंकवादियों ने हमला किया तो यह अंतर्राष्ट्रीय स्तर की एक बड़ी खबर बन गया। सबका ध्यान भारतीय मीडिया पर केंद्रित हो गया। एक-एक पल की खबर रखना चाहते थे। वे जानना चाहते थे कि स्थिति को कैसे काबू किया जा रहा है। इस स्थिति में लगातार ओबी किए जा रहे थे। इसी तरह मुंबई हमले के दौरान अलग-अलग चैनल ओबी करते रहे थे।

मिसाल तौर पर—

(एंकर)

मुंबई में आंतकी हमले की वजह से तनाव का माहौल बना हुआ है। इस समय ताज होटल के सामने हमारी संवाददाता बरखा दत्त मौजूद हैं। बरखा, इस समय कमांडो की कार्रवाई क्या किसी नतीजे तक पहुंच सकी है?

(बरखा)

"मैं ताज होटल के ठीक सामने खड़ी हूं...बताएंगे।"

फोनो

इसका मतलब है—किसी खबर को फोन के माध्यम से टीवी पर देना। मिसाल के तौर पर पंजाब के शहर जालंधर में बम विस्फोट होता है और वहां से तुरंत शॉट्स नहीं मिल सकते लेकिन वहां तैनात रिपोर्टर के पास कुछ जानकारियां हैं तो वैसी परिस्थिति में सीधे उस रिपोर्टर से फोनो किया जा सकता है। फोनो में वह घटना से जुड़ी तमाम जानकारियां दे सकता है और आंखों देखा हाल भी बयान कर सकता है। किसी खबर के ब्रेक होने पर

फोनो अक्सर देखे जाते हैं। फोनो के दौरान आमतौर पर टीवी स्क्रीन पर एक मानचित्र दिखाया जाता है जो यह बताता है कि रिपोर्टर कहां से फोनो कर रहा है। इसके अलावा ग्राफिक्स के जरिए रिपोर्टर का नाम, फोटो और स्टोरी का कैप्शन भी दिया जाता ताकि इसे देखते ही दर्शक खबर से वाकिफ हो जाए। इस फॉरमेट को तकनीकी भाषा में *फोनो प्लेकार्ड* कहा जाता है।

मिसाल के तौर पर–

(एंकर)

उत्तर प्रदेश के बुलंदशहर जिले में 15 साल की एक लड़की को एक बच्चे की बलि देने के आरोप में गिरफ्तार किया गया है। उसके खिलाफ हत्या का मामला दर्ज कर लिया गया है। आरोप है कि तंत्र-मंत्र की सिद्धि के लिए उसने चार साल के बब्लू की बलि दे दी।

इस घटना की ज्यादा जानकारी के लिए सीधे चलते हैं मनोज कुमार के पास जो इस समय बुलंदशहर के बुगरासी थाना क्षेत्र के चंदियाना गांव से फोन लाइन पर मौजूद हैं।

(फोनो)

सवाल–मनोज, क्या लड़की से अभी तक कोई बात हो पाई है?

जवाब–नहीं। लड़की तो अभी बात करने की स्थिति में नहीं है लेकिन लड़की के कुछ दूर के रिश्तेदार यहां पर आ गए हैं और उन्हें देखकर गांव वालों का गुस्सा बेकाबू हो रहा है।

(अब इस फोनो के शुरू होते ही दर्शक को टीवी के स्क्रीन पर मनोज की तस्वीर, स्टोरी का नाम और जगह का नाम दिखाई देगा। यही *फोनो* है।)

पैकेज

समूची स्टोरी को *पैकेज* या फिर *वीटी (वीडियो ऑन टेप)* भी कहा जाता है। यानी स्टोरी जिसके बाइट्स, स्क्रिप्ट, पीटूसी वगैरह सब संपादित कर दिए गए हैं और जो टेलीकास्ट के लिए तैयार हो। मिसाल के तौर पर अगर एक बुलेटिन में तमाम वीओ वीटी, वीओ ग्राफिक्स के अलावा 8 संपूर्ण स्टोरीज *एयर* की जानी हैं तो इसका मतलब यह हुआ कि बुलेटिन में 8 पैकेज जाएंगे।

वॉयस ओवर

स्टोरी के साथ सुनाई देने वाली आवाज को *वॉयस ओवर* या *वीओ* कहा जाता है। इसमें लिखी गई स्क्रिप्ट को वीओ बूथ (वीओ रिकॉर्ड करने की जगह) में जाकर माइक के सामने पढ़ा जाता है। आमतौर पर पत्रकार खुद ही वीओ लिखता भी है और उसे करता भी है लेकिन कई बार डेस्क के लोग भी वीओ कर देते हैं। वीओ ही वह कमेंट्री होती है जिस पर शॉट्स दिखाए जाते हैं। इन्हें लाइव शॉट्स, स्टिल ग्राफिक्स या फिर आर्काइव–किसी के लिए भी इस्तेमाल किया जाता है. जहां बाइट किसी स्टोरी के एक पहलू को बताती है, वहीं वॉयस ओवर पूरी कहानी का वास्तविक विवरण देता है।

(**एंकर**)

आगरा में शुरू होने वाले संगीत महोत्सव की तैयारियां इन दिनों जोरों पर हैं। इस समारोह में हिस्सा लेने के लिए विश्व भर के नामी कलाकार यहां जमा हुए हैं। इस मौके पर सुरक्षा के कड़े इंतजाम दिखाई दे रहे हैं।

(**वीटी**)

(**वीओ**)

ब्राजील से आए यह कलाकार पिछले 6 घंटे से इसी मुद्रा में लगातार रियाज कर रहे हैं। इनका रियाज देखने के लिए पर्यटक घंटों यहीं बैठे दिखते हैं।

(**वॉक्सपॉप**)

"दुनिया भर के कलाकारों के जमघट के बीच खुद को पाना किसी अजूबे से कम नहीं है। यह लाजवाब है।"

(**वीओ**)

इन कलाकारों की सुरक्षा के लिए एक विशेष सुरक्षा बल गठित किया गया है।

ब्रीदिंग स्पेस

यह इत्मीनान का मामला है। अक्सर स्टोरी की शुरुआत से पहले 2 से 3 सेकंड का ठहराव दिया जाता है। इसे ही *ब्रीदिंग स्पेस* कहते हैं। एक आम दर्शक तो इसे शायद जान नहीं पाता लेकिन इसकी मौजूदगी का स्टोरी की क्वालिटी पर साफ असर दिखाई देता है। ब्रीदिंग स्पेस देने से स्टोरी की शुरुआत से पहले और एंकर लिंक के एकदम बाद स्टोरी का माहौल बनाने में मदद मिलती है। एंकर लिंक के एकदम बाद ही स्टोरी शुरू कर देने से तथ्यों की बमबारी होती दिखने लगती है और दर्शक के लिए भी एकाएक स्टोरी के सूत्र को पकड़ पाना मुश्किल हो जाता है।

(**एंकर**)

आगरा में शुरू होने वाले संगीत महोत्सव की तैयारियां इन दिनों जोरों पर हैं। इस समारोह में हिस्सा लेने के लिए विश्व भर के नामी कलाकार यहां जमा हुए हैं। इस मौके पर सुरक्षा के कड़े इंतजाम दिखाई दे रहे हैं।

(**वीटी**)

(**ब्रीद-संगीत की आवाज**)

(**वीओ**)

ब्राजील से आए यह कलाकार पिछले 6 घंटे से इसी मुद्रा में लगातार रियाज कर रहे हैं।

अब इस स्टोरी की शुरूआत ही संगीत की गूंज से की गई है ताकि दर्शक महोत्सव में चल रही संगीत की धूम को घर पर बैठकर ही महसूस कर सके। साथ ही शुरू में एक कलाकार पर केंद्रित होकर स्टोरी को मानवीय पक्ष से आगे बढ़ाने की कोशिश की गई है। अब अगर स्टोरी की शुरुआत इस गूंज के बिना होती तो वह फीकी नजर आती। बात

संगीत की हो और सुर ही नदारद हो तो स्टोरी रसहीन लगेगी। इसी तरह गश्त लगाती पुलिस को एक्शन में दिखाया जाता है और उनकी गतिविधियों की आवाज भी सुनाई देती है तो सुरक्षा के कड़े इंतजामों पर स्वाभाविक तौर पर यकीन होगा।

वीसैट (वेरी स्मॉल एपरचर टर्मिनल)

इस विधा में एंकर एक जगह पर (आमतौर पर स्टूडियो में) मौजूद होता है जबकि जिसका इंटरव्यू लिया जाना होता है, वह स्टूडियो की बजाय कहीं और होता है। तब लाइव फॉरमेट में उसका सीधा इंटरव्यू ले लिया जाता है। मिसाल के तौर पर बतौर एंकर विक्रम चंद्रा नई दिल्ली में हैं और वे वीसैट के जरिए मुम्बई के पुलिस कमिश्नर का इंटरव्यू ले रहे हैं। वीसैट करने वाला अतिथि किसी और स्टूडियो या फिर अपने घर पर भी मौजूद हो सकता है। तब आधुनिक तकनीक के जरिए अतिथि को स्टूडियो से जोड़कर प्रसारण किया जाता है।

रनडाउन

रनडाउन का मतलब है—किसी निर्धारित समय पर प्रसारित होने वाले समाचारों का ब्लू प्रिंट। इसे प्रोड्यूसर और रिपोर्टर दोनों का गाइड माना जाता है। यह बहुत ही सुलझी हुई शैली है जिसके जरिए न्यूज या कार्यक्रम के हर हिस्से को पहले से ही व्यवस्थित कर लिया जाता है। इसमें बुलेटिन के हर एक सेकंड को व्यावसायिक तरीके से समेट लिया जाता है। जैसे कि समय-सीमा का निर्धारण, रिपोर्टर के नाम, संपादक के नाम, स्टोरी के लिए दिए गए समय, टेलीकास्ट के एकदम सही समय, टेप के नंबर, स्टोरी की विधा (वीटी है, या अनकट या स्टोरी या ग्राफिक्स कुछ और) वगैरह ताकि सारा न्यूजरूम हर बुलेटिन के संयोजन से वाकिफ हो। लेकिन रनडाउन में तब्दीली करने की कमांड न्यूज रूम में कुछ विशिष्ट लोगों के हाथों में ही होती है ताकि अंदरूनी तंत्र में कोई इस तकनीक का दुरुपयोग न कर सके।

न्यूज को टेलीविजन में जिस रूप में देखा जाता है, उसे संकलित करने के लिए हर छोटे से छोटे पहलू पर बड़ी बारीकी से काम किया जाता है जिन पर आम दर्शक का ध्यान भी नहीं जाता। जैसे कि हेडलाइन कितनी देर की होगी, कैसे और कुल कितने शॉट्स लिये जाएंगे, हर सेग्मेंट(एक ब्रेक के बाद और दूसरे ब्रेक से पहले का हिस्सा) में कितनी स्टोरीज दिखाई जाएंगी, ब्रेक (विज्ञापन का समय) कब और कितनी देर के होंगे, टीजर कितने समय का होगा वगैरह। सधा हुआ सुनियोजित रनडाउन बनाने के लिए ऐसे हर कोण पर गंभीरता से विचार किया जाता है। इस तरह से हर पहलू को क्रमबद्ध तरीके से समेटने पर जो नतीजा निकलता है, उसे ही *रनडाउन* कहा जाता है। इसके बिना न्यूज को व्यवस्थित करने और बुलेटिन में परस्पर तारतम्य बनाए रखने की कल्पना भी नहीं की जा सकती।

कंप्यूटर में लगा सॉफ्टवेयर सभी स्टोरीज का समय मिलाकर खुद ही रनडाउन में स्टोरीज को बढ़ाने या घटाने का संकेत दे देता है। कोशिश रहती है कि स्टोरीज की वजह

से ब्रेक के समय में कोई कमी न आए क्योंकि चैनल की आमदनी तो ब्रेक के दौरान दिखाए जाने वाले विज्ञापनों से ही होती है।

रनडाउन के प्रचलित शब्द–

1. हेडलाइन,
2. मोंटाज,
3. स्लग,
4. टीजर,
5. वीओवीटी,
6. ब्रेक,
7. स्टिंग,
8. क्रैश आउट,
9. शॉट।

हेडलाइन

न्यूज बुलेटिन की शुरुआत और अंत में बताई जाने वाली मुख्य खबरें ही हेडलाइन कहलाती हैं। बढ़ती प्रतियोगिता के बीच हेडलाइंस की शैली में काफी बदलाव आया है जैसे कि अब कई चैनलों में तीन की बजाय पांच हेडलाइंस तक दी जाती हैं और इन्हें भी एक पंक्ति में बांध देने की बजाय 3 से 4 पंक्तियों में लिखने की प्रथा शुरू कर दी गई है। इसमें समय-सीमा को जहन में रखते हुए प्रमुख खबर को बेहद आकर्षक अंदाज से बताने पर बल दिया जाता है ताकि दर्शक बुलेटिन को देखने के लिए प्रेरित हो। इसकी भाषा समूचे बुलेटिन की तुलना में ज्यादा चुटीली और पैनी होती है। इसे आमतौर पर न्यूजरूम के वरिष्ठ पत्रकार ही लिखते हैं। हेडलाइंस लिखते समय शॉट्स को भी ध्यान में रखा जाता है ताकि जो लिखा जा रहा है, उसके अनुरूप शॉट्स दिखाए जा सकें। प्रोडक्शन को भी हिदायत दी जाती है कि वह हेडलाइंस की पंक्तियों और शॉट्स में आपसी तालमेल बनाए रखें ताकि तुकबंदी प्रवाह में दिखाई दे।

मिसाल के तौर पर–

- राठौर की मुस्कुराहट पर महिला मोर्चा हुआ साथ, हंसते-हंसते बुरे फंसे राठौर, केस की सुनवाई अब दस को।
- होली से पहले हो सकती है बमों की दीवाली, पूरी दिल्ली रेड अलर्ट के घेरे में, खोजी कुत्तों की उड़ गई नींद।
- महिला ने चखाया सड़क के हीरो को सबक, सैंडल उतारा और की धुनाई, पास खड़ी लड़कियां खूब खिलखिलाईं।
- और 'माई नेम इज खान' पर हुआ कोहराम, एक तरफ पुलिस तो दूसरी तरफ शिवसेना, दर्शक जाए तो जाए कहां, आगे कुआं, पीछे खाई।

मोंटाज

किसी भी कार्यक्रम का मुख्य शीर्षक ही *मोटांज* कहलाता है। जैसे कि किसी भी चैनल में हर बुलेटिन के प्रसारित होने से पहले दिखाया जाने वाला छोटा-सा पैकेज जिसमें संगीत और कुछ चित्र दिखाई देते हैं। यह किसी भी चैनल की पहचान बनते हैं और दर्शक कहीं भी इस आवाज को सुनकर एकदम से चैनल को पहचान लेता है।

स्लग

कंप्यूटर पर हर स्टोरी का नाम और रिपोर्टर का नाम लिख दिया जाता है ताकि न्यूजरूम से लेकर प्रोडक्शन तक सभी को मालूम हो कि किस स्टोरी को कौन कर रहा है। इसे ही *स्लग कहा* जाता है। जैसे कि

स्टोरी	रिपोर्टर
1. केरल में बलात्कार	आर राम
2. आतंकी धरा	नजीर

टीजर

ब्रेक पर जाने से पहले सीमित पंक्तियों में यह घोषणा करना कि ब्रेक के बाद आने पर किन समाचारों को दिखाया जाएगा और इनमें भी सबसे विशेष कौन-सा है। टीजर 20 सेकंड के आस-पास का हो सकता है और बुलेटिन के अगले हिस्से को विज्ञापित करने का काम करता है। टीजर की भाषा को अतिरिक्त सावधानी से पिरोया जाता है ताकि वह दर्शक को भा सके।

मिसाल के तौर पर—

....और ब्रेक के बाद देखिए
कैसे हुई रांची में खून की बारिश
या फिर
कैसे एक बच्चे ने किए एक दिन में 50 बटुए साफ
या फिर
क्यों आईं दिल्ली ऐश्वर्या चुपके-चुपके, हौले-हौले

वीओवीटी

इसके तहत लिये गए शॉट्स को स्टोरी में तब्दील करने के बजाय सिर्फ कुछ गिने-चुने शॉट्स का इस्तेमाल किया जाता है और स्टोरी को बताने के लिए कुछ पंक्तियां लिख दी जाती हैं जिन्हें रिपोर्टर की बजाय एंकर पढ़ता है और इसके साथ-साथ शॉट्स भी चलते रहते हैं। इसे *वीओवीटी* या *एंकर शॉट* कहा जाता है। कई बार रनडाउन में समय कम बचने पर भी कुछेक कम महत्वपूर्ण स्टोरीज को वीओवीटी का रूप दे दिया जाता है। कई बार ऐसा भी होता है कि अतिरिक्त शॉट्स के लिए इंतजार करना होता है। ऐसे में कम

शॉट्स के आधार पर ही खबर दर्शक को बता दी जाती है (अतिरिक्त शॉट्स मिलने पर उसे स्टोरी भी बनाया जा सकता है)। इससे दर्शक को समय पर खबर भी मिल जाती है और बाद में उसे विस्तार से बताया भी जा सकता है। इसके अलावा न्यूज में विविधता भी बनी रहती है। मिसाल के तौर पर–

(एंकर)

उत्तर प्रदेश के बुलंदशहर जिले में 15 साल की एक लड़की को एक बच्चे की बलि देने के आरोप में गिरफ्तार किया गया है। उसके खिलाफ हत्या का मामला दर्ज कर लिया गया है। आरोप है कि तंत्र-मंत्र की सिद्धि के लिए उसने चार साल के बब्लू की बलि दे दी।

(वीओवीटी)

बुलंदशहर के बुगरासी थाना क्षेत्र के चंदियाना गांव में यह मामला उस वक्त सामने आया जब बब्लू के घर वाले उसे खोजते हुए लड़की के घर पहुंचे। वहां बच्चे की लाश बोरे में मिली। लाश के गले में लाल रंग का कपड़ा बंधा था और आस-पास पूजा का सामान रखा था। बच्चे की लाश देख गांव वाले भड़क गए और वहीं पर आरोपी की पिटाई करनी शुरू कर दी। खबर पाकर मौके पर पहुंची पुलिस ने बड़ी मुश्किल से किशोरी को लोगों के चंगुल से छुड़ाया। गंभीर रूप से घायल किशोरी को जिला अस्पताल में भर्ती करवाया गया। पुलिस के मुताबिक शुरुआती जांच में यह बात सामने आई है कि किशोरी ने तांत्रिक सिद्धि के लिए बच्चे की बलि दी। इसमें चौंकाने वाली बात यह है कि किशोरी के मां-बाप को भी दो महीने पहले तांत्रिक सिद्धि के लिए एक बच्चे की बलि देने के आरोप में गिरफ्तार किया गया था और दोनों इस समय जेल में बंद हैं।

(लड़की के नाबालिग होने की वजह से इसमें न तो लड़की का नाम बताया गया है और न ही टीवी पर उसका चेहरा दिखाया गया।)

ब्रेक

यानी विज्ञापन के लिए समय लेना। ब्रेक में जाने से पहले ही टीजर दिया जाता है या फिर सीधे ही छोटे-से ब्रेक में जाकर फिर लौट आने की बात कह दी जाती है। ब्रेक 20 सेकंड से 4 मिनट तक का हो सकता है (ब्रेक का समय किसी कठोर नियमावाली में बंधा हुआ नहीं है)। कई बार समाचार चैनलों को पर्याप्त मात्रा में विज्ञापन न मिलने पर वे अपने ही कार्यक्रमों के विज्ञापन भी दिखा देते हैं या फिर प्राइम टाइम में विज्ञापन होने पर भी कुछ विशेष परिस्थितियों में अपने किसी मनचाहे कार्यक्रम का प्रमोशनल अंश *(प्रोमो)* शामिल कर सकते हैं।

स्टिंग

पिछले कुछ समय से यह विधा काफी प्रचलित है। इसमें किसी विशेष विषय पर की गई कुछ स्टोरीज को एक साथ जोड़कर एक आकर्षक शीर्षक दे दिया जाता है ताकि वह न्यूज के एकदम ताजे और विशिष्ट हिस्से की तरह दिखाई दे। मिसाल के तौर पर 11

सितंबर, 2001 की घटना होने पर शीर्षक देना—*आतंक में अमरीका* और फिर बार-बार ब्रेक में जाने और ब्रेक से वापस आने पर इसी शीर्षक को दिखाना और कार्यक्रम में भी इसी घटना से जुड़ी कई स्टोरीज को एक क्रम में दिखाते जाना। इसी तरह अगर झारखंड में विधानसभा चुनाव हो रहे हैं तो चुनाव की तारीख की घोषणा से लेकर नई सरकार के बनने तक एक टीवी चैनल अपने 25 मिनट के बुलेटिन में से हर रोज 5 मिनट चुनाव पर केंद्रित करने की रणनीति बनाता है। इस दौरान बुलेटिन की शुरुआत तो दिन की प्रमुख खबरों से होती है लेकिन इसके बाद चुनाव की खबर देने से ठीक पहले एक शीर्षक दिखाया जाता है जैसे कि *महाचुनाव, झारखंड में घमासान* आदि। इसके बाद चुनाव से जुड़ी कुछ खबरें दिखाई जाती हैं। इससे लगता है जैसे बुलेटिन में किसी एक विशेष विषय पर एक अलग संस्करण दिखाया जा रहा हो। इससे दर्शक को ऐसा आभास होता है कि जैसे एक बड़ी खबर को अतिरिक्त विस्तार के साथ दिखाया जा रहा हैं। स्टिंग के शीर्षक के लिए मूड और मौके के मुताबिक सही शब्दों का चयन भी एक कलाकारी का काम है।

क्रैश आउट

अगर कोई स्टोरी तैयार है और वह ऑन एयर जा रही है लेकिन अचानक ही कोई और बड़ी खबर आ जाती है तो फिर चल रही स्टोरी को बीच में ही काट दिया जाता है। इसे ही *क्रैश आउट* कहते हैं। ऐसा किसी बड़ी ब्रेकिंग न्यूज के आने पर ही किया जाता है।

शॉट

इसका मतलब हुआ कि टीवी पर दिखाए जाने वाली हर स्टोरी का संपादित हिस्सा कितनी देर का है ताकि रनडाउन को सभी स्टोरीज के लिए दिए गए समय के हिसाब से व्यवस्थित किया जाए और जरूरत के हिसाब से कुछ स्टोरीज रनडाउन में डाली या फिर उससे निकाली जा सकें। हर स्टोरी के सामने सही शॉट का लिखा होना रनडाउन को सुनियोजित करने के लिए आवश्यक होता है।

मिसाल के तौर पर--

राहुल अमेठी में 1:20

नीतीश अनकट 25 सेकंड

पीएम स्टोरी 1:30

नाट्य रूपांतरण

टीवी का मतलब ही है शॉट्स लेकिन अगर कभी स्टोरी से संबंधित शॉट्स न मिलें तो भी किसी अहम स्टोरी को ड्रॉप करना मुमकिन नहीं होता। उसके लिए विकल्प तलाशने पड़ते हैं। ऐसा ही एक विकल्प है—नाट्य रूपांतरण। अन्य विधाओं के अलावा टेलीविजन में अपराध रिपोर्टिंग करते समय अब नाट्य रूपांतरण की शैली का खूब सहारा लिया जा रहा है। इसे *री-कंस्ट्रक्शन* भी कहा जाता है। दरअसल कई बार टीवी चैनलों के पास खबर

का पूरा ब्योरा तो रहता है लेकिन संबंधित दृश्यों का अभाव होता है। स्वाभाविक है कि अपराध घटते समय रिपोर्टर और कैमरा की मौजूदगी तो बहुत ही गिनी-चुनी परिस्थितियों में हो सकती है (जैसे कि सुनामी के कहर को कुछेक लोगों ने अपने कैमरे में फिल्माया था)। ऐसे में नाट्य रूपांतरण की शैली काफी कारगर साबित होती है। मिसाल के तौर पर खबर है कि दिल्ली की एक पॉश कॉलोनी में नौकर ने एक बुजुर्ग दंपती की बिजली की तारों से हत्या कर दी। इसके लिए पहले उसने एक हफ्ते तक अपने दो अपराधी साथियों को रिश्तेदार बताकर सर्वेंट क्वार्टर में जगह दी और फिर मौका देखकर रात में हत्या कर दी। टीवी पर इस घटना को सिलसिलेवार ढंग से समझाने के लिए घटनाक्रम से जुड़े दृश्यों को दिखाना अनिवार्य हो जाता है। अब ऐसे में सवाल उठता है कि घटना को दिखाया कैसे जाए। हर घटना को तो ग्राफिक के साथ दिखाया नहीं जा सकता। ऐसे में कलाकारों की मदद ली जाती है, उन्हें स्क्रिप्ट दी जाती है, संवाद रटाए जाते हैं और फिर घटनाक्रम को ऐसे शूट किया जाता है कि दर्शक को लगे कि उसने यह सब खुद देखा है। ध्यान रखा जाता है कि नाट्य कलाकारों की उम्र और चेहरा घटना के चरित्रों से थोड़ा-बहुत मिलता भी हो ताकि पूरी स्टोरी हकीकत के करीब दिखाई दे। कोशिश यह भी रहती है कि घटनाक्रम को घटनास्थल पर ही जाकर फिल्माया जाए लेकिन ऐसा संभव न होने पर इसे मिलती-जुलती जगह पर फिल्मा लिया जाता है। ऐसी खबरों के प्रसारण के समय जब नाट्य रूपांतरण वाली तस्वीर दिखाई जा रही हो तो उस पर नाट्य रूपांतरण का सुपर लगाया जाना जरूरी है अन्यथा यह दर्शकों को धोखा देने जैसा होगा और यह पत्रकारिता के मानदंडों के खिलाफ भी है।

सावधानियां

- नाट्य प्रस्तुतीकरण करते हुए अपनी सीमाओं को न लांघें। जैसे कि सबूतों के साथ कोई छेड़छाड़ न करें।
- प्रस्तुतीकरण में अत्यधिक काल्पनिकता घोलने या फिर उसे बढ़ा-चढ़ाकर बताने से परहेज करें।
- जिस जगह पर शूट किया जाना हो, वहां मौजूद लोगों को पहले ही सूचित कर दें ताकि अपराध का नाटकीय चेहरा देखकर वे डर न जाएं।
- नजदीकी पुलिस स्टेशन को भी सूचित कर दें।
- हर बार नाट्य रूपांतरण के लिए कलाकारों की एक ही टीम को शामिल न करें। इससे प्रस्तुतीकरण में बोरियत आएगी।

प्रोडक्शन

यानी किसी भी न्यूजरूम का वह महत्वपूर्ण हिस्सा जो कि स्टोरीज को परदे पर उतारने के दायित्व की समूची प्रक्रिया को निभाता है या फिर इसमें रिपोर्टर की सहायता करता है। स्टोरी लिखी जाने के बाद प्रोडक्शन के जरिए ही स्टोरी को पूरी तरह से तकनीकी रूप मिल पाता है। यह निर्माण और सृजन की वह कर्मभूमि है जहां स्टोरी को हकीकत

का रूप दिया जाता है। इसलिए यह विभाग खबर या कार्यक्रम की निर्माण प्रक्रिया का एक अभिन्न अंग है। इस विभाग में प्रोडक्शन से जुड़ी मशीनें, जैसे कि एडिटिंग मशीन, वीओ बूथ और ग्राफिक्स की मशीनें वगैरह रखी जाती हैं और इस प्रक्रिया को संपन्न करने में प्रोडक्शन स्टाफ मदद करता है। कई बार यहीं पर सीजी *(कैरेक्टर जनरेटर)* मशीन भी रखी जाती है जिसके माध्यम से सुपर डाले जाते हैं। टेलीविजन प्रोडक्शन में शारीरिक और मानसिक-दोनों ही तरह की मेहनत करनी पड़ती है। टीवी पर दिखने वाले किसी भी बुलेटिन या कार्यक्रम को साकार रूप देने में प्रत्यक्ष या अप्रत्यक्ष रूप से एक पूरी टीम जुटती है।

स्टूडियो

यानी जहां कार्यक्रम को प्रसारित करने के लिए एंकर के जरिए रिकॉर्डिंग की जाती है। यह एक बड़ा कक्ष होता है जिसमें कम से कम एक कैमरा, कई लाइटें, माइक और केबल की अनगिनत तारें दिखाई देती हैं। कैमरामैन और फ्लोर मैनेजर यहीं से अपना काम करते हैं। फ्लोर मैनेजर ही वह संपर्क-सूत्र है जो कि तकनीकी और प्रोडक्शन स्टाफ के साथ ही कार्यक्रम के संचालक के साथ तालमेल बनाए रखता है। एंकर को दिशा-निर्देश देने के लिए प्रोडक्शन की एक टीम *पीसीआर* (प्रोडक्शन कंट्रोल रूम यानी नियंत्रण कक्ष) में बैठती है जहां से रनडाउन पर नजर रखते हुए कार्यक्रम को व्यवस्थित ढंग से प्रसारित किया जाता है। स्टूडियो और पीसीआर के बीच एक *टॉक बैक सिस्टम* होता है जिसके जरिए प्रोड्यूसर अपने निर्देश नियंत्रण कक्ष के सभी लोगों, स्टूडियो में मौजूद कैमरामैन और मंच प्रबंधक तक पहुंचाता है। स्टूडियो में मौजूद एंकर के कान में एक छोटा-सा ईयर प्लग लगा होता है जिससे उसी पीसीआर से मिलने वाले निर्देश सुनाई देते हैं। साथ ही कानों पर लगे हेडसेट के जरिए पीसीआर से मिल रहे निर्देशों को सुना जाता है। पीसीआर में एक साथ टीवी मॉनिटरों की एक कतार दिखाई देती है। इनके जरिए पीसीआर में बैठा प्रोडक्शन स्टॉफ विभिन्न कैमरों से मिल रहे हर शॉट पर पैनी नजर रख सकता है। यहां से शॉट्स को सीधे प्रसारित किया जा सकता है।

यहां बताई गई तमाम शब्दावलियां टीवी न्यूज की व्याख्या करती हैं। इलेक्ट्रॉनिक मीडिया के पत्रकार के रूप में नौकरी शुरू करने से पहले या उस दौरान इन्हें समझ लेने से काम आसान होता लगेगा। कर्मभूमि को पूरी तरह से जानने-समझने में ही समझदारी है।

टिप्स

- शुरुआती दिनों में टेलीविजन की महत्वपूर्ण शब्दावलियों को एक कॉपी में लिखते रहें।
- चैनल में काम कर रहे प्रमुख लोगों के नाम और पद याद रखें। कौन वरिष्ठ है, इसकी समझ जितनी जल्दी विकसित कर लेंगे, उतना ही अच्छा होगा।
- स्टाफ के साथ दोस्ताना व्यवहार रखें। प्रोडक्शन और स्टूडियो के स्टाफ पर अपना रोब न जमाएं।

- स्टूडियो और पीसीआर में इस्तेमाल होने वाले संकेतों की सूची ले लें और उन्हें याद रखने की कोशिश करें।
- टेलीविजन की तकनीक पर बाजार में आ रही नई किताबों को खंगालते रहें और बदलावों पर अपनी नजरें गड़ाए रखें। नई तकनीक को सीखने या फिर अपनाने से कभी न हिचकिचाएं।
- अपने काम के अलावा दूसरे विभागों के काम जानने के लिए भी सृजनात्मक उत्सुकता रखें। इससे आपके व्यक्तित्व में ताजगी बनी रहेगी और बॉस खुश रहेंगे, सो अलग।

टिप्पणियां और संदर्भ

- टेलीविजन प्रोडक्शन, गेराल्ड मिलरसन, फोकल प्रेस, 1999
- डिजिटल टेलीविजन प्रोडक्शन, जेरिमी ओरलीबार, आर्नल्ड पब्लिशर्ज, 2002
- सेटेलाइट्स ओवर साउथ एशिया : ब्रॉडकास्टिंग कल्चर एंड पब्लिक इंटरेस्ट, डेविड पेज और विलियम क्रॉली, सेज, 2001
- टेलीविजन प्रोडक्शन हैंडबुक, हर्बर जैटल, वैडवर्थ, थॉमसन लर्निंग, 2000
- प्रेस मीडिया और जनसंचार, प्रकाश थपलियाल, ट्रांसमीडिया, 2002
- विदुर, जुलाई-सितंबर, 2001
- खबर और आत्मा की आवाज, वर्तिका नन्दा, दैनिक हिंदुस्तान, 19 अप्रैल, 2009
- कोई नतीजा निकलने की उम्मीद नहीं, वर्तिका नन्दा, दैनिक भास्कर, 10 दिसंबर, 2009
- बहस के बीच मीडिया, वर्तिका नन्दा, दैनिक हिंदुस्तान, 14 नवंबर, 2004
- दि इन्सेसटुअस ऑफ वर्ल्ड ऑफ टिकर, वर्तिका नन्दा, पायनियर, 28 नवंबर, 2004

पांचवां अध्याय

दो मिनट ठहर जा...पहले भूख से इसे छटपटा के मरने दे फिर ब्रेक करेंगे
NEWS
ब्रेकिंग रिपोर्टर
पवन

समाचार लेखन

- टेलीविजन स्क्रिप्ट : मायने और कायदे
- शब्द और तस्वीरों का मेलजोल
- क्यों जरूरी है स्क्रिप्ट
- स्क्रिप्ट लेखन से पहले
- पहले क्या, स्क्रिप्ट या वीडियो संपादन
- स्पष्टता
- संक्षिप्तता
- बातचीत की शैली
- चैनल की नीति
- तथ्यों की पुष्टि
- टीवी स्क्रिप्ट के प्रकार
- समाचार एजेंसियों की खबर को टीवी के अनुरूप बनाना
- टिप्स

5

समाचार लेखन

टेलीविजन स्क्रिप्ट मायने और कायदे

टेलीविजन का मतलब ही है विजुअल। लेकिन विजुअल को सार्थकता देने के लिए स्क्रिप्ट को भला कैसे नजरअंदाज किया जा सकता है—वैसे तो टीवी न्यूज लेखन को किसी ठोस नियम या किसी एक निर्धारित परिधि में बांधकर नहीं रखा जा सकता। घटनाक्रम के सार और मौजूद तस्वीरों के हिसाब से हर स्टोरी के लिए मिली सूचनाओं को पिरोए जाने का ढंग अलग हो सकता है और भाषा के साथ नए प्रयोग भी किए जा सकते हैं। इसमें स्टोरी के मूल प्रवाह के मुताबिक बदलाव कर पुराने ढर्रे पर चल रही परिपाटियों को तोड़ने की भी भरपूर संभावनाएं रहती हैं लेकिन इसके लिए स्टोरी कायदे से लिखी गई हो और उसे लिखने वाले के पास कलम और शॉट्स की बराबर की समझ हो। टीवी की सफल स्क्रिप्ट का यही सार है।

समाचार-पत्रों की तरह टीवी के लिए भी समाचार लिखते समय आमतौर पर *इन्वर्टेड पिरामिड (उल्टा पिरामिड शैली)* को ध्यान में रखा जाता है। यानी जो मूल खबर है, वह पहले बताई जाती है। हालांकि इस सिद्धांत का प्रयोग 19वीं सदी के मध्य से ही शुरू हो गया था लेकिन इसका विकास अमरीका में गृहयुद्ध के दौरान ही हो पाया। उस समय संवाददाताओं को अपनी खबरें टेलीग्राफ संदेशों के जरिए भेजनी पड़ती थीं और यह सेवाएं अनियमित, महंगी और दुर्लभ होती थीं। कई बार तकनीकी कारणों से भी टेलीग्राफ सेवाओं में बाधा आ जाती थी। इसलिए संवाददाताओं को किसी घटना की खबर कहानी की तरह लिखने के बजाय संक्षेप में बतानी होती थी और इसमें भी सबसे महत्वपूर्ण तथ्य और सूचनाओं की जानकारी पहली कुछ लाइनों में ही देनी पड़ती थी।

इसी प्रक्रिया में *उल्टा पिरामिड शैली* का विकास हुआ। यह शैली तब पाठकों की बुनियादी जिज्ञासा के एकदम अनुकूल दिखाई देती थी। बाद में टीवी समाचारों ने भी काफी हद तक इस शैली को अपना लिया। इस शैली का एक बड़ा फायदा यह भी होता है कि अगर बुलेटिन जाने से ठीक पहले कोई बड़ी खबर आ जाती है तो उस खबर के लिए बुलेटिन में जगह बनाना बहुत मुश्किल नहीं होता। चूंकि बुलेटिन में मौजूद बहुत-से समाचार पहले से ही *उल्टा पिरामिड शैली* में लिखे गए होते हैं, उन्हें फिर से पूरा पढ़कर बदलाव करने के लिए समय नहीं लगाना पड़ता। संपादक लिखे गए समाचार में से आसानी से अंतिम कुछ पंक्तियां निकाल लेता है क्योंकि उसे पता होता है कि नीचे की तरफ लिखी खबर शुरुआती पंक्तियों जितनी महत्वपूर्ण नहीं होगी। इस तरह पहले से मौजूद खबर की मूल आत्मा से खेले बिना खबर भी दिखा दी जाती है और नई खबर के लिए जगह भी बना दी जाती है।

मीडिया और विशेषतौर से इलेक्ट्रॉनिक मीडिया में इस शैली का इस्तेमाल समय की बचत करने और थोड़े समय में विविधता को समाहित करने के लिए किया जाता है। टीवी की एक स्टोरी आमतौर पर एक से डेढ़ मिनट की होती है। इसे ही आदर्श समय माना जाता है क्योंकि माना जाता है कि टीवी के दर्शकों में लंबी स्टोरीज देखने का सब्र नहीं होता। समाचार और विज्ञापन सहित एक बुलेटिन 30 मिनट का या फिर घंटे भर का होता है। अगर बुलेटिन 30 मिनट का है और उसमें कम से कम 5 मिनट विज्ञापन के लिए छोड़ दिए जाएं तो समाचारों के लिए बुलेटिन में सिर्फ 25 मिनट रह जाएंगे। ऐसे में अगर हर स्टोरी 4 या 5 मिनट की होगी तो बुलेटिन में कम ही खबरों को समेटा जा सकेगा और बाकी खबरें छूट जाएंगी जिससे बुलेटिन अधूरा दिखाई देगा। इसलिए बुलेटिन को प्रमुख खबर से ही शुरू किया जाता है ताकि दर्शक को बात तुरंत बताई जा सके और कम समय में अधिकाधिक जानकारी को व्यवस्थित ढंग से पिरोकर परोसा जा सके।

शब्द और तस्वीरों का मेलजोल

टीवी न्यूज के लिए खबर को लिखना किसी कहानी को बताने की ही तरह है। प्रभावशाली स्क्रिप्ट वही मानी जाती है जिसमें समूची जानकारी बहुत ही सहज ढंग से सामने आती हो और प्रवाह स्वाभाविक हो। खबर की समझ और कलम पर पकड़ होने पर टीवी स्क्रिप्ट में लचक और अतिरिक्त रुचि पैदा की जा सकती है। मजे की बात यह है कि एक स्टोरी आमतौर पर कितनी देर की होती है, इस सवाल का जवाब ज्यादातर दर्शक गलत ही देते हैं क्योंकि दर्शक का इस तरफ ध्यान जाता ही नहीं। वैसे भी एक बड़ी स्टोरी को अक्सर इतने व्यावसायिक तरीके से शब्दों में बांध दिया जाता है कि दर्शक को अंदाजा ही नहीं हो पाता कि घंटों लंबी कहानी को उसने कुछ ही पलों में देख-समझ लिया है। घटना पूरे दिन भर चली हो या फिर साल भर, सारे क्रम को बखूबी से एक मिनट में दिखा दिया जाता है। यहां लंबे से लंबे सफर को सिर्फ पल भर में तय कर लिया जाता है। यह करिश्मा सिर्फ शब्द ही दिखा सकते हैं। सफल स्क्रिप्ट की यही निशानी है।

दरअसल टीवी के लिए खबर लिखने के अंदाज ने पिछले एक दशक में कई बदलाव देखे हैं और न्यूज मीडिया ने स्वभाव और कलेवर में अतिरिक्त नरमाहट अपनाते हुए इन बदलावों को खुलेपन के साथ स्वीकार भी किया है। कुछ साल पहले जिस मुहावरेदार भाषा की टीवी में न के बराबर उपस्थिति थी, आज वह भाषा टीवी पर खुलकर छलकती हुई दिखाई देती है। ध्यान रखा जाता है कि शब्द और तस्वीरें एक-दूसरे के साथ घुले-मिले दिखाई दें। एक प्रभावी शॉट कई शब्दों की जगह ले सकता है। इसी तरह एक सटीक शब्द दर्शक को सीधे परिवेश से जोड़ सकता है। अगर किसी परिस्थिति में कोई बात तस्वीरें कह नहीं पातीं, तो शब्द उस बात को कहने के लिए सामने आ जाते हैं और जब वे भी प्रभावी नहीं हो पाते तो ध्वनियां इस काम को पूरा कर देती हैं। जैसे किसी सॉफ्ट स्टोरी में चिड़ियों की चहचहाहट या फिर आतंकवाद से जुड़ी स्टोरी में गोलियों के चलने की आवाज। मौके से जुड़ी आवाज का पृष्ठभूमि में सलीके से मौजूद भर होना स्टोरी को वजनदार बना देता है।

ऐसे में टीवी समाचार लेखन को भले ही किसी निश्चित परिधि में बांधा न जा सकता हो लेकिन इससे जुड़े कुछ जरूरी पहलुओं को अपनाकर दमदार स्क्रिप्ट लिखी जा सकती है। वैसे भी टीवी के लिए चाहे कोई नाटक तैयार किया जा रहा हो या फिर न्यूज बुलेटिन के लिए कोई स्टोरी, दरअसल उसके जरिए दर्शक को एक कहानी ही बताई जा रही होती है। यही वजह है कि टेलीविजन स्क्रिप्ट को कागज या कंप्यूटर पर उतारा जाता है।

लेकिन इंटरव्यू और मनोरंजन से जुड़े कार्यक्रमों में एक-एक अक्षर लिखा हो, ऐसा जरूरी नहीं है क्योंकि ऐसे कार्यक्रमों में दर्शकों के सवाल और अतिथि के जवाब रटे-रटाए नहीं होते। इसलिए कार्यक्रम के प्रवाह के मुताबिक ही स्क्रिप्ट भी बहती चली जाती है। ब्रेकिंग न्यूज की स्थिति में तो खैर ऐसा अनुशासन संभव ही नहीं है।

क्यों जरूरी है स्क्रिप्ट

यहां यह सवाल भी उठ सकता है कि जब न्यूज की स्टोरी की समय-सीमा इतनी छोटी (एक मिनट के आस-पास) होती है तो उसे लिखने की जरूरत ही क्या है, दरअसल इसके तीन प्रमुख कारण हैं–

- स्टोरी को प्रवाह देने और शुरू से लेकर अंत तक सुनियोजित और व्यवस्थित ढंग से समेटने के लिए ताकि समय कम होने पर भी हर तथ्य को बताया जा सके। यह एक चुनौतीपूर्ण काम है।
- समय-सीमा के भीतर उसे पूरा कर लेने के लिए और
- प्रोडक्शन स्टाफ को इस बात की जानकारी देने के लिए कि कब, कौन-से शॉट्स और साउंड का इस्तेमाल किया जाना है। लिखी हुई स्क्रिप्ट पर बार-बार काम कर संवारने की संभावना भी ज्यादा होती है। इससे टेलीकास्ट टाइम और एडिटिंग टाइम दोनों की ही बचत होती है। वैसे भी शब्द दर शब्द हर बात को लिख देने से न तो उसकी पुनरावृत्ति होती है और न ही बोलते समय एंकर या रिपोर्टर को शब्दों की तलाश

में भटकना पड़ता है। इससे रनडाउन पूरी तरह से नियंत्रित किया जा सकता है और हर स्टोरी का सही समय जाना जा सकता है।

स्क्रिप्ट लेखन से पहले

शॉट्स की भूमिका :

टीवी में दिखाई जा रही स्टोरी का दारोमदार काफी हद तक इस बात पर निर्भर करता है कि कैसे शॉट्स लिये गए हैं। फिर दूसरी चुनौती होती है—शॉट्स के मुताबिक स्टोरी को इस तरह से लिखा जाना कि महसूस हो कि जैसे दोनों को ही एक साथ गढ़ा गया है और वे एक-दूसरे के पूरक हैं। टीवी शाब्दिक भंडार के प्रचार का माध्यम नहीं है। रिपोर्टर का काम खबर को शब्दों और तस्वीरों में घोल देने का है, वह भी सहजता के साथ। यह तालमेल जितना स्वाभाविक होगा, स्टोरी उतनी ही खिलकर सामने आएगी। टीवी में शॉट्स की प्रभावशाली भूमिका होती है। शॉट्स से ही टीवी का अस्तित्व है। खबर क्या है, कहां, क्या, कैसे हुआ, इस पर तस्वीरों को देखकर ही खबर की भावना को शब्दों में पिरोया जा सकता है। वैसे भी टीवी में स्क्रिप्ट को शॉट्स देखकर लिखने की ही परंपरा है। अंग्रेजी में इसे *राइटिंग टू पिक्चर्स* कहा जाता है। शॉट्स को देखने के बाद स्क्रिप्ट लिखने से तथ्यों की पुनरावृत्ति से बचा जा सकता है। सटीक शॉट्स किसी भी स्टोरी में जान डाल सकते हैं और कई बार बिना वॉयस ओवर के भी सार को अभिव्यक्त कर सकते हैं। मिसाल के तौर पर—

नई दिल्ली स्थित भारतीय जनसंचार संस्थान के छात्रों को प्रैक्टिकल दिया जाता है कि वे एक ऐसी स्टोरी तैयार करें जिसमें कोई वॉयस ओवर न हो फिर भी स्टोरी आसानी से समझ में आ जाए। वे स्टोरी बनाते हैं—समलैंगिकता पर। एक मिनट की इस स्टोरी में वे दिखाते हैं कि दो छात्र रोज घंटों एक-दूसरे से बात करते हैं, हाथ थामते हैं, साथ खाते-पीते हैं और खोए-खोए से रहते हैं। देखते ही देखते बाकी छात्र कल्पना करने लगते हैं कि वे दोनों समलैंगिक ही हैं। स्टोरी के अंतिम शॉट में दोनों को एक कमरे से बाहर आते दिखाया जाता है जहां एक पोस्टर लगा है जो देश में बढ़ रही समलैंगिकता से जुड़ा है। स्टोरी यहीं खत्म हो जाती है, अलग से कुछ कहने की जरूरत भी नहीं पड़ती और मजमून भी पता चल जाता है। इसमें न तो वॉयस ओवर लगा, न ग्राफिक्स। शॉट्स इतने अर्थपूर्ण थे कि बिना किसी संवाद के वे आसानी से सब कुछ कह गए। अगर ऐसा नहीं होता तो इस संदेश को इतनी बखूबी दर्शक तक पहुंचाना मुश्किल होता।

प्राकृतिक आवाज (नैट साउंड) :

जरा सोचिए, संसद भवन पर आतंकवादी हमले को टीवी पर दिखाया जा रहा हो लेकिन इसमें गोलियों की आवाज एक बार भी सुनाई न दे। टीवी पर आतंकवादी गतिविधियों की बात हो रही हो लेकिन स्वाभाविक गूंज (जो आवाज माहौल में खुद ही शामिल थी) को रिकॉर्ड ही न किया जाए। इसमें पुलिस सायरन, अफरा-तफरी, भागते लोगों की आवाज आदि कुछ भी शामिल हो सकती है। इसी स्वाभाविक आवाज को, जो

कि माहौल में प्राकृतिक रूप से मौजूद होती है, *नैट साउंड* कहा जाता है।

इसी तरह एक नृत्य समारोह को कवर करते समय अगर संगीत की ही आवाज गायब हो या फिर तालियों की गड़गड़ाहट एक बार भी सुनने को न मिले तो स्टोरी फीकी लगेगी। हर स्टोरी में माहौल के हिसाब से प्राकृतिक आवाज स्वाभाविक तौर से घुली-मिली रहती है फिर चाहे पक्षी की चहचहाहट हो या फिर कार के चलने की आवाज। ऐसी आवाजें स्क्रिप्ट में रंग भरती हैं और स्टोरी का सही माहौल दिखाती हैं। स्टोरी चाहे हार्ड हो या सॉफ्ट दोनों में ही इनकी अहमियत को नकारा नहीं जा सकता।

समय पर खबर :

टीवी की स्टोरी दर्शकों तक जल्द से जल्द पहुंचानी होती है। न्यूज चैनल इसी फॉर्मूले पर टिके हैं—सबसे पहले, सबसे तेज, सबसे आगे, सबसे विश्वस्त, सबसे स्मार्ट वगैरह-वगैरह। इनकी यही विशेषता और आकर्षक सांचे में ढाली गई यही व्याख्या इन्हें दूसरे माध्यमों से अलग करती है। ऐसे में रिपोर्टर का स्टोरी को लेकर नजरिया साफ होना चाहिए। कहां, कितना शूट करना है, कितनी बाइट्स लेनी हैं और एकाध रीटेक में ही बेहतरीन पीटूसी कैसे करना है, इसका अनुभव रखने पर ही स्टोरी को समय-सीमा में संपादित और प्रसारित किया जा सकता है।

बाइट्स :

पहले बाइट देने वालों का सही चुनाव और फिर बाइट के बेहतरीन हिस्से का चुनाव किसी भी स्टोरी के लिए ये दोनों ही महत्वपूर्ण हैं। अगर एक सवाल का जवाब 35 मिनट लंबा दिया गया है तो इसका मतलब यह नहीं है कि उसे ज्यों का त्यों ही बुलेटिन में शामिल करना होगा और कोई काट-छांट न की जाए। टीवी की एक-डेढ़ मिनट की स्टोरी के लिए ऐसा हो ही नहीं सकता। इसलिए रिपोर्टर को रिकॉर्ड किए गए समूचे हिस्से को सुनकर उसमें से सबसे बेहतरीन अंश को निकालकर (जिसमें खबर का असली स्वर झलकता हो) स्टोरी में लगाना होगा। वैसे रिपोर्टर यह काम शूट के दौरान भी कर सकता है। बहुत से रिपोर्टर इंटरव्यू के दौरान ही तय कर लेते हैं कि स्टोरी में लगाने के लिए कौन-सा हिस्सा सर्वोत्तम रहेगा और दर्शक को किससे स्टोरी का सार आसानी से समझ में आ जाएगा।

मिसाल के तौर पर—

बाइट—वीरेंद्र सिंह, पुलिस उपायुक्त, दक्षिण पूर्वी दिल्ली

'इन लोगों का इरादा किसी बड़ी वारदात को अंजाम देने का था। इससे पहले कि यह सेंध लगाते, ये लोग पकड़े गए।'

वास्तव में यह एक लंबी बाइट थी जिसमें इससे पहले और बाद में और भी कई तथ्य दिए गए थे लेकिन इनमें सबसे महत्वपूर्ण हिस्सा यही था, इसलिए इसे चुनकर सीधे बाइट के तौर पर इस्तेमाल कर लिया गया।

पीटूसी :

पीटूसी को शूट के दौरान ही रिकॉर्ड कर लिया जाता है। पीटूसी करने से पहले एक रफ स्क्रिप्ट तय कर लेनी चाहिए और फिर पीटूसी में ऐसी बात कहने की कोशिश करनी

चाहिए जो स्टोरी में पहले कही न गई हो। यानी कि पीटूसी में स्टोरी से ही जुड़ी कोई नई बात कहने की कोशिश करनी चाहिए। पीटूसी की भाषा सरल और अशुद्धियों से परे हो। साथ ही शूट करते समय बैकग्राउंड का भी ध्यान रखना चाहिए। ऐसे बैकग्राउंड का चुनाव करना चाहिए जिसे देखते ही दर्शक को यकीन हो जाए कि रिपोर्टर खुद घटना-स्थल पर मौजूद था। पीटूसी के दौरान पत्रकार का व्यक्तित्व विशेष रूप से सजग और संतुलित दिखाई देना चाहिए ताकि दर्शक के मन में उसकी एक सम्मानित छवि बने। इसके अलावा शूट के दौरान जो शॉट्स विशेष लगें, वे *लॉग* (कागज पर विवरण लिखना) भी किए जा सकते हैं ताकि दफ्तर आने पर उन्हें ढूंढ़ने में दोबारा से समय खर्च न करना पड़े।

पहले क्या, स्क्रिप्ट या वीडियो संपादन

अब सवाल यह है कि किसी घटना की शूटिंग कर लौटने के बाद पहले स्क्रिप्ट लिखी जाए या फिर पहले शॉट्स देखे जाएं। मान्य तो यही है कि दृश्यों को देखने के बाद ही स्क्रिप्ट को लिखा जाना चाहिए (इसी वजह से *राइटिंग टू पिक्सर्च* की अवधारणा इतनी प्रचलित हुई है) लेकिन तेजी से भागती न्यूज की दुनिया में हर बार नियमों को कठोरता से लागू करना संभव नहीं होता। इसलिए इसे लेकर कोई निश्चित नियमावली तो नहीं है और यह स्टोरी के लिए मिले समय पर काफी हद तक निर्भर करता है क्योंकि अगर कोई ब्रेकिंग न्यूज है तो उसके लिए पर्याप्त समय मिलने की संभावना भी कम ही रहती है। ऐसे में न्यूज स्क्रिप्ट के मामले में रिपोर्टर अक्सर स्क्रिप्ट को पहले तैयार करते हैं क्योंकि उन्होंने सारा शूट खुद किया होता है और वे स्टोरी के हर कोण से परिचित होते हैं। इससे डेढ़-दो मिनट की पैकेज स्टोरी तैयार करने में आसानी हो जाती है और असली खबर छूटने का खतरा कम हो जाता है लेकिन स्क्रिप्ट को तब तक फाइनल नहीं माना जाता जब तक कि रिपोर्टर खुद शॉट्स को न देख ले क्योंकि हो सकता है कि शॉट्स को देखने के बाद उसे अपनी स्टोरी के लिए कोई बेहतर शुरुआत सूझ जाए। शॉट्स देखने के बाद स्क्रिप्ट में संशोधन और निखार की गुंजाइश खुद ही दिखने लगती है। बाइट के सबसे उपयुक्त हिस्से का चुनाव भी टेप को देखने के बाद ही किया जा सकता है। कई बार ऐसा भी होता है कि रिपोर्टर जिस बाइट को इस्तेमाल करने की योजना बना रहा होता है, वह तकनीकी कारणों से रिकॉर्ड ही नहीं हुई होती। इसलिए पूरी टेप को देखने से पहले एडिट शुरू नहीं करना चाहिए। समझदारी इसी में है।

टीवी समाचार लेखन के नियम

तकनीक में तमाम बदलावों के बावजूद स्टोरी बताए जाने के नियम तकरीबन एक ही रहेंगे। स्टोरी शुरुआत, मध्य और अंत—इनके साथ ही बुनी जाती है। दर्शक जब किसी स्टोरी की शुरुआत देखता है तो उससे जुड़ी गतिविधियों से भी जुड़ता जाता है और उसे अंत तक देखने के लिए उत्सुक भी होता है। स्टोरी दर्शक को सूचनात्मक और भावनात्मक दोनों तरह से अपने से बांधे रखती है और यही भाव उसमें पूरी स्टोरी को जानने की ललक

को जगाए रखता है लेकिन अगर किसी स्टोरी का कोई अंत ही न हो और वह सांचे के अनुरूप ढली न हो तो दर्शक की भी स्टोरी में कोई रुचि नहीं रहेगी। अगर किसी फिल्म की कहानी में नायक और नायिका के बीच एक विलेन दिखाया जाता है तो दर्शक स्वाभाविक रूप से यह देखना चाहेगा कि कहानी के अंत में क्या होगा। इसी तरह न्यूज की स्टोरी के अंत में भी दर्शक जानना चाहेगा कि आखिर स्टोरी का सार है क्या।

टीवी स्क्रिप्ट के जरूरी तत्व

- स्पष्टता,
- संक्षिप्तता,
- बातचीत की शैली,
- शब्द-दृश्य का सामंजस्य,
- घटनाक्रम,
- चैनल की नीति,
- तथ्यों की पुष्टि,
- स्पष्टता।

स्क्रिप्ट सीधी-साफ हो। समाचार-पत्र में छपी कोई खबर अगर पाठक को समझ में नहीं आती है तो वह उसे दोबारा पढ़ सकता है लेकिन टीवी में यह संभव नहीं है। चौबीसों घंटे के न्यूज चैनल होने के बावजूद यह गारंटी नहीं ली जा सकती कि वही स्टोरी दोबारा अपने पुराने रूप में ही प्रसारित की जाएगी। इसलिए 10-12 शब्दों में ही छोटे-छोटे वाक्य रचे जाएं तो बेहतर होगा क्योंकि, अगर वाक्य छोटे होंगे तो दर्शकों को उसे समझने में सुविधा होगी। वाक्यों में आपस में ऐसा तारतम्य हो कि दर्शक को कुछ भी टूटता या छूटता हुआ न लगे। मिसाल के तौर पर—

रामलीला के दौरान ड्यूटी पर तैनात एक सब-इंस्पेक्टर ने, जिसका तबादला हाल ही में पश्चिमी जिले में हुआ है, शराब पी ली और शराब के नशे में एक युवती के साथ, जिसकी उम्र 20 साल थी, से बदसलूकी की कोशिश की।

अब यह वाक्य प्रिंट में भले ही चल जाए, टीवी में यह अव्यावहारिक और दोषपूर्ण माना जाएगा। इसकी वजह यह है कि एक छोटी-सी बात को बहुत ही पेचीदे ढंग से कहा जा रहा है। मीडिया का अर्थ है—जनसंचार और अगर वह सलीके से संचार ही न कर पाए तो फिर उसकी कोई उपयोगिता ही नहीं रह जाती। इस वाक्य को आसान शब्दों में इस तरह से कहा जा सकता है—

रामलीला के दौरान ड्यूटी पर लगे एक सब-इंस्पेक्टर ने शराब के नशे में एक 20 वर्षीय युवती के साथ बदसलूकी की कोशिश की।

संक्षिप्तता

अखबार में वह पत्रकार तेज माना जाता है जो मौका पड़ने पर 50 शब्दों की एक रिपोर्ट को 500 शब्दों में फैला सके लेकिन टीवी में इससे एकदम विपरीत होता है। यहां वही पत्रकार काबिल माना जाता है जो 500 शब्दों में कही गई बात को 50 शब्दों में ही बता दे।

टीवी में बड़ी से बड़ी खबर को भी अक्सर 2 मिनट से ज्यादा समय नहीं दिया जाता क्योंकि दर्शक लंबी स्टोरीज देखने में खास दिलचस्पी नहीं रखते। इसलिए हर खबर को सुनियोजित ढंग से कम समय में बता देने में ही समझदारी है या फिर स्टोरी को 2-3 अलग-अलग पैकेज में बांट दिया जाए। जैसे कि जयपुर में पानी की कमी को लेकर शहर भर में धरने हो रहे हैं, राज्य सरकार कई ऐसे ठोस कदम उठा रही है ताकि लोगों को परेशानी न हो लेकिन इससे पहले पानी को लेकर कई धांधलियां भी हो चुकी हैं और आपसी अनबन से हत्या के दो मामले भी सामने आ चुके हैं। अब अगर यह खबर वाकई बड़ी लगती है तो चैनल इसे 3 या 4 हिस्सों में बांट सकता है। इसमें पानी की कमी पर एक स्टोरी हो सकती है तो दूसरी धांधलियों पर और तीसरी हत्या पर। इससे विविधता भी बनी रहेगी और वे बहुत लंबी भी नहीं होंगी।

बातचीत की शैली

टीवी एक फुर्तीला और सजग माध्यम है। कहीं भी कोई घटना होते ही उसकी जानकारी तुरंत दर्शकों तक पहुंचाना टीवी न्यूज चैनल की पहली प्राथमिकता है। ऐसे समय में वाक्य संरचना बहुत मायने नहीं रखती लेकिन इसका मतलब यह नहीं है कि टीवी में भाषाई ज्ञान की कोई अहमियत नहीं होती बल्कि यह है कि टीवी से जुड़ने से पहले ही भाषाई आधार इतना मजबूत बना लिया जाए कि हड़बड़ी में खबर देते समय भी भाषायी ज्ञान न डगमगाए। भाषा ऐसी हो कि अनपढ़ भी आसानी से समझ सके। कोई भी वाक्य बहुत खिंचा हुआ न हो क्योंकि इससे दर्शक को स्टोरी को समझने में दिक्कत हो सकती है। अगर किसी वाक्य में 30 से ज्यादा शब्द आ रहे हों तो वाक्य को दो हिस्सों में बांट लेना चाहिए।

मिसाल के तौर पर—

दिल्ली के पुलिस आयुक्त वाईएस ढढवाल, जो कि आज वृद्ध दिवस पर एक कार्यक्रम की अध्यक्षता कर रहे थे, का कहना है कि दिल्ली में बुजुर्गों की सुरक्षा के पुख्ता इंतजाम किए जाएंगे ताकि दिल्ली के बुजुर्ग खुद को सुरक्षित एवं सुकूनमय महसूस कर सकें।

अब इसी खबर को आसानी से इस रूप में भी समेटा जा सकता है—

दिल्ली के पुलिस आयुक्त वाईएस ढढवाल का कहना है कि दिल्ली में बुजुर्गों की सुरक्षा के कड़े इंतजाम किए जाएंगे।

शब्द-दृश्य का सामंजस्य

अखबार में *शब्द* ही शुरुआती और अंतिम औजार होता है जबकि टीवी में *दृश्य-शब्द* और *ध्वनियों* के साथ सामंजस्य स्थापित किया जाता है। बीते कुछेक सालों में भले ही अखबारों ने रंगीन पृष्ठों के माध्यम से अपने चेहरे को चमकदार बनाने की कोशिश की है लेकिन फिर भी उनका पहला हथियार तो शब्द ही हैं पर टीवी में सिर्फ शब्द ही काफी नहीं हैं। टीवी न्यूज में शब्द तस्वीरों के साथ या तस्वीरों के पीछे चलते हैं। वे मजे से

तस्वीरों का अनुकरण करते है, तस्वीरों के आदेश को स्वीकारते हैं और फिर कहानी को गढ़कर संदेश को मुकम्मल बनाते हैं। बिना तस्वीरों के स्टोरी का अस्तित्व नहीं है। उनका दारोमदार तस्वीरों पर ही टिका है। तस्वीरों को महसूस कर वे जब कुछ कहते हैं, तभी रचना अपनी पूर्णता को पाती हुई दिखती है।

मिसाल के तौर पर–

स्टोरी है–रांची के एक बैंक में दिन-दहाड़े लूटपाट होने और गोली चलने की। बताया जा रहा है कि बदमाश जिस कार में आए थे, उसे बैंक के बाहर छोड़कर आनन-फानन में भाग निकले। अब अगर यह बताते हुए उस कार का शॉट नहीं दिखाया जाता तो स्टोरी में अधूरापन लगेगा। इसी तरह जिस बैंक कर्मचारी पर गोली चलाई गई है, अगर उससे जुड़ा एक भी शॉट न हो तो भी स्टोरी बेतरतीब लगेगी। शॉट्स के आधार पर अगर स्टोरी को आसान क्रम में शॉट्स के हिसाब से आपस में जोड़कर लिखा जाता है तो स्टोरी आंखों देखी कहानी लगेगी और दर्शक भी उसे आसानी से समझ सकेगा।

घटनाक्रम

टीवी के लिए लिखते समय हमेशा जरूरी नहीं कि जिस क्रम में घटना घटित हुई हो, उसे उसी क्रम से लिखा जाए। सैद्धांतिक रूप से टीवी समाचार संरचना के लिए तीन मुख्य तत्व आवश्यक हैं–

- चरमोत्कर्ष,
- कारण और,
- प्रभाव।

इन तीनों के बिना समाचार संरचना अधूरी है। उदाहरण के लिए एक बड़ी रेल दुर्घटना को लिया जा सकता है। दुर्घटना को शब्दों और दृश्यों से माध्यम से *चरमोत्कर्ष* के रूप में आरंभ किया जा सकता है। इसके बाद दुर्घटना के *कारणों,* जैसे–किसी तोड़-फोड़ या चालक की लापरवाही जैसे कारण बताए जा सकते हैं और फिर *दुर्घटना* के प्रभाव को जन-धन हानि के रूप में दिखाया जा सकता है लेकिन इस घटना को समाचार-पत्र या रेडियो के लिए लिखते के समय भिन्न क्रम से भी प्रस्तुत किया जा सकता है। अलग-अलग माध्यमों के लिए एक ही खबर को प्रस्तुत करने का अंदाज भी अलग हो सकता है।

चैनल की नीति

किसी भी न्यूज चैनल के लिए स्क्रिप्ट लिखते समय उस चैनल की नीति को दरकिनार न करें। अगर चैनल किसी विशेष पार्टी का विरोधी या हिमायती है तो इसे भी जहन में रखना होगा। इसी तरह कई बार किसी निजी कंपनी या चैनल को विज्ञापन देने वाली कंपनी को लेकर भी चैनल अतिरिक्त संवेदनशील हो सकता है। इसका मतलब यह नहीं है कि उससे संबंधित कोई भी नेगेटिव खबर विचार किए बिना ही दबा दी जाए।

तथ्यों की पुष्टि

स्क्रिप्ट को अंतिम रूप देने से पहले यह देख लें कि उसमें जो तथ्य और जानकारी आप दे रहे हैं, उसकी पुष्टि आपने खुद की है या नहीं। अपनी पूरी संतुष्टि के बिना किसी ऐसी बात को शामिल न करें जिसे लेकर बाद में विवाद हो सकता हो। जैसे कि किसी महिला से हुए बलात्कार को लेकर जानकारियां देना और बाद में पता लगना कि घटना कुछ और ही थी।

टीवी स्क्रिप्ट के प्रकार :

- पैकेज,
- वीओवीटी,
- वीओ ग्राफिक्स,
- पैकेज ग्राफिक्स,
- पैकेज।

पैकेज यानी कि पूरी स्टोरी। ऐसी स्टोरी जो कि न्यूज के तमाम तत्वों से संपूर्ण हो और जिसे दर्शक की जिज्ञासा को शांत करने के लिए एक स्टोरी का रूप दिया गया हो। ऐसी स्टोरी को *पैकेज* या फिर *वीटी (वीडियो ऑन टेप)* भी कहा जाता है। इसमें बाइट्स, स्क्रिप्ट, पीटूसी, वॉयस ओवर वगैरह सब संपादित कर दिए जाते हैं और इसी संपूर्णता के साथ वह टेलीकास्ट के लिए तैयार होती है। मिसाल के तौर पर अगर एक बुलेटिन में तमाम वीओवीटी, वीओ ग्राफिक्स के अलावा 8 संपूर्ण स्टोरीज *एयर* (यानी कि टेलीकास्ट) की जानी हैं तो इसका मतलब यह हुआ कि बुलेटिन में 8 पैकेज जाएंगे। यहां पर पैकेज की दो मिसालें दी जा रही हैं।

उदाहरण 1

(एंकर)

सड़क पर, बाजार में, भीड़ में, मेले में, यहां तक कि अपने घर के बिल्कुल पास भी अगर अपना बच्चा पल भर के लिए भी गुम हो जाता है तो हम सबकी जान निकल जाती है। पता नहीं कहां होगा, कैसा होगा, किस हाल में होगा, पर ज़रा सोचें उनके बारे में जिन्हें दुनिया में आने के कुछ घंटे बाद ही दुनिया की भीड़ में बगैर किसी नाम के तनहा छोड़ दिया जाए तो उन पर क्या बीतेगी, मैं शम्स ताहिर खान आज वारदात में ऐसी ही एक लाडली की कहानी के साथ आपके सामने हाजिर हूं।

पैकेज

(वीओ)

ये दोनों जुड़वां परियां हैं। और 7 अक्तूबर को ही इस दुनिया में आई हैं। दरअसल उस रोज भी हजारों की भीड़ में दो लोग दिल्ली के एम्स अस्पताल पहुंचे थे। अस्पताल के रजिस्टर में मां ने अपना नाम खुशबू लिखाया। जबकि बाप के नाम की जगह पर महाबीर लिखा था। पता दिल्ली का ही था।

अस्पताल आने के कुछ ही घंटे बाद दोनों नन्ही परियों ने दुनिया में कदम रखा। कुछ घंटे ये मां की गोद में भी खेलीं। मगर उसके बाद अचानक दोनों मासूमों को पालने में ही छोड़कर मां-बाप ना मालूम कहां गुम हो गए।

बाद में दोनों को काफी तलाशा गया। पर जाहिर है वो गायब होने के लिए ही गुम हुए थे तो मिलते कैसे! अस्पताल की शिकायत पर पुलिस मां-बाप को ढूंढ़ते हुए जब उनके बताए हुए पते पर घर पहुंची तो पाया कि पता फर्जी है।

जाहिर है तस्वीर साफ हो चुकी थी। मां-बाप जान-बूझकर इन्हें अस्पताल के रहमोकरम पर छोड़कर भागे थे। पर उन्होंने ऐसा क्यों किया। क्या मां-बाप ने दोनों को सिर्फ इसलिए लावारिस बना दिया क्योंकि दोनों बेटियां पैदा हुईं।

खैर, डॉक्टरों ने जुड़वां बच्चियों के मां-बाप को ढूढ़ने की पूरी कोशिश की। पर ना वो मिलने थे और ना मिले। लिहाजा बाद में कोर्ट के आदेश पर दोनों बच्चियों को एम्स से सीधे दिल्ली के एक वेलफेयर होम फॉर चिल्ड्रन में भेज दिया गया। यहां दोनों को अब एक नया नाम भी मिल गया है—अनन्या और अनामिका।

''**बाइट**–रेखा अरोड़ा, एडॉप्शन ऑफिसर, वेलफेयर होम फॉर चिल्ड्रन

कोर्ट ने हमें इन बच्चों को दे दिया है और अब हम बिना मां के ही इनको पाल रहे हैं। ये बिलकुल स्वस्थ हैं।''

(वीओ)

अनन्या और अनामिका फिलहाल बच्चों की देखरेख करने वाली दिल्ली की इस संस्था की निगरानी में पल रही हैं और इनके चुलबुलेपन पर पूरी संस्था फिदा है।

''**बाइट**–एल सी जौली, केयरटेकर, वेलफेयर होम फॉर चिल्ड्रन

हमारी एक बार फिर उस मां से गुजारिश है, जिसने इन्हें अपनी कोख से पैदा किया है, इन मासूम को वो उसकी ममता लौटा दे। इन्हें अपनी आंचल तले जीने का मौका दे दे। इन्हें वो गोद दे जिनकी ये हकदार हैं।''

(वीओ)

इन्हें छोड़कर भागने वाली मां-बाप को भी ये जान लेना चाहिए कि बच्चियां अभिशाप नहीं हैं और न वे आज किसी से पीछे हैं। बहुत दूर देखने की जरूरत नहीं है। हमारे मुल्क की राष्ट्रपति एक बेटी ही है।

क्राइम टीम, आजतक

उदाहरण 2

(एंकर)

चांद-सितारों की बातें करने वाले हम इंसानों को जंगल छोड़कर अपनी बस्ती में आए सदियों हो गए। पर ये सदियां भी हमें हमारे उस जंगलराज को भुलाने में कम पड़ गईं। तभी तो हम इंसान अपनी ही बस्ती को जब-तब जंगल में बदलकर खुद जंगली बन जाते हैं। आज वारदात कुछ ऐसी ही बस्तियों के नाम। शुरुआत झारखंड के दुमका से।

पैकेज

(वीओ)

यह इंसानों की बस्ती है। यह छोटा-सा कमरा उसी बस्ती का एक हिस्सा। और इस कमरे में मौजूद ये सभी लोग खुद को इस बस्ती का इंसान मानते हैं। वैसे पेशे से ये सभी पुलिसवाले हैं।

ये लोग अपने ही जैसे इस दूसरे इंसान का पैर रस्सियों से जकड़े हुए हैं। इसके बाद वो उसके हाथ भी बांधना चाहते हैं। ताकि वो पूरी तरह बेबस हो जाए। मगर वो लगातार खुद को इनके चंगुल से छुड़ाने के लिए छटपटा रहा है।

(नैट साउंड)

(वीओ)

इसी बीच एक पुलिस वाला उसकी पीठ पर अपने जूते रखकर उसे बेबस करने की कोशिश करता है। जबकि बाकी पुलिस वाले पीठ पर डंडे बरसाते हैं।

(नैट-साउंड)

(वीओ)

पांच-छह पुलिस वालों के आगे ये शख्स कब तक टिक पाता। थोड़ी देर में उसने हार मान ली। इसके बाद उसके दोनों हाथ भी बांध दिए गए। अब वो हर तरफ से बेबस था।

(नैट साउंड)

(वीओ)

शायद पुलिस वालों को इसी वक्त का इंतजार था। इसके बाद ये पुलिस वाला डंडे से लगातार उसके मुंह पर तब तक वार करता रहता है जब तक कि वो बेहोश नहीं हो जाता।

(नैट साउंड)

(वीओ)

यह वारदात झारखंड के दुमका की है। और ये शख्स जिस पर पुलिस का कहर टूट रहा है, उसका नाम रामविलास है। यह कोई मुजरिम या अपराधी नहीं है। बल्कि यह बेचारा तो दिमागी मरीज है। दरअसल गांव में दो गुटों में झगड़ा हुआ तो औरों के साथ पुलिस रामविलास को भी पकड़ ले आई। फिर बाद में जब पता चला कि वो मानसिक रोगी है तो उसे थाने से अस्पताल ले आई।

पीटूसी

पुलिस का कहना है कि अस्पताल में रामविलास पुलिस वालों के साथ हाथापाई करने लगा था। पुलिस की बात पर अगर यकीन कर भी लिया जाए तो भी सवाल ये है कि क्या एक दिमागी मरीज के साथ ऐसा सुलूक किया जाता है? धर्मवीर सिन्हा दुमका आजतक।

इस तरह से यह पैकेज पूरी घटना की विस्तार से जानकारी देने में सक्षम है। इसमें खबर सिर्फ कुछ पंक्तियों के जरिए ही नहीं बताई जा रही बल्कि उससे जुड़े पक्षों की बाइट्स को शामिल कर स्टोरी को संतुलित भी किया गया है। साथ ही रिपोर्टर के पीटूसी को भी सम्मिलित किया गया है ताकि दर्शक रिपोर्टर से अतिरिक्त जानकारी पा सके और दर्शक को यह भी यकीन हो जाए कि रिपोर्ट सीधे घटनास्थल से भेजी गई है। यही पैकेज की विशिष्टता भी है।

वीओ शॉट्स

वीओवीटी को *वीओ शॉट्स* या *एंकर आधारित स्टोरी* भी कहते हैं। इसके तहत लिये गए शॉट्स को स्टोरी में तब्दील करने के बजाय सिर्फ गिन-चुने शॉट्स का इस्तेमाल किया जाता है और स्टोरी को बताने के लिए कुछ पंक्तियां लिख दी जाती हैं जिन्हें रिपोर्टर की बजाय एंकर पढ़ता है और इसके साथ-साथ शॉट्स भी चलते रहते हैं। कई बार रनडाउन में समय कम बचने पर भी कुछेक कम महत्वपूर्ण स्टोरीज को वीओवीटी का रूप दे दिया जाता है। इससे दर्शक को खबर की जानकारी भी मिल जाती है और बुलेटिन का समय भी बचता है। इसके अलावा न्यूज में विविधता बनी रहती है।

मिसाल के तौर पर—

(एंकर)

उत्तर प्रदेश के बुलंदशहर जिले में 15 साल की एक लड़की को एक बच्चे की बलि देने के आरोप में गिरफ्तार किया गया है। उसके खिलाफ हत्या का मामला दर्ज कर लिया गया है। आरोप है कि तंत्र-मंत्र की सिद्धि के लिए उसने चार साल के बब्लू की बलि दे दी।

(वीओवीटी)

बुलंदशहर के बुगरासी थाना क्षेत्र के चंदियाना गांव में यह मामला उस वक्त सामने आया जब बब्लू के घर वाले उसे खोजते हुए लड़की के घर पहुंचे। वहां बच्चे की लाश बोरे में मिली।। लाश के गले में लाल रंग का कपड़ा बंधा था और आस-पास पूजा का सामान रखा था। बच्चे की लाश देख गांववाले भड़क गए और वहीं पर आरोपी की पिटाई करनी शुरू कर दी। खबर पाकर मौके पर पहुंची पुलिस ने बड़ी मुश्किल से किशोरी को लोगों के चंगुल से छुड़ाया। गंभीर रूप से घायल किशोरी को जिला अस्पताल में भर्ती करवाया गया। पुलिस के मुताबिक शुरुआती जांच में यह बात सामने आई है कि किशोरी ने तांत्रिक सिद्धि के लिए बच्चे की बलि दी। इस मामले में चौंकाने वाली बात यह है कि किशोरी के मां-बाप को भी दो महीने पहले तांत्रिक सिद्धि के लिए एक बच्चे की बलि देने के आरोप में गिरफ्तार किया गया था और दोनों इस समय जेल में बंद हैं।

(इस स्टोरी में लड़की का नाम नहीं बताया गया है क्योंकि वह नाबालिग है। यहां लड़की की तस्वीर को भी *मौजैक* करके ही दिखाया जाएगा।)

वीओ ग्राफिक्स

इसमें खबर को ग्राफिक्स का रूप दे दिया जाता है और एंकर ही उसे पढ़ देता है। इसमें न तो कोई वॉयस ओवर होता है और न ही कोई बाइट। जरूरी जानकारी को यहां लिखित ग्राफिक्स के तौर पर पढ़ दिया जाता है और जरूरत पड़ने पर बाद के किसी बुलेटिन में स्टोरी को विस्तार के साथ दिखा दिया जाता है। चूंकि इस खबर को एंकर ने ही पढ़ा है, इसलिए इसे *वीओ ग्राफिक* का नाम दिया गया है।

मिसाल के तौर पर–

(एंकर)

मुंबई पर आतंकी हमलों की साजिश रचने का गुनाह कबूल कर चुके अमेरिकी आतंकी डेविड हेडली से अगले महीने पूछताछ हो सकती है। अमेरिका ने इसके लिए भारतीय जांचकर्ताओं को हरी झंडी दिखा दी है। अमेरिकी न्याय मंत्रालय की एक चिट्ठी के बाद गृहमंत्रालय हरकत में आ गया है। टीम गठन के साथ साथ उन सवालों की लिस्ट भी तैयार की जा रही है जो हेडली से पूछे जा सकते हैं। पूछताछ में भारतीय जांचकर्ता यह जानने की कोशिश करेंगे कि

(वीओ ग्राफिक्स)

- पाकिस्तान में लश्कर-ए-तोइबा के किन-किन आतंकियों से हेडली के संबंध थे।
- तहावुर हुसैन राणा को हेडली कैसे जानता है ?
- हमले में राणा का रोल क्या था?
- पाकिस्तानी सेना के मेजर इकबाल ने मुंबई हमले में उसकी मदद कैसे की?

पैकेज ग्राफिक्स

इसमें एक पूरा पैकेज बनाया जाता है जिसमें ग्राफिक्स भी शामिल होता है। इसे रिपोर्टर ही पढ़ता है और इसे विधिवत् तरीके से एडिट किया जाता है। इसे *पैकेज ग्राफिक्स* भी कहते हैं। मिसाल के तौर पर–

(एंकर)

मुंबई पर आतंकी हमलों की साजिश रचने का गुनाह कबूल कर चुके अमेरिकी आतंकी डेविड हेडली से अगले महीने पूछताछ हो सकती है। अमेरिका ने इसके लिए भारतीय जांचकर्ताओं को हरी झंडी दिखा दी है।

(पैकेज)

अमेरिकी न्याय मंत्रालय की एक चिट्ठी के बाद गृहमंत्रालय हरकत में आ गया है। अमेरिकी न्याय मंत्रालय ने हेडली से पूछताछ के लिए भारतीय जांचकर्ताओं को तैयार रहने को कहा है। पत्र मिलने के बाद गृहमंत्रालय ने टीम गठन का काम शुरू कर दिया है।

बाइट–पी. चिदंबरम, गृहमंत्री

''राष्ट्रीय जांच एजेंसी और गृहमंत्रालय के सीनियर अफसरों की एक टीम बनाई

जा रही है और हम उम्मीद करते हैं कि यह टीम अगले महीने अमरीका रवाना हो जाएगी।''

टीम गठन के साथ-साथ उन सवालों की लिस्ट भी तैयार की जा रही है जो हेडली से पूछे जा सकते हैं। पूछताछ में भारतीय जांचकर्ता यह जानने की कोशिश करेंगे कि

(ग्राफिक्स शुरू)

- पाकिस्तान में लश्कर-ए-तोइबा के किन-किन आतंकियों से हेडली के संबंध थे?
- तहावुर हुसैन राणा को हेडली कैसे जानता है?
- हमले में राणा का रोल क्या था?
- पाकिस्तानी सेना के मेजर इकबाल ने मुंबई हमले में उसकी मदद कैसे की?

(ग्राफिक्स खत्म)

पाकिस्तान और डेनमार्क के जांच दलों के भी हेडली से पूछताछ की संभावना है। ऐसे में भारतीय जांचकर्ताओं की कोशिश होगी कि यात्रा की तारीख आपसी बातचीत के आधार पर तय हो।

टीवी न्यूज का फॉरमेंट

न्यूज का फारमेंट मूल रूप से वीओ, बाइट और पीटूसी में बंधा हुआ होता है। हो सकता है कि किसी स्टोरी में 3 बाइट्स हों और किसी में सिर्फ एक। यह भी हो सकता है कि बाइट सिर्फ एक हो जबकि वॉक्सपॉप 3 हों। वैसे आमतौर पर एक स्टोरी में 4 से ज्यादा बाइट्स या वॉक्सपॉप की गुंजाइश नहीं होती लेकिन फिर भी कुछेक अपवाद हो सकते हैं।

उदाहरण

(एंकर)

आज पुरानी दिल्ली के चांदनी चौक बाजार में एक शक्तिशाली बम धमाका हुआ। इस धमाके की वजह से 10 लोग मारे गए हैं और दर्जनों घायल हो गए हैं।

(पैकेज)

(वीओ)

ये है चांदनी चौक की 80 साल पुरानी मिठाई की दुकान। इसी दुकान के सामने करीब 11 बजे बम धमाका हुआ और अफरा-तफरी मच गई। घटना के समय इस इलाके में 2000 से ज्यादा लोग मौजूद थे। पुलिस का मानना है कि इसके पीछे आईएसआई का हाथ हो सकता है।

(वीओ)

बाइट–राम गोपाल, एसएचओ

प्रत्यक्षर्शियों का कहना है कि उन्होंने घटना से पहले कुछ संदिग्ध लोगों को दुकान के पास घूमते हुए देखा था।

(वॉक्सपॉप)

"मैंने घटना से 5 मिनट पहले ही एक आदमी को संदिग्ध हालत में घूमते देखा था।"

(वॉक्सपॉप)

'पुलिस को अपनी व्यवस्था की कमी देखनी चाहिए।'

(पीटूसी)

"दशहरा करीब है और हर साल चांदनी चौक इन दिनों जश्न के माहौल में डूबा रहता है लेकिन इस घटना की वजह से पनपी दशहत से शायद इस बार वैसी रौनक न जमे। पुलिस का मानना है कि आतंकवादी अब भी इस इलाके में छिपे हो सकते हैं और तलाश जारी है लेकिन पुलिस जब तक आतंकवादियों तक नहीं पहुंचती, दहशत का आलम बना ही रहेगा। निधि, एबीसी चैनल के लिए।"

टीवी समाचार एजेंसियों की खबर को टीवी के अनुरूप बनाना

समाचार-पत्रों के लिए *पीटीआई* और *यूएनआई* जैसी समाचार एजेंसियां खबरों की नियमित स्रोत हैं। किसी भी समाचार-पत्र के लिए, चाहे वह छोटा हो या बड़ा, यह संभव नहीं कि वह हर कोने में अपने संवाददाता नियुक्त कर सके। इस स्थिति में वह समाचार एजेंसियों पर भी खबरों के लिए निर्भर रहते हैं। ठीक कुछ ऐसा ही हाल टीवी चैनलों का भी है। टीवी चैनलों को सचित्र समाचार उपलब्ध कराने के लिए देश-विदेश में कई एजेंसियां काम कर रही हैं। इनमें एपीटीवी, रायटर, और एएनआई प्रमुख हैं। एएनआई भारत की एजेंसी है और एशिया में इसका ठोस नेटवर्क है। ये एजेंसियां टीवी चैनलों को हर रोज उन समाचारों की सूची भेजती हैं जो उसके पास उपलब्ध होते हैं। चैनल अपनी जरूरत के हिसाब से उनमें से कुछ खबरें मंगा लेते हैं। टीवी समाचार एंजेंसियां चैनलों को सेटेलाइट के जरिए या कई बार हाथोहाथ टेप और उससे संबंधित स्क्रिप्ट भेज देती हैं।

स्क्रिप्ट के साथ शॉट्स और बाइट्स के विवरण भी दर्ज रहते हैं लेकिन हर चैनल एजेंसियों से आने वाली ऐसी खबरों को अपने मुताबिक संपादित कर प्रसारित करता है। कोशिश यह भी रहती है कि एजेंसी से भेजी गई स्क्रिप्ट को नए सिरे से तराशा जाए। यह इसलिए भी जरूरी हो जाता है क्योंकि चैनल को पता होता है कि यही खबर इसी रूप में दूसरे चैंनलों के पास भी भेजी गई होगी। यहां पर एएनआई की भेजी गई एक स्क्रिप्ट की कॉपी दी जा रही है।

TITLE: Mother and daughter commit suicide

Intro

Putting an end to the atrocities of her father, a young girl along with her mother committed suicide by consuming poison inside their house. The police declare it to be a crystal clear of suicide.

Shotlist : Meerut

1. Various shots of the dead bodies of mother and daughter
2. Shots of Charan Jeet carrying the bodies
3. Onlookers
4. Soundbite of R K Singh, DSP, Meerut
5. Shots of the house
6. Soundbite of Kelawati, a neighbour
7. Crying relatives

Story :

In a bizarre incident, a mother and daughter duo committed suicide in Meerut to put an end to the atrocities by the head of the family. It is believed that Charan Jeet Singh, husband of Veermati and father of Meenakshi, both deceased, was very suspicious of his daughter and never allowed the girl to go outside the house.

The incident took place in Jagriti Vihar area of Meerut. 65 year old Veermati and 21 year old Meenakshi had been living under severe mental tension since a long time. Charan Singh had arranged a match for Meenakshi, which was not acceptable to both the mother and the daughter.

Bite in Hindi :

"As of now, the fact which has come to light is that girl's marriage had been fixed in a village. The girl and her mother didn't like this and thus consumed poison and committed suicide. Investigations are still on. Action will to be taken according to whatever facts are revealed," said R K Singh, DSP, Meerut.

Charan Singh declined to comment. Even the neighbours are mute on the issue but say both the mother and the daughter had good relations with them.

Bite in Hindi :

"Both of them were good. They had a good attitude towards us, said Kalawati, one of the neighbours of the deceased.

It is believed that Charan Singh's two sons had also commited suicide a few years back because of this behaviour.

अब देखते हैं कि एक प्रमुख टीवी चैनल के कॉपी राइटर ने इसे किस तरह से संशोधित कर बुलेटिन में शामिल किया।

(एंकर)

मेरठ में एक मां और बेटी की अर्थी एक साथ उठी। रविवार को इन दोनों ने जहर

पीकर अपनी जान दे दी थी। अर्थी को कंधा भी उसी ने दिया जिसकी वजह से दोनों ने अपनी जान दी थी।

(पैकेज)

(वीओ)

वीरमति और उसकी 21 साल की बेटी एक साथ दुनिया को अलविदा कह गईं। वीरमति का पति चरणजीत सिंह उसके साथ बुरा सुलूक करता था। शक करने की आदत की वजह से वह अपनी बेटी मीनाक्षी को भी घर की चौखट के बाहर पांव तक नहीं रखने देता था लेकिन उसने सपने में भी नहीं सोचा था कि उसके इस बर्ताव की वजह से एक दिन दोनों दुनिया की चौखट से ही बाहर निकल जाएंगी।

जागृति विहार में इस घटना के बाद से ही मातम छाया हुआ है। अभी हाल ही में चरणजीत ने मीनाक्षी का रिश्ता तय किया था जिससे मां-बेटी तनाव में थीं।

बाइट–आर.के. सिंह, डीएसपी, मेरठ

'अभी तक यही पता चला है कि लड़की की शादी (पास के किसी)...गांव में तय हुई थी लेकिन मां और बेटी इस शादी से खुश नहीं थीं। इसलिए दोनों ने ज़हर पीकर जान दे दी। आगे जो भी मामला सामने आएगा, उसके हिसाब से कार्रवाई होगी।'

(वीओ)

फिलहाल चरणजीत कुछ भी बोलने को तैयार नहीं है लेकिन उसके पड़ोसी कहते हैं कि मां और बेटी पड़ोसियों का बहुत खयाल रखती थीं।

बाइट–कलावती, पड़ोसी

'दोनों का स्वभाव बहुत अच्छा था। हमारे साथ उनका व्यवहार मधुर था।'

(पीटूसी)

'इस घटना का एक अन्य पहलू यह भी है कि कुछ ही साल पहले चरणजीत के दो बेटों ने भी कथित तौर पर आत्महत्या कर ली थी और यह माना जा रहा है कि इसके पीछे भी चरणजीत का शक्की व्यवहार ही जिम्मेदार रहा होगा। राजेश वर्मा, एबीसी चैनल के लिए।'

टीवी की स्क्रिप्ट के नियम और टिप्स

- स्क्रिप्ट स्टैंडर्ड साइज पेपर पर कागज के सिर्फ आधे हिस्से में लिखी जाती है।
- कागज के बाएं हिस्से में शॉट्स और बाइट्स से जुड़ी जानकारियां टाइप की जाती हैं। सुपर भी इसी हिस्से में लिखे जाते हैं। यहां पर लिखा जा सकता है कि कौन सी बाइट किस टेप से ली जानी है और उसका *लॉग* क्या है ताकि एडिट के समय फिर से खोजने में समय न लगाना पड़े। जैसे कि–

टेप 2–काउंटर 00:11:17

''युवक नशे में धुत था और अपनी नई कार को तेजी से चला रहा था। कार के नीचे

कुचले जाने से दो मजदूरों ने तो मौके पर ही दम तोड़ दिया। हम पूरी कार्रवाई करेंगे। हमें इस बात से फर्क नहीं पड़ता कि वह एक आईपीएस अधिकारी का बेटा है।"

(इसका मतलब यह हुआ कि टेप नंबर दो पर 00:11:17 काउंटर पर पहुंचने पर यह बाइट मिल जाएगी।) इसी तरह विशेष शॉट्स के बारे में भी लिखा जा सकता है ताकि एडिट के समय वे शॉट्स न छूटें।

- हर वाक्य एक ही पेज में पूरा हो जाना चाहिए। अधूरे वाक्य को अगले पेज पर लिख देना चाहिए ताकि वॉयस ओवर के समय कागज की खड़खड़ाहट रिकॉर्ड न हो। ऑडियो या वीडियो के लिए किसी भी विशेष संगीत या सुपर के लिए हिदायत को बाईं तरफ लिखना चाहिए।
- स्क्रिप्ट को कागज के दोनों तरफ नहीं लिखा जाता। कागज का पिछला हिस्सा हमेशा खाली रखा जाना चाहिए ताकि वीओ करते समय माइक पर कागज पलटने की आवाज न आए।
- शब्द और शॉट्स के बीच यथासंभव तालमेल बनाए रखने की कोशिश की जाए।
- दर्शक टीवी के परदे पर जो कुछ देख रहा है, वॉयस ओवर में शब्द दर शब्द उसी का वर्णन नहीं होना चाहिए बल्कि वीओ में तस्वीर से थोड़ा आगे बढ़कर कोई नई बात बताई जानी चाहिए। कम शब्दों में ज्यादा जानकारी देने की कलाकारी सीखिए। शब्द का काम तस्वीर को आगे ले जाना और उसमें निहित अर्थ को सामने लाना है ताकि सारी बात सामने आ सके।
- भाषा ऐसी हो जो आसानी से समझ में आती हो, वाक्य छोटे हों और बात को घुमा-फिराकर न कहा जाए। टीवी में हर सेकंड मायने रखता है। इसलिए किसी भी शब्द को बिना जरूरत के प्रयोग में न लाएं और न ही कुछ ऐसा कहें जो स्वाभाविक हो, सर्वविदित हो या आसानी से दिखाई दे रहा हो जैसे कि बाढ़ग्रस्त इलाके को दिखाकर यह कहना कि यहां बाढ़ आ गई है या फिर प्रधानमंत्री मनमोहन सिंह के शॉट को दिखाते हुए कहना कि ये हैं भारत के प्रधानमंत्री मनमोहन सिंह।
- शब्द शॉट्स से बंधे हों। इसका मतलब सिर्फ शॉट्स का वर्णन नहीं होना चाहिए। इससे शब्द की भूमिका बेकार हो जाती है। दर्शक जो देख रहा है, उसे दोहराने का कोई मतलब नहीं।
- खबरनवीसों के लिए एक सुनहरा नियम यह भी है कि जो बात खुद समझ में न आ रही हो, वह न कहें। जिस बात को आप खुद ही समझ नहीं पा रहे, दर्शक भला उसे क्या समझेगा।
- स्क्रिप्ट लिखते समय शॉट्स पर पूरी तरह आश्रित न हों। शब्द को महज औपचारिकता न मानें। हर शब्द नपा-तुला हो और अपनी भूमिका निभाता हो।
- विश्लेषणों के इस्तेमाल से बचें। जैसे कि **खूंखार** अपराधी के लिए बार-बार **क्रूर**

और **भयानक** जैसे शब्द जोड़ने की जरूरत नहीं है।

- दंगों या साम्प्रदायिक हिंसा की स्क्रिप्ट लिखते समय खुद विद्वेष की भावना से प्रेरित होकर बात न करें।
- कोई खबर चाहे कितने ही दिनों से चली आ रही हो, उसकी पृष्ठभूमि जरूर दें। यह अंदाजा न लगाएं कि दर्शक को पूरा वर्णन याद ही होगा।
- स्क्रिप्ट बातचीत की शैली में लिखी गई हो। एक वाक्य में एक ही बात कही जाए। ऐसे शब्द हों जो प्रचलित हों और जिनका उच्चारण आसान हो। जैसे **अनिवार्य** की जगह **जरूरी, सुदृढ़** की जगह **मजबूत, क्रय-विक्रय** की जगह **खरीद-बिक्री, पंक्ति** की जगह **कतार, परंतु** की जगह **लेकिन** जैसे शब्दों को जगह दें क्योंकि यह आम बोलचाल में इस्तेमाल होते हैं।
- बाइट्स में जो बातें कही जा रही हैं, उसे वैसे ही स्क्रिप्ट में शामिल न करें। दर्शक जब किसी के मुंह से कोई बात सुनना है तो वह उस पर ज्यादा भरोसा करता है। इससे रिपोर्ट की विश्वसनीयता भी बढ़ती है और बाइट को इस्तेमाल करने का औचित्य भी समझ में आता है। साथ ही टीवी के समय की बचत होती है।
- तथ्यों और आंकड़ों की पुष्टि करें। अगर अपराध से संबंधित भारी-भरकम आंकड़े दे रहे हैं तो उनके स्रोत को बताएं।
- आसान शब्दों के इस्तेमाल के कारण कई बार अपनी ही स्क्रिप्ट बेजान लगती है। घबराइए मत। आपने क्या लिखा है, यह दर्शक पढ़ने नहीं जा रहा है। आप अपने लिखे शब्दों की ताकत की परीक्षा खुद कर सकते हैं। जोर से अपनी स्क्रिप्ट पढ़ें और खुद से यह सवाल करें—क्या यह पढ़ने में आसान था, क्या यह स्पष्ट था और क्या दर्शकों को इसमें कही गई बातें एक बार में समझ में आ जाएंगी। अगर आप संतुष्ट हैं तो संभावना है कि दर्शक भी स्टोरी को देखकर काफी हद तक संतुष्ट होगा।
- भाषा के तकनीकी अर्थ को जाने बिना कभी भी किसी शब्द को स्क्रिप्ट का हिस्सा न बनाएं। जैसे कि अपराधी और अभियुक्त या फिर गिरफ्तार किया जाना या फिर रिमांड में लिया जाना—ऐसे शब्दों का गैर-जिम्मेदाराना इस्तेमाल न करें।
- स्रोत के कहने पर भी कोई ऐसा शब्द स्क्रिप्ट में न जोड़ें जो कि अभियुक्त के चरित्र को अच्छा या बुरा बताता हो। सिर्फ खबर दें। न्यायालय का फैसला आने तक अपराधी अभियुक्त ही होता है और उस पर लगे आरोप भी कथित ही माने जाते हैं।
- अभियुक्त की जाति, संप्रदाय, धर्म या प्रांत पर बेवजह की टिप्पणी न करें और न ही अभियुक्त के नाम के साथ सम्मानसूचक शब्दों या विश्लेषणों का प्रयोग करें।
- बलात्कार की रिपोर्ट लिखते समय घटनाक्रम का शब्द दर शब्द ब्योरा न दें और

न ही क्रिया या फिर अंगों का जिक्र करें। पीड़ित के चाल-चलन पर भी टिप्पणी न करें। बलात्कार की शिकार युवती का नाम-पता न दें और न ही उसका चेहरा दिखाएं।

- अच्छा हो कि पत्रकार की फाइनल स्क्रिप्ट या फिर स्टोरी आइडिया को पास करने और स्क्रिप्ट को स्वीकृति देने वाले वरिष्ठ पत्रकार को भी अपराध की बुनियादी समझ हो। ऐसा न होने पर एक ठोस स्टोरी भी बर्बाद हो सकती है।
- न्यूज के हिसाब से महत्वपूर्ण हर स्टोरी के शॉट्स को संजोकर (आर्काइव करके) रख लें। इसी तरह महत्वपूर्ण स्टोरीज की स्क्रिप्ट भी सहेजकर रखें ताकि जरूरत पड़ने पर अपनी खुद की लाइब्रेरी से मदद ली जा सके।
- हर दो महीने में अपनी पुरानी स्टोरीज को देखें और खुद अपने स्तर का आकलन करें। आत्म-विश्लेषण सुधार की गुंजाइश को बढ़ाता है।

टिप्पणियां और संदर्भ

- टेलीविजन फील्ड प्रोडक्शन एंड रिपोर्टिंग, फ्रेडरिक शूक, लांगमैन पब्लिशर्ज, 1996
- प्रेजेंटिंग फॉर टीवी एंड वीडियो, जोएन लिन-ए एंड सी पब्लिशर्ज, लंदन, 2001
- समाचार लेखन अवधारणा और प्रक्रिया, संपादक—सुभाष धूलिया, आनंद प्रधान, भारतीय जनसंचार संस्थान, 2004
- बिफोर द हेडलाइंस, चन्द्रकांत प्रसाद सिंह, मैकमिलन इंडिया लिमिटेड, 1999
- रेडियो और दूरदर्शन पत्रकारिता, डॉ. हरिमोहन, तक्षशिला प्रकाशन, 1999
- इलेक्ट्रॉनिक मीडिया, डॉ. संजीव भानावत, जनसंचार केंद्र, राजस्थान विश्वविद्यालय, 2005
- मीडिया लेखन : सिद्धांत और व्यवहार, डॉ. चन्द्रप्रकाश मिश्र, संजय प्रकाशन, 2003
- टेलीविजन लेखन, असगर वजाहत, प्रभात रंजन, राधाकृष्ण प्रकाशन, 2003
- रिएलिटी टीवी इज लेटेस्ट इन फैशन, हिंदुस्तान टाइम्स, 4 जनवरी, 2005
- अश्लीलता का बाजीगरी, हिंदुस्तान, 22 दिसंबर, 2004
- मीडिया और अपराध, वर्तिका नन्दा, दैनिक हिंदुस्तान, 17 अक्टूबर, 2004
- हॉट फ्रॉम द अवन, वर्तिका नन्दा, हिंदुस्तान टाइम्स, 2 दिसंबर, 2003
- टाइम टू गेट बैक टू बेसिक्स, वर्तिका नन्दा, पायनियर, 14 नवंबर, 2004
- डिस्कवरी चैनल स्टाइल बुक, डिस्कवरी कम्युनेकेशंस इंडिया

छठा

अध्याय

आजकल हर चैनल के क्राइम टाइम पर इतना ना भुतहा एंकर सब चला आया है कि हम ऑरिजिनल भूत का डर ही समाप्त हो गया है
कहीं जाइएगा नहीं....हम फिर प्रकट हो रहे हैं...ई हीही..हेहे..होहोहाहा...
पवन

टीवी न्यूज
प्रोडक्शन और तकनीक

- माइक स्टैंड,
- विंडशील्ड,
- माइक की एक्सएलआर केबल,
- अतिरिक्त टेप,
- व्हाइट बैलेंस के लिए सफेद कागज,
- रिफ्लेक्टर,
- एसी एडाप्टर,
- लाइट,
- फ्रीजीलाइट,
- छतरी।

शूटिंग के विभिन्न पहलू

टीवी में तस्वीरों या फिर शॉट्स के जरिए दर्शकों तक खबर पहुंचाई जाती है, कुछ इस तरह से कि दर्शक को आभास हो कि जैसे वह घटना के दौरान खुद ही वहां मौजूद रहा हो। सजीवता का यही अहसास कवरेज को सफलता के करीब ले जाता है। किसी भी शूट को साकार करने का काम कैमरामैन करता है। कहने को अखबारों में जो काम फोटोग्राफर करते हैं, वही काम टीवी में कैमरामैन करते हैं। न्यूज चैनलों की भीड़ बढ़ने के साथ ही अब कैमरामैन को भी शॉट लेने में काफी प्रयोग करने पड़ते हैं। मिसाल के तौर पर—दिल्ली में एक बड़ी घटना घटती है और उसे कवर करने सभी चैनलों के कैमरामैन आते हैं। अगर सभी चैनलों के कैमरामैन शॉट एक ही कोण से लें और फिर उन्हें तकरीबन

एक ही समय पर सभी चैनलों पर दिखाया जा रहा हो तो किसी सजग दर्शक को वे बोरिंग लग सकते हैं। ऐसे में हर कैमरामैन के सामने यह चुनौती है कि वह न्यूज को कवर करते समय सृजनशील रहे। कैमरामैन स्टोरी को जीवंतता देता है। कैमरामैन पर शूट के जरिए घटना की गतिमयता और स्वाभाविकता को बरकरार रखने का दायित्व भी होता है। वैसे तो शूट कैमरामैन ही करते हैं लेकिन अगर रिपोर्टर खुद भी शूट करना जानता हो तो उसकी उपयोगिता बढ़ जाती है।

कैमरे के विभिन्न अंग

कैमरा इन इकाइयों को मिलाकर बनता है—

1. प्रकाश संबंधी उपकरण, जैसे—लेंस, आइरिस, ऑप्टिकल फिल्टर आदि।
2. इलेक्ट्रॉनिक सिस्टम जो कि लैंस के जरिए लिये गए शॉट की प्रक्रिया को आगे बढ़ाता है।
3. कैमरा कंट्रोल यूनिट।
4. माइक और उससे संबंधित इलेक्ट्रॉनिक उपकरण।
5. वाइड एंगल/टेली लेंस।

शॉट

किसी भी अभिव्यक्ति को कैमरे में कैद करना ही *शॉट* कहलाता है। फील्ड में रिकॉर्ड किया गया हर शॉट एडिटिंग के लिए कच्चे माल का काम करता है। विषय चाहे कोई भी हो, संपादन के लिए एक शॉट कभी भी काफी नहीं हो सकता। विभिन्न शॉट्स के गठजोड़ से ही किसी भी स्टोरी को पूरा और व्यापक अर्थ मिलता है। वैसे तो किसी भी शॉट की लंबाई एक्शन और विषय पर निर्भर करती है लेकिन फिर भी हर शॉट को कम से कम 8 से 10 सेकंड के लिए लिया जाना चाहिए ताकि एडिटिंग में सुविधा हो। शूट करते समय एडिटिंग के नियमों को दिमाग में रखने से बाद में अनावश्यक परेशानी से बचा जा सकता है। वैसे भी लंबे शॉट को तो एडिटिंग टेबल पर छोटा किया जा सकता है लेकिन छोटे शॉट को लंबा नहीं किया जा सकता।

सीक्वेंस

असल में तमाम शॉट ब्लॉक की तरह होते हैं जिन्हें आधार बनाकर बाद में एडिटर पूरी इमारत को खड़ा करता है। जब अलग-अलग शॉट्स को एक ही संदेश को प्रसारित करने के लिए शूट किया जाता है तो उसे *सीक्वेंस* कहते हैं। इसमें किसी भी एक एक्शन को अलग-अलग कोणों और आकार से शूट किया जाता है ताकि दर्शक उन्हें एक प्रवाह में देख सके और उसे कहीं कोई रुकावट महसूस न हो। शॉट्स को सीक्वेंस में लेने और एडिट करने से काम प्रोफेशनल लगता है और घटनाक्रम स्वाभाविक।

मिसाल के तौर पर उत्तर प्रदेश में एक छात्र का अपहरण हुआ है और यह सारी घटना कवर की जा रही है। स्टोरी में बताया जा रहा है कि वह कब, कहां से अपहृत

हुआ। ऐसे में शॉट्स और वॉयस ओवर घटना के क्रम में ही चलेंगे। पहले वह जगह दिखाई जाएगी जहां से अपहरण हुआ, आसपास का इलाका दिखाया जाएगा, परिवार दिखाया जाएगा वगैरह। इसी तरह अगर किसी अपराधी को गाड़ी तक लाया जा रहा है तो क्रम तकरीबन ऐसा होगा–

- दूर से आता हुआ अपराधी।
- गाड़ी में बैठता हुआ अपराधी।
- अपराधी को लेकर जाती हुई गाड़ी।

ऐसा नहीं होगा कि पहले उसे गाड़ी में बैठता हुआ दिखाया जाए और फिर उसके गाड़ी की तरफ पैदल आते हुए शॉट दिखाए जाएं।

बुनियादी शॉट्स

टीवी न्यूज में फिल्म की ही तरह 3 मुख्य शॉट होते हैं जिनसे लेंस और सब्जेक्ट के बीच का अंतर तय किया जाता है। ये हैं–

1. लांग शॉट
2. मीडियम शॉट (मिड शॉट)
3. क्लोज-अप

बाकी सभी शॉट यानी कि एक्सट्रीम लांग शॉट, मीडियम क्लोज-अप और एक्सट्रीम क्लोज-अप इन्हीं के हिस्से हैं।

एक्सट्रीम लांग शॉट

एक्सट्रीम लांग शॉट यानी कि एक ऐसा *शॉट* जिसमें लंबाई के साथ पूरी तस्वीर हो। यह सबसे विस्तृत शॉट माना जाता है। इसमें घटना, स्थान या फिर व्यक्ति को संपूर्णता में दिखाया जा सकता है। फिल्मों में इस तरह के शॉट्स भरपूर इस्तेमाल किए जाते हैं, खासतौर से किसी लोकेशन की खूबसूरती को दिखाने में तो यह काफी प्रभावशाली साबित होते हैं लेकिन ऐसे शॉट्स का जो प्रभाव बड़े पर्दे पर दिखाई देता है, वैसा छोटे पर्दे पर नहीं हो पाता। टीवी के छोटे पर्दे पर ऐसे शॉट दृश्यों को स्पष्टता से नहीं दिखा पाते। यही वजह है कि टीवी पर ऐसे शॉट कम ही लगते हैं।

लांग शॉट

यह एक्सट्रीम लांग शॉट का छोटा रूप है। इसे *वाइड शॉट* भी कहते हैं। दर्शक को इसके जरिए लोकेशन या घटना या व्यक्ति का संपूर्ण चित्र दिखाना आसान होता है। मिसाल के तौर राष्ट्रपति भवन या फिर किसी विशाल रैली का लांग शॉट दिखाना या फिर किसी व्यक्ति को सिर से पांव तक दिखाना। आमतौर पर ऐसे शॉट्स का इस्तेमाल स्टोरी को *इस्टैब्लिश या स्थापित* करने के लिए एकदम शुरू

में किया जाता है ताकि दर्शक स्टोरी की लोकेशन से अवगत हो जाए।

मिड शॉट

यह शॉट किसी भी एक्शन को सटीक ढंग से दिखाने की क्षमता रखता है और टीवी न्यूज में बहुतायत में लगता है। इस शॉट में आसपास के वातावरण को काफी हद तक नजरअंदाज कर सब्जेक्ट पर ज्यादा ध्यान देने की कोशिश की जाती है। इससे दर्शक को घटना या सब्जेक्ट को करीब से देखने का अवसर मिलता है। यह टीवी में सबसे प्रचलित शॉट है।

क्लोज-अप

टीवी के पर्दे पर क्लोज-अप शॉट किसी भी सब्जेक्ट को पूरी स्पष्टता से दिखाते हैं। इसलिए टेलीविजन को *क्लोज-अप* माध्यम भी कहा जाता है। इसमें सब्जेक्ट या वस्तु को ज्यादा करीब से देखा जा सकता है। न्यूज एंकर का शॉट भी आमतौर पर क्लोज-अप ही होता है। इसके अलावा ज्यादातर इंटरव्यू और बाइट में भी इसे ही इस्तेमाल करते हैं। इससे दर्शक खुद को वस्तु के ज्यादा करीब पाता है। वैसे भी टीवी का स्क्रीन सिनेमाघर की तुलना में बहुत छोटा होने की वजह से टीवी पर क्लोज-अप देखना ही ज्यादा सुविधाजनक लगता है। क्लोज-अप में किसी वस्तु या फिर व्यक्ति के चेहरे को आसपास की दूसरी गतिविधियों से अलग कर स्पष्टता के साथ दिखाने की क्षमता होती है।

एक्सट्रीम क्लोज-अप

जैसा कि इसके नाम से ही अंदाजा हो जाता है, एक्सट्रीम क्लोज-अप में कैमरा सब्जेक्ट के काफी करीब से शॉट लेता है। इसके जरिए सब्जेक्ट को और बारीकी से समझा जा सकता है और बहुत सूक्ष्म हाव-भाव भी देखे जा सकते हैं लेकिन अगर जरूरत से ज्यादा एक्सट्रीम क्लोज-अप लिये जाते हैं तो इससे दर्शक का ध्यान मूल मुद्दे से हटकर सब्जेक्ट के नाक या होंठों पर ही टिका रह सकता है। इसका सबसे ज्यादा फायदा उन परिस्थितियों में होता है जब किसी बारीक लिखाई या शब्द को टीवी पर एकदम करीब से दिखाना हो।

लांग शॉट, मिड शॉट और क्लोज-अप यह तीनों आपस में मिलकर किसी भी स्टोरी का संयोजन करते हैं और सीक्वेंस का निर्माण करते हैं। यह सारा काम इंसानी आंखों की ही तरह होता है। मिसाल के तौर पर जब हम किसी ऐसे घटनास्थल पर जाते हैं जहां हत्या हुई है तो पहले हम घटनास्थल का आकार देखते हैं। तकनीकी भाषा में यह *लांग शॉट* ही कहलाएगा। इसमें हमें वहां लगी भीड़, पुलिस, आसपास बिखरा सामान

दिखेगा और फिर हम जगह की कुछ गहराई में जाते हुए वस्तुओं को देखेंगे। यह *मिड शॉट* हुआ। इसके बाद हमारी आंखें वस्तु या व्यक्ति विशेष पर फोकस करेंगी। जैसे कि हम वह जगह गौर से देखेंगे जहां हत्या की गई है, खून के निशान हैं वगैरह। इसे *क्लोज-अप* कहा जाएगा। इसमें रोचक बात यह है कि लांग शॉट, मिड और क्लोज-अप शॉट इन सभी का नाम अपने आकार के अनुरूप है जबकि बाकी ज्यादातर शॉट्स के नाम या तो कैमरा की मूवमेंट के हिसाब से रखे गए हैं या फिर स्टोरी में शॉट्स के इस्तेमाल के हिसाब से।

कैमरे का प्रमुख मकसद एक्शन को रिकॉर्ड करना होता है, न कि उसमें नाटकीयता या फिर नकलीपन का पुट डालना लेकिन फिर भी कुछ विशेष परिस्थियों में मुख्य शॉट्स के अलावा कुछ और किस्मों को भी आजमाया जा सकता है।

टू शॉट

इस शॉट में स्क्रीन पर दो लोगों को एक साथ दिखाया जाता है। यह काफी प्रचलित शॉट है।

ट्रैकिंग शॉट

ऐसे शॉट को लेने के लिए कैमरा हिलते हुए सब्जेक्ट को फ्रेम में रखने के लिए लगातार घूमता रहता है। इसमें कैमरे को पैन करने के बजाय किसी वाहन पर रख दिया जाता है ताकि वह सब्जेक्ट के अनुरूप ही घूम भी सके। जैसे कि पैदल जाती किसी महिला का शॉट लेने के लिए कैमरे को किसी कार या किसी दूसरे वाहन पर इस तरह से रख दिया जाए कि वह सब्जेक्ट की गति के साथ ही घूम सके।

डॉली शॉट

इसमें शॉट या तो सब्जेक्ट के पास जाता है या फिर उससे दूर। सब्जेक्ट के पास जाने की स्थिति को *डॉली इन शॉट* और दूर जाने की स्थिति को *डॉली आउट शॉट* कहते हैं। इसमें शॉट से संबंधित गतिविधि को बिना हिलाए शूट करने के मकसद से कैमरा ट्राइपॉड को एक डॉली यानी कि पहियों वाले एक सामान्य प्लेटफॉर्म पर लगाया जाता है। कई बार जूम शॉट को भी डॉली के विकल्प के रूप में इस्तेमाल किया जाता है।

एरियल शॉट

इसमें ऐसे शॉट शामिल किए जाते हैं जिन्हें आसमान की ऊंचाई से लिया जाता है जैसे कि हवाईजहाज या फिर हेलीकॉप्टर से लिया गया शॉट। ऐसे शॉट्स बाढ़ या भूंकप जैसी कुछ परिस्थितियों में लिये जाते हैं। इसके जरिए दर्शक के लिए एक बड़े इलाके

को एक साथ देखना आसान हो जाता है। इससे स्टोरी से जुड़ी अतिरिक्त गंभीरता भी झलकती है।

जूम

जूम शॉट वह चित्र है जिसमें लेंस को या तो धीरे-धीरे सब्जेक्ट के पास या फिर दूर ले जाकर शॉट लिया जाता है। *जूम* शब्द जूम लेंस से प्रचलन में आया है क्योंकि इस लेंस की मदद से ही कैमरे को हिलाए बिना जूम शॉट लिये जा सकते हैं। *जूम इन* का मतलब होता है–सब्जेक्ट के करीब जाना और *जूम आउट* का मतलब होता है–सब्जेक्ट से दूर जाना। टीवी न्यूज में ऐसे शॉट कम लगते हैं क्योंकि यह शॉट मूल शॉट की तुलना में ज्यादा समय लेते हैं।

कट अवे

किसी इंटरव्यू के बाद कैमरामैन अक्सर रिपोर्टर से कट अवे लेने के लिए अतिरिक्त समय की मांग करते हैं। *कट अवे* का मतलब इसके नाम में ही छिपा हुआ है। इसका मतलब है–प्रमुख एक्शन से दर्शक का ध्यान हटाने और *जंप कट* (यानी झटके से शॉट का बदलना) रोकने के लिए स्टोरी से ही जुड़े किसी अन्य शॉट को शामिल कर लेना। मिसाल के तौर पर एक व्यक्ति के इंटरव्यू के दौरान रिपोर्टर के सिर हिलाते या कुछ लिखते हुए शॉट्स का इस्तेमाल करना। इसी तरह हाथों या आंखों के शॉट्स भी लगाए जा सकते हैं। ऐसे शॉट्स लोकेशन पर ही आधारित होते हैं ताकि कहानी की गतिमयता बनी रहे।

पैन

इस शॉट को लेने के लिए कैमरा एक फिक्स्ड एक्सिस पर हॉरिजोन्टल दिशा में दाएं से बाएं या बाएं से दाएं घूमता है। इसे *पैन राइट* या फिर *पैन लेफ्ट* कहा जाता है। इसके माध्यम से समूचे दृश्य को एक ही शॉट में दिखाने की कोशिश की जाती है। माना जाता है कि कैमरा इंसानी आंखों की ही तरह इस्तेमाल में लाया जाना चाहिए ताकि पर्दे पर जो भी दिखाया जा रहा हो, वह दर्शक को स्वभाविक लगे। इस लिहाज से पैन या जूम जैसे शॉट नकली माने जा सकते हैं क्योंकि इंसानी आंखें यह दोनों ही काम नहीं कर सकतीं। इंसानी आंखें सिर्फ सीधे-सपाट ढंग से, ऊपर-नीचे या दाएं-बाएं ही देख सकती हैं। इसलिए शॉट्स को भी इसी तरह देखना और दिखाना ज्यादा स्वाभाविक लगता है, खासतौर से एक न्यूज स्टोरी में। पैन करने से पहले और पैन करने के बाद–कैमरे को कम से कम 3 सेकंड के लिए स्थिर रखना चाहिए। इससे दो फायदे होते हैं–

- टीवी देखते समय एक ठहराव के साथ *पैन* का आना बेहतर लगता है और
- इससे एडिटिंग में सुविधा होती है। अगर एडिटर चाहे तो इन शॉट्स को अलग से भी लगा सकता है।

टिल्ट

यह पैन का ही एक रूप है। जिस तरह पैन में शॉट दाईं से बाईं दिशा में लिया जाता

है, वैसे ही टिल्ट में शॉट नीचे या ऊपर की दिशा से लिया जाता है। इसका इस्तेमाल किसी वस्तु को पूरी तरह से दिखाने के लिए किया जाता है जैसे कि अगर कुतुबमीनार की ऊंचाई को संपूर्णता में दिखाना है तो इसके लिए कैमरा टिल्ट किया जा सकता है। किसी वस्तु से जुड़ी कोई नई बात दिखाने के लिए भी इस विधा का प्रयोग किया जा सकता है। टिल्ट शॉट को लेने के लिए कैमरा एक फिक्स्ड एक्सिस पर ऊपर या नीचे की तरफ जाता है। इसे *टिल्ट अप* या *टिल्ट डाउन* कहा जाता है।

पैन और टिल्ट दोनों ही कॉन्फ्रेंस, रैलियों और मीटिंग को कवर करते समय खूब चलते हैं। न्यूज में ये कम ही लगते हैं क्योंकि पैन या टिल्ट मूवमेंट में काफी लंबा समय ले लेते हैं। इन्हें बार-बार शामिल करने से स्टोरी कुछ शॉट्स में ही सिमट जाएगी और उसकी विविधता सूख जाएगी।

टिप्स

- शूट करने से पहले स्टोरी का भाव विस्तार से समझ लें। बिना समझे या अरुचि से शूट करने से अर्थ का अनर्थ भी हो सकता है।
- शूट के लिए निकलने से पहले कैमरा, लाइट, माइक सहित सभी उपकरणों की खुद जांच कर लें।
- यह याद रखें कि कैमरे का काम एक्शन को रिकॉर्ड करना है, एक्शन को निर्मित करना नहीं। हालांकि गतिविधि रिकॉर्ड करने के लिए पैन, टिल्ट और जूम का प्रयोग किया जा सकता है लेकिन इसका मकसद नाटकीयता लाना नहीं हो सकता। पैन, टिल्ट या जूम करने से पहले इनकी वजह पर विचार कर लें और इनका सीमित प्रयोग करें।
- कंधे पर शूट करने के बजाय ट्राइपॉड (कैमरा स्टैंड) को उपयोग में लाएं ताकि हिलते-डुलते शॉट्स रिकॉर्ड न हों। कंधे पर शूट आपात परिस्थितियों में ही किया जाना चाहिए।
- अगर कंधे पर कैमरे को लेना हो तो किसी ठोस चीज या फिर दीवार का सहारा लेकर खड़े होने की कोशिश करें। इसके अलावा जोर-जोर से सांसें न लें क्योंकि इससे शॉट्स हिल सकते हैं।
- याद रखें कि कौन से शॉट्स निहायत जरूरी हैं। अगर खुद शूट न कर रहे हों तो कैमरामैन को यह जानकारी दे दें।
- बाइट लेते और पीटूसी करते समय खुद भी बैकग्राउंड के चयन में भूमिका निभाएं।
- शूट चाहे कितना ही किया गया हो, बाइट्स और स्टोरी से जुड़े पर्याप्त कट अवे लेना न भूलें।
- पैन, टिल्ट या जूम से पहले और बाद में ठहरकर स्थिर शॉट जरूर लें ताकि ज़रूरत पड़ने पर स्थिर शॉट भी काम में लाए जा सकें।
- फिल्म और टीवी की सबसे बड़ी खासियत है—गतिविधि या फिर स्पंदन। हंसते

हुए बच्चों, हिलते हुए पत्ते, समुद्र में दिखती लहरें—सभी गतिविधियों की प्रतीक हैं और विजुअल माध्यम की ताकत देती हैं। इसलिए दीवार या फिर मेज जैसे स्थिर शॉट्स की बजाय गतिमान शॉट्स को प्राथमिकता दें।

- शॉट्स का बुद्धिमत्ता से सर्वाधिक प्रयोग करें।
- बेहद साधारण शॉट को भी असाधारण और अलग ढंग से शूट करने का प्रयास करें। एक ढीले-ढाले शॉट को भी अपनी कलात्मकता से नयापन दें। पीड़ित या अपराधी कोई भी हो, कैमरे से शॉट्स कुछ इस तरह से लें कि वह दूसरे चैनलों के कैमरामैनों के लिए शॉट्स से थोड़े अलग लगें।
- व्यक्ति विशेष का शॉट लेते समय उसकी एक आंख या एक कान को दिखाने की बजाय दोनों आखों और दोनों कानों को दिखना बेहतर होगा। साइड प्रोफाइल के शॉट स्वाभाविक नहीं लगते।
- शॉट लेते वक्त या फिर शूट के बाद व्यूफाइंडर से शॉट्स की गुणवत्ता जांच लें। यह एक छोटा टीवी स्क्रीन होता है जो कि कैमरे के साथ लगा होता है।
- जहां पर एक से ज्यादा कैमरे लगे हों, शूट या तो फ्री रन पर करें या फिर टाइम कोड को टीसी लूप कर दिया जाए। इससे सभी कैमरे एक समान टाइम कोड दर्शाते हैं।
- स्टोरी कोई भी हो, उसके लिए दमदार शुरुआती और अंतिम शॉट लेने के लिए विशेष चिंतन करें और फिर शूट करें। एक जोरदार शुरुआत और जोरदार अंत कहानी के प्रस्तुतीकरण के रुख को बदल सकता है।
- शूट के दौरान टेप के खत्म होते ही उस पर तुरंत टेप नम्बर और विषयवस्तु से जुड़ा लेबल लगा दें ताकि बाद में भीड़ में से संबंधित टेप को ढूंढ़ने में दिक्कत न हो।
- शॉट्स ऐसे लें कि दर्शक को न तो उस प्रक्रिया में मौजूद तकनीक का आभास हो और न ही कृत्रिमता का।
- शूट करते हुए अपने भावों को नियंत्रण में रखें। सुखी मन से लिये गए शॉट अमूमन निराश नहीं करते।

लाइव टेलीकास्ट के लिए

- अगर आउटडोर ब्रॉडकास्ट करना हो तो सेटेलाइट की दिशा की जांच करें और वही दिशा चुनें जिसमें अपलिंक करना हो।
- मेन कंट्रोल रूम (एमसीआर) से संचार संपर्क स्थापित होने के बाद ही ओबी करने का संकेत दें।

लाइटिंग

लाइट किसी भी विषय या स्टोरी को लेकर मूड बनाने का काम करती है। लाइटिंग टीवी के लिए क्या करती है, सामान्य परिस्थितियों में जनता इसे नहीं समझती लेकिन

किसी शॉट में पल भर के लिए भी हुई लाइट की मामूली-सी चूक लाइट की अहमियत समझा देती है। लाइट के बिना इंडोर शूटिंग असंभव है (अगर किसी शूट में पूरी तरह से अंधेरा दिखाकर नाटकीयता का पुट डालना हो तो अलग बात है। जैसे कि बलात्कार पीड़ित युवती को पूरी तरह से अंधेरे में दिखाना)। लाइट की अपनी एक अदा होती है जो कि स्टोरी से लेकर विशिष्ट कार्यक्रम तक सभी की रूपरेखा पर अपना असर डाल सकती है। लेकिन सही समय पर सही लाइट का चयन एक कला है। कुशल लाइटिंग के लिए पर्याप्त समय, आवश्यक लाइटों और बिजली के स्रोतों की मौजूदगी अहम है। लाइट का सबसे प्रमुख अंग कलर टेंपरेचर होता है। टीवी न्यूज में जिस कृत्रिम लाइट का सबसे ज्यादा प्रयोग होता है, वह है क्वार्ट्ज हैलोजन बल्ब। लाइटिंग करते हुए प्राकृतिक रोशनी को ध्यान में रखते हुए फिल्टर का इस्तेमाल किया जाता है।

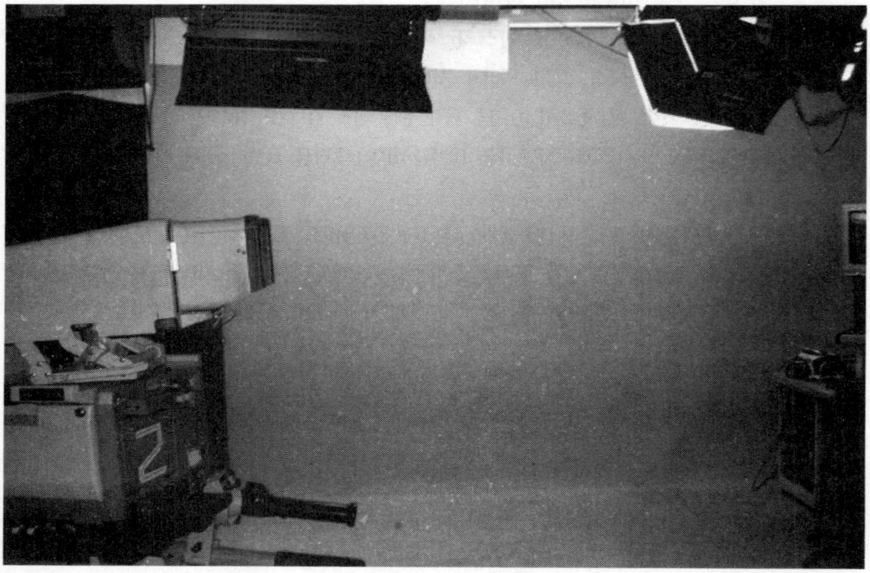

स्टूडियो में लाइटिंग और क्रोमा वाल

टीवी की ज्यादातर लाइटिंग के लिए फोटोग्राफी के मूल सिद्धांतों यानी कि *की, बैक* और *फिल लाइट* का ही प्रयोग किया जाता है। हालांकि लाइटिंग का ज्यादातर काम—की, फिल और बैक लाइट से पूरा किया जा सकता है लेकिन कई बार लाइटिंग एक चुनौती के रूप में सामने आती है और इसे पूरा करने पर ही लाइटिंग स्टोरी के अर्थ और मूड के अनुरूप ढली हुई मानी जाती है। इस्तेमाल होने वाली लाइटों की तीन प्रमुख किस्में होती हैं—

(1) **की लाइट :** यह लाइट का सबसे प्रमुख स्रोत है। इसका प्रमुख काम सब्जेक्ट या जगह के मूल आकार को दिखाना होता है। इसके लिए जरूरी होता है कि *की* लाइट कुछ शैडो दिखाए।

(2) **फिल लाइट :** कई बार सब्जैक्ट के चेहरे के एक हिस्से पर परछाई नजर आती है और वह हिस्सा गहरे अंधेरे में दिखाई देता है। इससे बचने के लिए *फिल लाइट* काम में लाई जाती है।

(3) **बैक लाइट :** पीछे से दी जाने वाली लाइट से सब्जेक्ट को पृष्ठभूमि से अलग करने में मदद मिलती है। इसके अलावा बैक लाइट से शॉट में चमक आती है और व्यावसायिक कुशलता भी झलकती है। इसके अलावा अन्य महत्वपूर्ण लाइटें हैं—

- बैक ग्राउंड या फिर सेट लाइट,
- साइड लाइट,
- किकर लाइट,
- फ्लैट लाइट,
- लगातार की जाने वाली एक्शन लाइटिंग,
- लार्ज एरिया लाइटिंग,
- केमियो लाइटिंग,
- सिल्होट लाइटिंग,
- क्रोमा की लाइटिंग।

टिप्स

- अगर तेज धूप में शूट करना मजबूरी हो तो नेचुरल डेंसिटी एनडी फिल्टर से अतिरिक्त रोशनी को कम करने की कोशिश करनी चाहिए।
- आउटडोर शूट के लिए बादलों का छाया होना सबसे अनुकूल रहता है। बादल खुद ही डिफ्यूजन फिल्टर का काम कर देते हैं।
- बिना खिड़की वाले कमरों में किसी एक व्यक्ति को शूट करते समय फोटोग्राफी की अवधारणाएं ही लागू की जाती हैं।
- जिसका इंटरव्यू लिया जाना हो, उसे सफेद दीवार या फिर ऐसी खिड़की के साथ न बिठाएं जहां तेज धूप छनकर आती हो। अगर ऐसा किया जाता है तो इंटरव्यू देने वाले व्यक्ति के चेहरे पर परछाईं दिखाई देगी।
- इंटरव्यू देने वाले के पीछे अगर दीवार हो तो उसे दीवार से कम से कम एक मीटर की दूरी पर जरूर बिठाएं। इससे दीवार और इंटरव्यू देने वाले के बीच में एक स्वाभाविक दूरी का आभास होगा और यह बेहतर लगेगा।
- लाइट को सेट करने से पहले व्हाइट बैलेंस करें, पहले नहीं। कैमरा में बने व्हाइट बैलेंस बटन को दबा देने से कैमरा खुद ही रंग और लाइट में तालमेल बैठा लेगा।
- व्हाइट बैलेंस करने के लिए सफेद कागज को उस लाइट के सामने रखा जाए जिसका इस्तेमाल करना हो। व्हाइट बैलेंस करने से पहले सुनिश्चित कर लें कि एक्सपोजर *ऑटो* पर हो और फिर *जूम इन* किया जाए।
- आकर्षक लाइटिंग के लिए नए-नए प्रयोग करें।

शूट से लौटने के बाद

- शूट से लौटते ही कैमरे को साफ करें और संबंधित विभाग को लौटा दें।
- इस्तेमाल की गई तमाम बैटरियों को चार्ज होने के लिए दे दें।
- शूट के दौरान साथ लिये गए तमाम उपकरणों को सहेजकर रख दें।
- अगर किसी भी उपकरण या टेप में कोई खराबी पाई हो तो उसकी सूचना तुरंत संबंधित विभाग को दें ताकि कोई और वही सामान लेकर शूट में न चला जाए।
- जिन टेपों पर शूट किया हो, उनकी जांच कर लें।
- माइक में इस्तेमाल की गई सभी तारों को कायदे से लपेट दें।

वीडियो एडिटिंग

न्यूज एडिटिंग की अनिवार्य शर्त है—तेजी, तार्किक अभिव्यक्ति और सही संयोजन। स्टोरी को शूट करने और स्क्रिप्ट को अंतिम रूप देने के बाद रिपोर्टर को उसे एडिट करना यानी कि संपादित करना होता है ताकि स्टोरी को टीवी पर प्रसारण के योग्य बनाया जा सके। वैसे फिल्म या टीवी देखते समय ज्यादातर दर्शकों के जहन में एडिटिंग की खूबियां नहीं आतीं लेकिन सच यही है कि किसी भी सफल कार्यक्रम के निर्देशन में एडिटिंग की अहम भूमिका होती है। एडिटिंग के बिना स्टोरी के लिए इकट्ठा किया गया कच्चा माल यानी कि शॉट्स कोई मायने नहीं रखते। एडिटिंग की प्रक्रिया के बिना शॉट्स का जमाव अर्थहीन ही रहेगा। एडिटिंग स्टोरी को प्रवाह और कसाव देती है। इसलिए एडिटिंग को समझे बिना विजुअल माध्यम के जरिए संचार नहीं किया जा सकता।

एडिटिंग क्यों

एडिटिंग का मतलब है—शूट के दौरान फिल्माए गए शॉट्स में से बेहतरीन को छांटकर स्टोरी में इस्तेमाल करना ताकि शूट किए गए शॉट्स को नया जीवन दिया जा सके। एडिटिंग करने से ही दर्शक की स्टोरी में रुचि और जिज्ञासा जगती है। कच्चा माल अकेले यह उद्देश्य पूरा नहीं कर सकता। हर इंसान अपनी जिंदगी में घटनाओं और जानकारियों का संपादन करता है, किसी से बात करते समय भी क्रम को ध्यान में रखा जाता है, इसी तरह टीवी के लिए भी संपादन अनिवार्य है। एडिटिंग मुख्य रूप से चार कारणों से की जाती है।

1. आपस में जोड़ने के लिए : इसके जरिए शूट के दौरान हासिल किए गए शॉट्स को आपस में बांध देने का काम किया जाता है। मिसाल के तौर पर—एक स्टोरी के शूट के दौरान बीच-बीच में कई बार ब्रेक लिया गया या फिर एक ही पीटूसी को 5-6 बार रिकॉर्ड किया गया। ऐसे में एडिटिंग के दौरान आए तमाम अवरोधों को हटाकर शूट को संयोजित कर दिया जाता है।

2. शूट को छोटा करने के लिए : कई बार एडिटिंग के दौरान शॉट्स बहुतायत में उपलब्ध होते हैं लेकिन उन्हें एक समय-सीमा के अंदर बांधने के लिए सभी शॉट्स को

स्टोरी का हिस्सा नहीं बनाया जा सकता और न ही हर शॉट इस्तेमाल के काबिल होता है। ऐसे में बेहतरीन शॉट्स का चुनाव कर एडिट कर देना बेहतर होता है। यह चयन की एक चुनौतीपूर्ण प्रक्रिया है।

3. कमियों को छिपाने के लिए : कई बार शूट के दौरान कुछ गलतियां हो जाती हैं जिन्हें हम टीवी पर दिखाना नहीं चाहते। ऐसी गलतियों को छिपाने के लिए भी एडिटिंग का सहारा लिया जाता है। जैसे कि एक शॉट में एक अपराधी को शॉल ओढ़े हुए दिखाया जा रहा है और दूसरे शॉट में शॉल है ही नहीं। तब अगर दोनों शॉट एक साथ दिखा दिए जाएं तो अटपटा लगेगा। ऐसी परिस्थिति में एडिट कर अटपटे शॉट को अलग कर दिया जाता है यानी जो शॉट्स किसी भी अंदाज से बेतुके दिखते हों या क्रम के बाहर के हों, वे एडिट करके हटाएं जा सकते हैं।

4. स्टोरी की खूबसूरती के लिए : न्यूज की एक मामूली स्टोरी में भी एक दमदार शॉट जान भर सकता है। इसलिए कई बार किसी एक शॉट को कई कोणों से शूट किया जाता है ताकि बाद में बेहतरीन शॉट को छांटा जा सके। मिसाल के तौर पर राष्ट्रपति भवन के कई कोणों से शॉट लिये जाएं और शूट के दौरान कोई एक शॉट ऐसा मिल जाए जो कि बाकी से अलग हटकर हो तो उसे स्टोरी में शामिल करने के लिए एडिट करना होगा।

एडिटिंग का एक बड़ा फायदा यह भी है कि यह समय को कम या ज्यादा करने की पूरी गुंजाइश देता है। यानी अगर कोई ऐसी कहानी बताई जा रही है जिसे पूरा होने में कई साल या कई महीने लगे थे तो भी कुशल एडिटिंग से उसे क्रमबद्ध ढंग से दो मिनट में दिखाया और समझाया जा सकता है। इसी तरह दो मिनट में हुई किसी घटना को स्लोमोशन या अन्य कई तकनीकों से एडिट कर लंबे समय तक खींचा जा सकता है।

एडिटिंग लीनियर और नॉन-लीनियर दोनों ही तरीकों से की जा सकती है। हर स्टोरी एडिटिंग की प्रक्रिया से गुजरने के बाद ही टीवी पर दिखाई देती है। कुशल एडिटिंग में पत्रकार के गुण और विजुअल का ज्ञान दोनों ही उभरकर सामने आते हैं क्योंकि एडिटिंग के दौरान बेहतर शॉट के लिए निर्णय लेने की जरूरत पड़ती है। पहले चैनलों में एडिटिंग का काम वीडियो एडिटर ही किया करते थे लेकिन अब कई चैनलों में रिपोर्टर कई बार अपनी स्टोरी को खुद एडिट करते हैं। ऐसे में सफल रिपोर्टर बनने के लिए एडिटिंग जानना भी आवश्यक है।

लीनियर एडिटिंग

आसान शब्दों में कहें तो वे सभी एडिटिंग प्रणालियां जिनमें वीडियो टेप का इस्तेमाल होता है, उन्हें *लीनियर एडिटिंग* कहा जाता है (फिर चाहे रिकॉर्ड की गई टेप एनालॉग हो या डिजिटल)। इसका एक मतलब यह भी है कि अगर हम किसी टेप में से 20वां शॉट लेना चाहते हैं तो हमें पहले 19 शॉट्स में से गुजरना ही होगा। हम सीधे 20वें शॉट तक नहीं पहुंच सकते।

नॉन-लीनियर एडिटिंग

डिस्क पर आधारित एडिटिंग को *नॉन-लीनियर एडिटिंग* कहा जाता है। यह प्रणाली कंप्यूटर से चलती है और इसमें डिजिटल सिग्नल से ही काम किया जा सकता है। यह प्रणाली बड़े ईएसएस (इलेक्ट्रॉनिक स्टिल स्टोर) प्रणाली की ही तरह है जिसमें शॉट के हर फ्रेम और सीक्वेंस को एक सेकंड में देखा जा सकता है। नॉन-लीनियर होने की वजह से ही यहां कंप्यूटर के एक ही स्क्रीन पर दो या से ज्यादा फ्रेम सुविधा से देखकर एडिटिंग के लिए बेहतर शॉट्स का चयनित किए जा सकते हैं। एडिटिंग की यह प्रणाली अब ज्यादातर टीवी चैनलों में अपनाई जाती है ताकि रिपोर्टर खुद ही अपनी स्टोरी को एडिट कर सके। इससे कम स्टाफ से पूरा काम लेने का मकसद भी पूरा हो जाता है और रिपोर्टर को भी अपनी स्टोरी को मनचाहा आकार देने की स्वतंत्रता मिल जाती है।

वीडियो एडिटिंग में तल्लीन एक एडिटर

एडिटिंग में इस्तेमाल होने वाली विधाएं

एडिटिंग में जब दो शॉट्स एक साथ लगाए जाते हैं तो *ट्रांजीशन* का इस्तेमाल किया जाता है। इसके लिए कई विधाएं काम में लाई जाती हैं, जैसे—कट, डिजाल्व, वाइप, फेड आदि।

कट : टीवी में दिखाई देने वाला हर दृश्य दो अन्य दृश्यों से जरूर जुड़ा हुआ होता है। एक तो वह दृश्य जो उससे पहले आता है और दूसरा जो उसके बाद में आता है। इन दोनों दृश्यों को आपस में जोड़ने के लिए *कट* का इस्तेमाल किया जाता है। यह एडिटिंग का प्रमुख अंग है। इसी के जरिए शॉट्स में गतिमयता बनाई जाती है। अगर एडिटिंग बहुत संभलकर की जाए तो दर्शक को किसी कट की मौजूदगी का आभास भी नहीं होता। टीवी में हर कट को किसी मकसद से किया जाता है। इसलिए एडिटर को

कहानी की भावना और उसमें छिपे भावार्थ को समझना चाहिए।

वह अंश जहां एक शॉट खत्म होकर नया शॉट शुरू होता है, उसे *एडिट वाइंट* कहा जाता है।

डिजाल्व : ऐसी विधि जिसमें दो शॉट्स को एक खास शैली से एक-दूसरे के साथ जोड़ दिया जाए। कट को तो स्क्रीन पर देखा नहीं जा सकता लेकिन डिजाल्व से होने वाले बदलाव को स्क्रीन पर सीधे महसूस किया जा सकता है। डिजाल्व का इस्तेमाल किसी एक्शन पर अतिरिक्त ध्यान देने या फिर समय के बदलाव को दिखाने के लिए किया जाता है। कहानी की गति के हिसाब से डिजाल्व को तेज या धीमे रखा जा सकता है।

वाइप : इसे एक तरह का *स्पेशल इफेक्ट* (खास प्रभाव) माना जाता है। इसमें एक छवि दूसरी छवि की अलग-अलग तरीकों से जगह लेती है। इसके माध्यम से फिल्म या स्टोरी में नयापन का पुट लाने के साथ ही दर्शक की उत्सुकता को बढ़ाया जाता है।

फेड : इसमें तस्वीर या तो ब्लैक में तब्दील हो जाती है *(फेड आउट)* या फिर स्क्रीन पर ब्लैक से ही उभरकर *(फेड इन)* सामने आती है। आमतौर पर फेड एक खास शुरुआत *(फेड इन)* या एक खास अंत *(फेड आउट)* को दिखाने के लिए किया जाता है। थियेटर में लगे परदे की ही तरह फेड भी किसी एक सीन को दूसरों से अलग करता है।

एडिटिंग के प्रमुख सिद्धांत

गतिमयता : इसका मतलब यह हुआ कि एडिटिंग इस तरह किया जाए कि उसमें विषय, जगह, रंग, ध्वनि और समूचे प्रस्तुतीकरण को लेकर तारम्यता बनी रहे। अगर एक शॉट में बारिश के बीच एक बच्चे को कार में बैठते हुए दिखाया जा रहा है तो दूसरे शॉट में भी सीक्वेंस यानी कि क्रम को ध्यान रखा जाए। यह न हो कि दूसरे शॉट में कार और बच्चा तो हो लेकिन बारिश गायब हो।

परिप्रेक्ष्य का अंदाजा : एडिटिंग चाहे कैसी भी हो, वास्तविक परिप्रेक्ष्य को ध्यान में रखें। इसी तरह *स्टॉक शॉट्स* (आर्काइव के शॉट्स) को शामिल करने में भी सावधानी बरतें। एडिटिंग की दो प्रक्रियाएं होती हैं–

- ऑन लाइन एडिटिंग,
- ऑफ लाइन एडिटिंग।

ऑफ लाइन एडिटिंग में सभी शॉट्स को देखने के बाद रफ एडिटिंग करने की सुविधा होती है। यहां स्वरूप को कई बार संशोधित किया जा सकता है। इस प्रकिया को *रफ कट* कहा जाता है जबकि *ऑन लाइन एडिटिंग* में एडिटिंग के साथ ही टेप को फाइनल आकार दे दिया जाता है।

जंप कट और कट अवे : यह शब्द एडिटिंग के व्याकरण का हिस्सा है। इसका मतलब होता है– अप्राकृतिक रूप से किसी शॉट का इस्तेमाल किया जाना। मिसाल के तौर पर एक शॉट में एक महिला अपराधी को शॉल ओढ़कर कुछ कहते हुए दिखाया जा रहा है लेकिन दूसरे शॉट में शॉल नदारद हो तो देखने में अखरेगा। इसी तरह अगर किसी ने एक लंबा इंटरव्यू दिया है और उनमें से एक छोटे से हिस्से को बाइट के रूप में लगाया

जाना है तो अलग-अलग जगह से ली गई बाइट्स को जोड़ने के लिए बीच में एक ऐसा शॉट लगाया जाएगा जो स्टोरी या शूट किए जा रहे स्थान या फिर इंटरव्यू दे रहे इंसान से कोई ताल्लुक रखता हो। मिसाल के तौर पर–

"फैक्टरी में आग लगने की वजह से आसपास के लोगों को घर खाली करने के लिए कहा गया है। दमकल विभाग अपना काम कर रहा है। उनके साथ 30 लोगों का दस्ता है, पानी का पूरा इंतजाम है। हम इस घटना में किसी आतंकी का हाथ होने की जांच कर रहे हैं।"

अब हो सकता है कि स्टोरी में पहला और आखिरी वाक्य ही इस्तेमाल करना हो।

"फैक्टरी में आग लगने की वजह से आसपास के लोगों को घर खाली करने के लिए कहा गया है। दमकल विभाग अपना काम कर रहा है। (उनके साथ 30 लोगों का दस्ता है, पानी का पूरा इंतजाम है।) हम इस घटना में किसी आतंकी का हाथ होने की जांच कर रहे हैं।"

अब जब इसे आप्स में जोड़ेंगे तो बीच का एक वाक्य हटाए जाने की वजह से दर्शक को शॉट में एक झटका-सा महसूस होगा। इसे ही *जंप कट* कहते हैं। इससे बचने के लिए एडिटर दोनों वाक्यों के बीच जो शॉट लगाएगा, वही *कट अवे* कहलाएगा। यहां कट अवे के तौर पर कमरे में लगा पुलिस का कोई झंडा, वहां पड़े कुछ कागज, अधिकारी का हाथ, रिपोर्टर का एक शॉट–इनमें से कुछ भी लगाया जा सकता है।

एक सुनियोजित और संतुलित एडिट वही होता है जिसमें स्टोरी के मूल स्वर और उसकी मौलिकता से छेड़छाड़ किए बिना स्टोरी को सुगठित कर प्रस्तुत कर दिया जाए। वैसे एडिटिंग में संगीत का ज्ञान भी काफी काम आता है। किसी संवेदनात्मक स्टोरी में अगर परिस्थिति से मेल खाता संगीत शामिल कर दिया जाए तो दृश्य और संगीत मिलकर प्रभाव को दोगुना कर सकते हैं।

एडिटिंग के लिए टिप्स

- एडिट करने से पहले टेप को सलीके से लॉग कर लें। बाइट्स से लेकर पीटूसी तक सभी के काउंटर नंबर लिखकर रख लें।
- जंप कट से हमेशा बचें।
- आर्काइव का इस्तेमाल सोच-समझकर करें। ऐसा न हो कि गर्मी के दिनों में स्वेटर पहने लोगों के शॉट लगा दिए जाएं।
- आर्काइव शॉट लेते समय रिपोर्टर या फिर प्रोडक्शन स्टाफ को इसकी सूचना दे दें ताकि स्टोरी टेलीकास्ट होने के समय आर्काइव का सुपर लगाया जा सके।
- एडिटिंग एक ऐसी कला है जिससे कभी संतुष्ट नहीं हुआ जा सकता। इसलिए अगर समय हो तो एडिट की गई स्टोरी दोबारा जरूर देखें और अपनी समझ के मुताबिक संशोधन करें। अपनी स्टोरी को निखारने के लिए प्रयासरत रहें।

टिप्पणियां और संदर्भ

- नॉन-एडिटिंग : स्टोरी टेलिंग, एस्थैटिक्स एंड क्राफ्ड, ब्रायस बटन, सीएमपी बुक्स, 2002
- नॉन-लीनियर : ए वाइड टू डिजिटल फिल्म एंड वीडियो एडिटिंग, माइक रूबिन, ट्रायड पब्लिशिंग, 1995
- टेकनीक ऑफ लाइटिंग फॉर टेलीविज़न एंड मोशन पिक्चर्स, गेराल्ड मिलरसन, फोकल प्रेस, 1982
- स्टेज लाइटिंग, रिचर्ड पिल्ब्रो, ड्रामा बुक पब्लिशर्ज, 1991
- टेलीविजन फील्ड प्रोडक्शन एंड रिपोर्टिंग, फ्रेडरिक शूक, लांगमैन पब्लिशर्ज, 1989
- वीडियो एडिटिंग, ए पोस्ट प्रोडक्शन प्राइमर, स्टीवन ब्राउन, फोकल प्रेस, 1997
- प्रोडक्शन डिजाइन फॉर टेलीविजन, टैरी ब्रायन-फोकल प्रेस, 1993
- प्रेज़ेटिंग फॉर टीवी एंड वीडियो, जोएन जोरियन लिन, ए एंड सी पब्लिशर्ज, लंदन, 2001
- टेलीविजन प्रोडक्शन, गेराल्ड मिलरसन, फोकल प्रेस, 1999
- डिजिटल टेलीविजन प्रोडक्शन, जेरीमी ओरलीबार, आर्नल्ड, 2002
- टेलीविजन प्रोडक्शन हैंडबुक, हर्बर जेंटल, वैडवर्थ, थॉमसन लर्निंग, 2000
- टाइम टू गेट बैक टू बेसिक्स, पायनियर, वर्तिका नन्दा, 14 नवंबर, 2004
- दि इन्सेसटुअस वर्ल्ड ऑफ टिकर, पायनियर, वर्तिका नन्दा, 28 नवंबर, 2004

सातवां अध्याय

जूता-चप्पल फेंकने का मामला अब आउटडेटेड हो गया...चुनावी सभा की पॉपुलरिटी चाहते हैं तो अब किसी से थुकवाइए और अपना टीआरपी देखिए
पवन

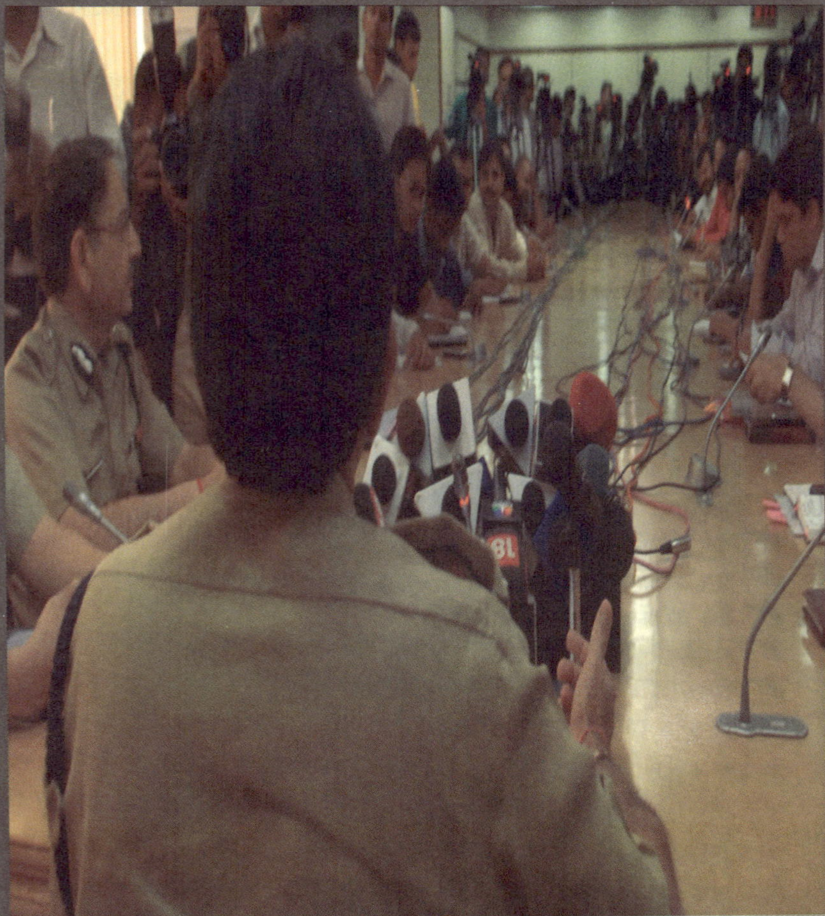

इंटरव्यू, प्रेस कॉन्फ्रेंस और एंकरिंग

तो कई बार वह एक बड़ी खबर बन जाता है। ऐसे में इंटरव्यू लेना या फिर प्रेस कॉन्फ्रेंस के दौरान किसी अलग कोण से खबर को खोदकर निकाल लेना एक प्रतिभा है। इसमें पारंगत होने से पत्रकार अपनी एक अलग पहचान बना सकता है। वैसे तो भेंटवार्ता और प्रेसवार्ता—दोनों ही स्वतंत्र विधाएं हैं लेकिन यह एक-दूसरे की पूरक भी हैं। यह दोनों ही विधाएं सवाल और जवाब की परिपाटी पर आधारित हैं, इसलिए पत्रकार को इस कला का महारथी होना चाहिए।

टीवी इंटरव्यू के प्रकार

इंटरव्यू लेने का अर्थ सिर्फ लोगों से भेंट कर लेना मात्र नहीं है। यह समय बिताने के लिए की जाने वाली बातचीत से एकदम अलग है। दो पक्ष जब बातचीत करते हैं तो पत्रकार के साथ उस समय खबर की खोज का तीसरा तत्व लगातार मौजूद रहता है। वही इंटरव्यू का उद्देश्य भी है। इस तरह से भेंटवार्ता सिर्फ शब्दों का परस्पर लेन-देन नहीं बल्कि खबर और विचार का लेन-देन भी है। यह पत्रकारिता में द्विपक्षीय संचार का सबसे सबल और भरोसेमंद साधन है। आमतौर पर इंटरव्यू तीन प्रकार के होते हैं—

- व्यक्तित्व संबंधी इंटरव्यू,
- समाचारों के लिए इंटरव्यू या फिर
- वी सेट अथवा स्टूडियो के लिए इंटरव्यू।

लेकिन सभी तरह के इंटरव्यू किसी विशिष्ट जानकारी या खबर की तलाश के लिए ही किए जाते हैं। इन दिनों समाचारों के लिए होने वाले साक्षात्कारों की तादाद बढ़ गई है। जिन साक्षात्कारों को लेने की सूचना पहले से हो, वहां मुख्य रूप से तीन तरह की तैयारी की जानी चाहिए—

- उस व्यक्ति के बारे में जिसका इंटरव्यू करना हो,
- विषय के बारे में और
- संवाददाता के व्यक्तित्व और सीमाओं के बारे में।

इंटरव्यू के तत्व

वैसे तो माध्यम चाहे टेलीविजन हो या फिर रेडियो दोनों में ही इंटरव्यू के दौरान अमूमन प्रिंट मीडिया के मंत्र ही चलते हैं लेकिन इस प्रक्रिया में और कई तत्व भी साक्षात्कार के स्वभाव पर गहरा असर डालते हैं, जैसे—

- संवाद,
- पात्र का बाहरी और आंतरिक व्यक्तित्व और
- दृष्टिकोण।

इसके अलावा ऐसी कई विशेषताएं हैं जो कि तीनों माध्यमों (टीवी, रेडियो और प्रिंट) की इंटरव्यू-प्रक्रिया और प्रस्तुतीकरण को एक-दूसरे से अलग दिखाती हैं। इंटरव्यू के दौरान अक्सर मिलने वाले जवाब की गुणवत्ता इस बात पर निर्भर करती है कि सवाल कैसा

था और किस तरीके से पूछा गया था। टीवी की स्टोरी या फिर टीवी पर दिखाए जा रहे इंटरव्यू के लिए सवाल पूछने का सलीका इस माध्यम की आवश्यकताओं के अनुरूप ही होना चाहिए।

इंटरव्यू की तैयारी

- जिसका इंटरव्यू लेना हो, उससे पहले ही समय मांग लेना चाहिए ताकि अतिथि भी विषय पर तैयारी कर सके।
- इसके बाद योजनाबद्ध तरीके से तैयारी में जुट जाइए। इंटरव्यू लेने की वजह और लक्ष्य पर पहले से विचार कर लेना चाहिए। दिमाग में अगर ढांचा साफ है तो इंटरव्यू के दौरान उलझनें कम होंगी और भटकाव भी।
- इंटरव्यू के लिए जो समय लिया गया हो, उस पर अनुशासन से समय पर पहुंच जाएं और अगर इंटरव्यू के समय में बदलाव करना हो तो भी इंटरव्यू देने वाले को क्षमायाचना सहित सूचित कर दें।
- इंटरव्यू से पहले ही अतिथि को जानकारी दे दें कि आप तकरीबन कितना समय लेंगे और फिर उस समय का पालन करने की भी कोशिश करें।
- इंटरव्यू लेने से पहले विषय या संबंधित व्यक्ति पर गहरा अनुसंधान कर लें। कई बार देखा गया है कि इंटरव्यू लेने तक रिपोर्टर को अतिथि का पूरा और सही नाम और यहां तक कि पद तक ठीक से पता नहीं होता। इस तरह का अनुसंधान पहले से ही कर लेने से सवालों की बनावट तय करने में काफी मदद मिल सकती है। मिसाल के तौर पर—किसी घटना को लेकर अगर दिल्ली के पुलिस आयुक्त का इंटरव्यू लेना हो तो पहले पुलिस आयुक्त और उनके कार्यक्षेत्र से जुड़ी तमाम जानकारियां जमा कर लें।
- पहनावे पर गौर करें। शालीन कपड़े पहनें। साफ-सुथरे और प्रोफेशनल दिखें।
- कोशिश करें कि इंटरव्यू के लिए पूरे साज-सामान के साथ जाएं। कई बार रिपोर्टर या एंकर अतिथि से ही पेन और कागज मांगते दिखते हैं। ऐसे बर्ताव से पत्रकार का गैर-जिम्मेदाराना व्यवहार झलकता है और अतिथि की नजर में पत्रकार की व्यावसायिक छवि भी घटती है।
- सवालों को लिखकर रखिए। इससे बातचीत को फोकस में रखने और सही दिशा में आगे बढ़ाने में मदद मिलती है।
- अगर आप चाहें तो साक्षात्कार से पहले रिकॉर्डिंग कराने वाले अधिकारियों और तकनीकी सहयोगियों से अतिथि का परिचय करवा सकते हैं। इस बीच माइक्रोफोन, कैमरा और लाइट की स्थिति का भी तकीनीकी परीक्षण किया जा सकेगा।
- साक्षात्कार की रिकॉर्डिंग के लिए आमतौर पर कॉलर (लेपल) माइक्रोफोन ज्यादा उचित माने जाते हैं। इन्हें *व्यक्तिगत माइक्रोफोन* भी कहा जाता है। यह छोटा, हल्का और क्लिपयुक्त माइक होता है जिसे कि आसानी से कमीज में लगाया

जा सकता है। यह रिकॉर्डर के साथ एक पतले तार से जुड़ा होता है। इस तार को कपड़े के अंदर से लेकर लगाया जा सकता है ताकि टीवी पर लेपल की तार दिखाई न दे। चूंकि यह माइक्रोफोन व्यक्ति के मुंह के काफी करीब होता है, इसलिए यह वहां बेहद उपयोगी होता है जहां पीछे से काफी ऊंची आवाज आ रही होती है लेकिन साथ ही यह माइक्रोफोन इतना संवेदनशील होता है कि यह हिलने-डुलने की हल्की-सी आवाज को भी रिकॉर्ड कर सकता है।

- अगर अतिथि खुद लेपल को लगाना न जानता हो तो रिपोर्टर को उसकी मदद करनी चाहिए। वैसे बेहतर यही होता है कि अगर संभव हो तो पुरुष अतिथि को लेपल पुरुष ही लगाए और महिला अतिथि को लेपल लगाने का काम महिला ही करे।
- माइक्रोफोन को यथोचित दूरी पर रखें। उसे छुएं नहीं और न ही माइक्रोफोन को जेब में रखी वस्तुओं के निकट संपर्क में रखें। ऐसा होने से टीवी पर अनावश्यक आवाज सुनाई पड़ सकती है।

अतिथि की सहजता के लिए

- आइस ब्रेकर का काम करें। यानी पहले हल्के-फुल्के सवाल पूछिए। कुछ अनौपचारिक होने की कोशिश कीजिए और तुरंत अपनी कॉपी न खोलिए। इंटरव्यू देने वाले को सहज होने का अवसर दीजिए।
- अगर समय हो तो पहले कुछ मूल या आसान सवाल पूछिए ताकि इंटरव्यू देने वाला खुलकर बात करने के मूड में आ जाए।
- सुनिए। टोकिए नहीं। सुनिए तो पूरी तल्लीनता के साथ। इससे सामने वाला तुरंत ही सहज होकर अपनी बात बांटने के लिए इच्छुक हो उठेगा।
- जो सुन रहे हैं, उसी के सिरे को पकड़कर अगला सवाल पूछिए। इससे यह संदेश जाएगा कि आप अभिनय नहीं कर रहे बल्कि आप वाकई अपने काम के प्रति और मेहमान के कहे जा रहे शब्दों के प्रति गंभीर हैं।
- चाहें तो कुछ परिस्थितियों में मेहमान से यह भी जानने की कोशिश कर सकते हैं कि क्या कुछ ऐसे सवाल भी हैं जो वे चाहते हैं कि उनसे जरूर पूछे जाएं। फीचर से जुड़े इंटरव्यू में इस विधि को अपनाने से कई बार दिलचस्प नतीजे निकल आते हैं।

कैमरे के सामने इंटरव्यू

- रिपोर्टर को अपने हाथ के कागज़ या कॉपी को इस तरह से थामना चाहिए कि वह टीवी स्क्रीन पर प्रमुखता के साथ न दिखाई दे।
- बोलने में उतार-चढ़ाव और विराम पर ध्यान दे।
- जितना संभव हो, कैमरे के लेंस में देखिए। इससे दर्शकों के साथ सीधा तालमेल स्थापित होता है।

- शॉर्टहैंड आता हो तो इससे बहुत सुविधा रहेगी। इससे दफ्तर में जाकर बहुत से जवाबों को दोबारा सुनना नहीं पड़ेगा।
- हालात को देखकर सवाल करें। ऐसे सवालों से बात को शुरू न करें कि जवाब देने वाला पल भर में ही असहज महसूस करने लगे।
- इंटरव्यू देने वाले को इत्मीनान से अपना पक्ष रखने का मौका दें। अगर कोई पहली बार कैमरे का सामना कर रहा हो तो उसे कैमरे की हिचक को पार करने में थोड़ा समय लग सकता है। अगर रिपोर्टर के पास समय हो तो उसे इंटरव्यू देने वाले को व्यवस्थित होने का मौका देना चाहिए।
- हर सवाल को सीधे तौर पर कागज से पढ़कर न पूछें। इससे रिपोर्टर का आत्मविश्वास सवालों के घेरे में आ जाएगा। साथ ही जवाब देने वाले को भी यह तरीका अखरेगा।
- एक बार में एक ही सवाल पूछिए। सवाल सारगर्भित हों। एक छोटे-से सवाल को लंबी कहानी कहकर पूछने से परहेज करिए। हो सकता है कि इससे इंटरव्यू देने वाले के अलावा खुद सवाल पूछने वाला भी अंत में असली सवाल भूल जाए। मिसाल के तौर पर अगर सवाल इस तरह से पूछा जाता है कि—

इंस्पेक्टर साहब, यह बताएं कि यह घटना कब और कैसे हुई और आप लोग मौके पर कितने बजे पहुंचे और अब हालात किस हद तक काबू में हैं?

यह सवाल कई केंद्रों में गुँथा हुआ है और एक ही वाक्य में इन्हें समेट लेने से जवाब देने वाले के लिए यह तय करना मुश्किल हो सकता है कि वह अपनी बात की शुरुआत कैसे करे।

— जहां भी जरूरी हो, सवाल के जवाब से निकलते हुए सवाल पूछिए।

— किसी मुद्दे विशेष पर अगर बैकग्राउंड में जाना हो तो उससे जुड़ा सवाल भी जोड़ा जा सकता है।

— कोई मुद्दा वर्तमान में किस दिशा में है और उसका भविष्य क्या हो सकता है, यह जानने की कोशिश कीजिए।

— कोई पेचीदा लेकिन संवेदनशील मुद्दा हो तो सवाल को दूसरे तरीके से दोहराकर बेहतर बाइट लेने की कोशिश करने में कोई हर्ज नहीं।

— भावुक बातों के मामले में संवेदनशीलता से काम लें।

- समय-सीमा को हमेशा जहन में रखें। स्टोरी को कब तक टेलीकास्ट किया जाना है या इंटरव्यू को किस बुलेटिन में दिखाया जाना है, इसी के अनुरूप सीधे-सटीक सवाल किए जाने चाहिए। स्टोरी या फिर बुलेटिन का स्वभाव और जरूरत समझ लेने पर इंटरव्यू को निर्धारित समय में समेट लेने में सुविधा होगी।
- जरूरी नहीं है कि वही सवाल पूछे जाएं जो कि पहले से लिखकर रख दिए गए हैं। इंटरव्यू दे रहे व्यक्ति के जवाबों में से भी नए सवाल जन्म ले सकते हैं लेकिन इसके लिए रिपोर्टर को इंटरव्यू दे रहे व्यक्ति के जवाबों पर अपना पूरा

ध्यान केंद्रित करना होगा और विषय की तैयारी रखनी होगी। इसका फायदा यह भी होगा कि अगर इंटरव्यू देने वाले ने किसी सवाल का जवाब पूछे बिना ही दे दिया हो तो रिपोर्टर को उसे दोबारा पूछना नहीं पड़ेगा। फिर भी अगर वह सवाल को दोहराता है तो इससे उसकी कार्यक्षमता की कमी झलकेगी और इंटरव्यू देने वाले को भी यह बेतुका लगेगा।

- इंटरव्यू को मूल मुद्दे से न भटकाएं। अनावश्यक समय बर्बाद करने वाले पत्रकार को कोई पसंद नहीं करता।
- सवाल पूछते समय अपनी आवाज और रवैए पर ध्यान दें। नए क्राइम रिपोर्टर अक्सर यह भूल जाते हैं कि वे पुलिसिया पूछताछ और बेवजह की डांट-डपट करने का अधिकार नहीं रखते। सवाल सम्मान और गरिमा के साथ पूछने चाहिए। सवाल इस तरह न पूछें कि इंटरव्यू देने वाले को महसूस हो कि पत्रकार उस पर चिल्ला रहा है। सवाल पूछने वाला अधिकार से सवाल तो पूछ सकता है लेकिन बदतमीजी नहीं की जानी चाहिए।
- जब सवाल के जवाब दिए जा रहे हों तो पत्रकार को कम से कम अपना सिर हिलाकर इतना जरूर अभिव्यक्त करना चाहिए कि वह बात को गौर से सुन रहा है। इससे जवाब देने वाला आश्वस्त होता है। टीवी इंटरव्यू के दौरान हां-हां या हूं-हूं नहीं कहा जाता क्योंकि इससे वह आवाज़ भी इंटरव्यू में रिकॉर्ड हो जाती है और फिर टीवी पर खटकती है। इससे संपादन करने में भी असुविधा होती है। इसलिए सिर हिला देना भर ही काफी है।
- इंटरव्यू के दौरान अतिथि से आंखों के जरिए संपर्क बनाए रखना चाहिए। इससे भी अतिथि को यह आश्वासन मिलता है कि आप उसकी बात को गौर से सुन रहे हैं। दिए गए जवाबों को लगातार लिखते न रहिए। इससे इंटरव्यू देने वाला इधर-उधर देखने लगेगा जो कि टीवी के स्क्रीन पर देखने पर दर्शक पर वांछित प्रभाव नहीं डालेगा। दर्शक समझ ही नहीं पाएंगे कि अतिथि इंटरव्यू पर अपना ध्यान क्यों नहीं केंद्रित कर पा रहा है।
- जब सवाल के जवाब दिए जा रहे हों तो अपने चेहरे की भाव-भंगिमाओं को नियंत्रण में रखें। हमेशा ही अविश्वास की नजर से या फिर गुस्से में दिखने वाला अपराध पत्रकार कभी संतोषजनक इंटरव्यू हासिल नहीं कर सकता। चेहरे के भाव अगर शिथिल या बेहद नकारात्मक हैं तो इंटरव्यू देने वाला पत्रकार से दूरी बनाकर रखना चाहेगा और खुलकर जवाब देने से परहेज करेगा। साक्षात्कार भले ही अपराधी का लिया जा रहा हो, तब भी रूखापन न दिखाइए।
- ऐसे सवाल न करें जिनके जवाब सिर्फ हां या ना में ही मिलने की संभावना हो। सभी सवालों के जवाब अगर इतने संक्षिप्त होंगे तो वे कोई खास मायने नहीं रखेंगे।
- इंटरव्यू लेते समय कैमरे के साथ बैठा जाता है कि ताकि टीवी देख रहे दर्शक को लगे कि अतिथि सीधे उसी से बात कर रहा है। अगर इंटरव्यू में दो कैमरे

इस्तेमाल किए जा रहे हैं तो आमने-सामने भी बैठा जा सकता है।

- अगर स्रोत बहुत ही लंबा और मुद्दे से हटकर जवाब दे रहा हो तो उसे टोक कर कोई और सवाल पूछने में कोई हर्ज नहीं है लेकिन वाक्य के बीच में न टोकें। स्रोत को अपना वाक्य पूरा कर लेने दें और सांस लेने के बाद ही रोकें। बीच में रोक देने से वीडियो संपादन करने में परेशानी आएगी क्योंकि ऐसे में वाक्य काटने से टीवी की तकनीक को समझने वाले दर्शक समझ जाएंगे कि बीच में टोका गया था।

इंटरव्यू के बाद

- पत्रकार को इंटरव्यू की तकनीकी जरूरतों का आभास होना चाहिए। उसे *कट अवे* और *जंप कट* जैसे तकनीकी शब्दों से भी परिचित होना चाहिए।
- इंटरव्यू खत्म होते ही कैमरामैन से कुछ कट अवे लेने का आग्रह कीजिए।
- अपने शॉट्स लेने के लिए कैमरामैन को विवश न करें। स्टोरी में आवश्यकता के बिना रिपोर्टर के शॉट्स डालने से वे शॉट्स दर्शकों को चुभ सकते हैं।
- इंटरव्यू के बाद अतिथि की कमीज से लेपल माइक निकालना न भूलें।
- इंटरव्यू लेने के बाद अतिथि को धन्यवाद जरूर कहें और संभव हो तो इंटरव्यू के टेलीकास्ट का समय भी बता दें।

स्टूडियो के अंदर इंटरव्यू

अगर आपको साक्षात्कार स्टूडियो के अंदर लेना हो और चैट शो की तरह कार्यक्रम की रिकॉर्डिंग करनी हो तो भी नियम तो तकरीबन यही रहते हैं लेकिन इसके साथ ही कुछ अतिरिक्त सावधानियां भी बरतनी होंगी।

- अतिथि को रिकॉर्डिंग से कुछ समय पहले बुला लें। ऐसा न हो कि उसे रिकॉर्डिंग से कुछ मिनट पहले का ही समय दिया जाए या फिर 2-3 घंटे पहले आमंत्रित कर लिया जाए। ऐसा बर्ताव होने पर शायद वह दोबारा आपके स्टूडियो में आना पसंद न करे।
- अतिथि के स्वागत के लिए उपलब्ध रहें। वैसे कई न्यूज चैनलों में यह कर्तव्य गेस्ट मैनेजमेंट के लोग बखूबी निभाते हैं।
- अतिथि को जलपान कराना न भूलें।
- अतिथि को एक कोने में अकेला न छोड़ दें। बीच-बीच में आप खुद या फिर प्रोडक्शन स्टाफ उससे बात करता रहे तो बेहतर होगा।
- अगर अतिथि मेकअप करवाना चाहता हो और अगर यह संभव हो तो इनकार न कीजिए।
- प्रोग्राम लाइव है या फिर रिकॉर्डिंग की जा रही है, इसकी सूचना दे दें।
- अतिथि को स्टूडियो में लाने से पहले अवगत करवा दें कि वह स्टूडियो की जमीन पर बिछी तारों को ध्यान में रखते हुए सावधानी से चले।

- अगर समय हो तो अतिथि का प्रोडक्शन स्टाफ से परिचय करवाया जा सकता है।
- अतिथि को पहले से ही बता दें कि समय-सीमा समाप्त होने पर किस तरह का इशारा दिया जाएगा।
- यह भी समझा दें कि कार्यक्रम के खत्म होने का संकेत न दिए जाने तक वह अपना माइक न निकाले।

फोनो इंटरव्यू

इस विधि में अतिथि को स्टूडियो में बुलाने या फिर उसके पास कैमरा टीम सहित जाने के बजाय सीधे फोन पर ही बात कर इंटरव्यू या फिर बयान ले लिया जाता है। फोन पर इंटरव्यू लेते समय इन बिंदुओं को ध्यान में रखें–

- फोन मिलाते ही अपना पूरा परिचय और फोन करने की वजह बताएं। अगर अतिथि पुष्टि करने के लिए आपसे चैनल का फोन नंबर मांगे तो वह बेहिचक दे दें।
- रिकॉर्डिंग करने से पहले पक्का कर लें कि अतिथि को आपकी आवाज साफ सुनाई दे रही हो और यह भी कि आप फोन पर सही व्यक्ति से बात कर रहे हों।
- अगर अतिथि फोन पर बात करने में संकोच करें और आप जानते हों कि उस परिस्थिति में तुरंत इंटरव्यू लिया जाना भी जरूरी है तो अतिथि को तर्क देते हुए सहमत करने की कोशिश करें। आप समझाएं कि तुरंत प्रतिक्रिया दिए जाने से समाचार को संतुलन मिलेगा।
- फोन पर मौजूद व्यक्ति को फोनो रिकॉर्ड करने से पहले मुद्दा और फोनो की अनुमानित अवधि बताना ठीक रहता है।
- सवाल छोटे रखें।
- फोन की लाइन पर मौजूद व्यक्ति को बता दें कि वह इंटरव्यू के दौरान अपने आसपास टीवी या रेडियो न चलाएं।
- सबसे अहम सवाल को, जितना जल्दी हो सके, पूछ लें क्योंकि हो सकता है कि थोड़ी देर में फोन की लाइन कट जाए और फिर दोबारा जल्दी न मिले।
- अगर फोनो लाइव हो तो फोनो दे रहे व्यक्ति को इसकी पूर्व सूचना दे दें।
- इंटरव्यू लेने के बाद अतिथि को धन्यवाद देना न भूलें।

(ध्यान रखें कि टीवी के स्क्रीन पर अतिथि का सही नाम और पद लिखा जाए। उसमें मामूली-सी भी गलती न हो। इसी तरह कई बार ऐसा भी होता है कि फोनो प्लेकार्ड में संबंधित अतिथि के बजाय किसी और का ही फोटो दिखा दिया जाता है। चूंकि ग्राफिक बनाने वाले कई बार अतिथि के चेहरे से परिचित नहीं होते, ऐसे में जल्दबाजी में ऐसी गलतियां हो जाती हैं, इसलिए पत्रकार को ग्राफिक में लगाए जा रहे चेहरे को खुद देख लेना चाहिए ताकि *ऑन एयर* जाते समय यानी लाइव प्रसारण के दौरान ऐसी भूल न हो।)

प्रेस कॉन्फ्रेंस

प्रेस कॉन्फ्रेंस यानी एक तरह का सोच-समझकर दिया जाने वाला भाषण या लंबा बयान जिसमें पत्रकार को भी सक्रियता से सवाल पूछने का अवसर मिलता है। मजाक में यह भी कहा जाता है कि प्रेस कॉन्फ्रेंस एक ऐसा अवसर है जिसमें कई बार वे बातें ज्यादा कामगर होती हैं जिन्हें वक्ता या स्पीकर कॉन्फ्रेंस के बाद कहते या बताते हैं।

समाचार के संकलन की प्रक्रिया में प्रेस कॉन्फ्रेंस (प्रेस प्रतिनिधि सम्मेलन) की भूमिका को नजरअंदाज नहीं किया जा सकता। इस स्रोत का विशेष महत्व इसलिए है क्योंकि समाचार का सूत्र खुद जानकारी देने के लिए प्रेस को आमंत्रित करता है। इस तरह से यह प्रेस विज्ञप्तियों जैसा रूखा-सूखा एकतरफा संचार नहीं होता बल्कि वह एक जीवंत संचार होता है जिसमें सूचनाएं खुद प्रवाहित होकर सामने आती हैं।

जिस तरह से साक्षात्कार एक कला है, उसी तरह से प्रेस कॉन्फ्रेंस एक कौशल है और खबर को हासिल करने का एक सुनियोजित माध्यम भी। चूंकि यह एक सामूहिक प्रक्रिया है, इसलिए मौजूद पत्रकारों की सहभागिता से ही प्रेस कॉन्फ्रेंस से यथोचित फायदा उठाया जा सकता है।

प्रेस कॉन्फ्रेंस में जाने से पहले

इंटरव्यू की ही तरह प्रेस कॉन्फ्रेंस की भी तैयारी की जाती है। प्रेस कॉन्फ्रेंस का निमंत्रण मिलते ही संवाददाता को यह जानना चाहिए कि वह किस विषय पर और किस मकसद से की जा रही है। प्रेस कॉन्फ्रेंस में जाने का मतलब यह कतई नहीं होता कि सभी जानकारियां कॉन्फ्रेंस-स्थल पर पहुंचकर ही जमा की जाएं बल्कि इसके लिए पहले से ही तैयारी कर लेने से कॉन्फ्रेंस में कम ही समय में सार्थक सवाल पूछकर अपनी

उपस्थिति को सफल बनाया जा सकता है। मान लीजिए कि आपके शहर में बलात्कार की एक ताजा घटना हुई है और पुलिस ने बलात्कारी को पकड़ लिया है। इसी विषय पर पुलिस अधिकारी प्रेस कॉन्फ्रेंस कर रहे हैं। ऐसे में प्रेस कॉन्फ्रेंस में जाने से पहले इस तरह की तैयारी अनिवार्य तौर पर कर लीजिए–

- यह घटना कब, कहां, कैसे हुई थी,
- इस वारदात को किस तरह से सुलझाया गया है,
- अपराधी को कब और कहां से गिरफ्तार किया गया ,
- अपराधी की पृष्ठभूमि कैसी है,
- पिछले एक-दो साल में शहर का क्राइम ग्राफ यानी कि अपराध दर कैसी रही है,
- कितने मामले सुलझाए गए हैं या अनसुलझे रह गए हैं?

विषय के अलावा प्रेस कॉन्फ्रेंस बुलाने वाले व्यक्ति और उसके संगठन का ब्योरा भी ले लीजिए ताकि पृष्ठभूमि के आधार पर बेहतर सवाल पूछे जा सकें। शुरुआती दिनों में प्रेस कॉन्फ्रेंस में शामिल होने वाले पत्रकार इस बात को अहमियत नहीं देते कि कॉन्फ्रेंस हॉल में उन्हें कहां बैठना चाहिए और इस छोटी-सी नासमझी की वजह से वे अक्सर उपयुक्त शॉट्स या बाइट्स हासिल नहीं कर पाते। आमतौर पर प्रेस कॉन्फ्रेंस का आयोजन किसी बड़े मुद्दे को लेकर किया जाता है। ऐसे में पत्रकार को सबसे पहले तो समय से पहले ही कॉफ्रेंस-स्थल पर पहुंच जाना चाहिए ताकि मनमाफिक जगह पर बैठा जा सके और कैमरामैन या फोटोग्राफर भी अपनी सुविधा के मुताबिक जगह का चुनाव कर सके। अमूमन प्रेस कांफ्रेस में भारी भीड़ जमा हो जाती है, इसलिए पत्रकार को वक्ता के करीब ही बैठने की कोशिश करनी चाहिए। दरअसल बैठने की जगह ऐसी होनी चाहिए जहां से वक्ता और कैमरामैन दोनों के साथ ही तारतम्य बनाकर रखा जा सके। ऐसा करने से वक्ता से सवाल पूछने में आसानी होगी और कैमरामैन को दिशा-निर्देश भी बिना किसी रुकावट के दिए जा सकेंगे।

कई बार कॉन्फ्रेंस आयोजक कॉन्फ्रेंस से थोड़ी देर पहले एक प्रेस-विज्ञप्ति पत्रकारों में वितरित कर देते हैं ताकि पत्रकार मुद्दे से अवगत हो सकें और कॉन्फ्रेंस शुरू होने से पहले दिमागी तैयारी कर सकें। इस प्रेस-विज्ञप्ति को पूरी तल्लीनता से पढ़ना चाहिए और संभावित संशयों और सवालों की एक सूची बना लेनी चाहिए।

प्रेस कॉन्फ्रेंस दौरान सावधानियां

- कॉन्फ्रेंस शुरू होने पर सभी सवाल खुद ही पूछने की कोशिश न करें क्योंकि ऐसा बर्ताव दूसरे पत्रकारों को स्वाभाविक रूप से बुरा लग सकता है। एक ही पत्रकार की अति-जिज्ञासा को न तो वक्ता पसंद करता है और न ही सहयोगी पत्रकार ही।
- जिन सवालों को पहले ही पूछा जा चुका हो, उन्हें भी दोबारा न पूछें बल्कि उन

सवालों से आगे बढ़ने की कोशिश करें ताकि प्रेस कॉन्फ्रेंस का आयोजन सार्थक हो और बेवजह समय की बर्बादी न हो।

- सवाल एकदम सीधे, स्पष्ट और छोटे होने चाहिए।
- कॉन्फ्रेंस के दौरान हॉल में मौजूद दूसरे पत्रकारों के सवालों को काटने, उन पर हंसने या फिर उनके पूछे सवालों को बेवजह ही संशोधित करने की भूल न करें।
- केवल उन्हीं सवालों के जवाब ध्यान से न सुनें जो कि आपने खुद पूछे हों बल्कि हर सवाल के जवाब को ध्यान से सुनें और अपने नोट्स लेते रहें।
- टीवी के लिए शूट कर रहे पत्रकार वैसे प्रेस कॉन्फ्रेंस के बाद दोबारा से बाइट लेना पसंद करते हैं ताकि वक्ता एक अलग बैकग्राउंड में दिखाई दे। अगर आपको भी कॉन्फ्रेंस के बाद बाइट लेनी हो तो आप कैमरे के पास खड़े हों और दूसरों को परेशान न करें।
- प्रिंट के पत्रकारों के प्रति नकारात्मक रुख न रखें।
- कॉन्फ्रेंस के दौरान और बाद में कैमरामैन को कट अवे लेने की हिदायत दे दें।

भाषा पर पकड़

भाषा अभिव्यक्ति का एक ठोस हथियार है। इलेक्ट्रॉनिक मीडिया लीक से हटकर भले ही अनगिनत प्रयोग कर ले लेकिन भाषा की अनदेखी नहीं की जा सकती। टीवी का दर्शक अनपढ़ भी हो सकता है और एक विद्वान भी। इसलिए भाषा ऐसी हो कि दोनों को आसानी से समझ में आ जाए। टीवी न्यूज में भाषा अलंकार के लिए नहीं बल्कि सहज अभिव्यक्ति के यंत्र के रूप में ज्यादा कारगर होती है। लाइव रिपोर्टिंग के इस दौर में एकाएक न्यूज देते समय पहले से तैयारी करने का समय नहीं मिल पाता। तब जितना जरूरी खबर को तुरंत देना होता है, उतना ही जरूरी भाषा की समझ का होना भी होता है ताकि पत्रकार बिना रुकावट के सार को सुरुचिपूर्ण ढंग से वाक्य-संरचना कर ढाल सके। लाइव रिपोर्टिंग में कई बार यह भी होता है कि पत्रकार को एक मिनट के बजाय तीन या चार मिनट तक बोलने का आदेश दे दिया जाए। ऐसे में शब्दों पर पकड़ न होने पर पत्रकार के लिए लाइव रिपोर्ट देते हुए खुद को मजबूती से टिकाए रख पाना मुश्किल हो सकता है। दरअसल दर्शक किसी भी स्टोरी में शब्द और शॉट्स से लेकर रिपोर्टर के व्यक्तित्व तक—हर पहलू का गहन अवलोकन करता है। इसी के आधार पर वह दिखाई जा रही स्टोरी का मूल्यांकन करता है। यह किसी भी स्टोरी की सफलता के मूल्यांकन की न्यूनतम शर्त है।

याद रखिए कि किसी भी चैनल के पास इतना समय नहीं होता कि वह अपने पत्रकारों को भाषाई ज्ञान देने या परिष्कृत करने के लिए अलग से किसी टीम को लगा सके। इसलिए पत्रकारिता में कदम रखने से पहले ही इसकी तैयारी शुरू कर देनी चाहिए। भारत में निजी चैनलों के जन्म के शुरुआती दौर में तो हिंदी को देवनागरी की बजाय रोमन में ही लिखा जाता था और फिर इसी से वॉयस ओवर भी किया जाता था। लेकिन

अब ऐसा नहीं है। इस तरह से मौजूदा तकनीक का ज्ञान कार्यक्षेत्र में सुविधा को बढ़ा सकता है। बेशक आधुनिक संचार माध्यमों ने दृश्य-श्रव्य माध्यमों के जरिए अभिव्यक्ति को पहले से कहीं सुविधाजनक बनाया है लेकिन इस सुविधा में चुनौतियां भी हैं। कड़ी प्रतियोगिता के बीच संचार का माध्यम बनते पत्रकार के लिए ढेरों कसौटियों पर खरा उतरना किसी टेढ़ी खीर से कम नहीं। अर्जेंटीना के प्रसिद्ध कवि-कथाकार होर्जे बोर्खेज ने लिखा है–

"इस पृथ्वी पर अनादिकाल से एक ही कहानी चल रही है जिस पर लेखक अपने-अपने ढंग से लिखता है। यानी फॉर्मूला और आपकी प्रतिभा मिलकर ही एक सफल व्यावसायिक लेखक का सृजन करते हैं।"

इसे टीवी के संदर्भ में देखें तो लगता है कि कहानी भले ही एक जैसी हो, अगर बताने की शैली में बहाव नहीं तो बात जमती नहीं। अंदाज, भाषा और कहानी की समझ से लैस पत्रकार टीवी में निश्चित तौर पर लंबी दूरी की यात्रा तय कर सकता है।

एंकरिंग

अब क्राइम सिर्फ न्यूज बुलेटिन का एक अंश नहीं है बल्कि वह एक कार्यक्रम में तब्दील हो जाने की क्षमता भी रखता है। यही वजह है कि तकरीबन हर न्यूज चैनल पर अब अपराध के कार्यक्रमों की अलग जगह बना दी गई है। ऐसे कार्यक्रमों की एंकरिंग भी अन्य कार्यक्रमों की तुलना में अलग मेहनत मांगती है। एंकरिंग अब पत्रकारिता से अलग नहीं है बल्कि उसी की एक शाखा बन गई है। ऐसे में अब एंकर से पहले के मुकाबले अपेक्षाएं बढ़ गई हैं। एंकरिंग करने से पहले कई बार कुछ डर दिमाग पर हावी रहते हैं, जैसे–

- टीवी कैमरे के सामने ठीक से न बोल पाने का डर,
- टीवी पर आकर्षक न दिखने का डर और
- दर्शकों को पसंद न आने का डर,

ऐसी अनगिनत शंकाओं से निजात पाने के लिए अपनी कमियों और गुणों का खुद ही अवलोकन करते रहिए। मौजूदा माहौल में एंकर बनने के लिए आकर्षक नैन-नक्श से कहीं ज्यादा पत्रकारी काबिलियत का होना जरूरी है। एंकरिंग की बुनियादी खूबियों को इन हिस्सों में बांटा जा सकता है–

- समाचार-बोध,
- आवाज और वाचन शैली,
- भाषा, ज्ञान और उच्चारण,
- बॉडी लैंग्वेज।

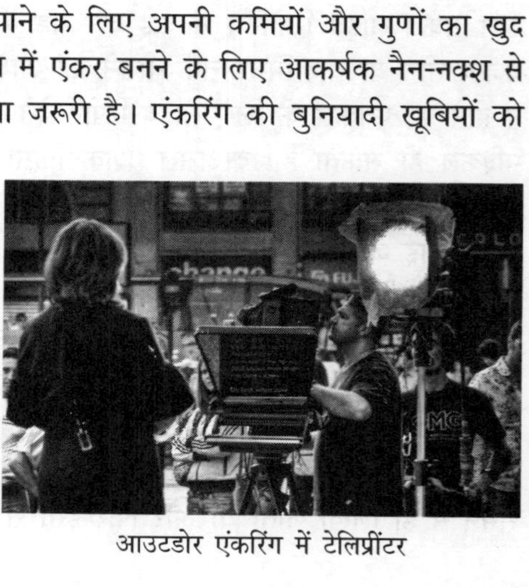

आउटडोर एंकरिंग में टेलिप्रींटर

समाचार-बोध

एंकर को किसी खबर के वर्तमान के साथ ही उसके इतिहास से भी परिचित होना चाहिए। वह समसामयिक घटनाओं और उनके मर्म से वाकिफ हो। अब संभव नहीं है कि एंकर प्रसारण से कुछ देर पहले दफ्तर में आए और मेकअप करवाकर सीधा खबर पढ़ना शुरू कर दे। अब एंकर के लिए खबर निर्माण की प्रक्रिया का हिस्सा होना अनिवार्य है। खालिस भाषा में कहें तो वह खुद ही खबरनवीस होना चाहिए। उसमें इतनी क्षमता होनी चाहिए कि वह खबर की वस्तुनिष्ठता को जान सके। अगर रिपोर्टर या डेस्क का व्यक्ति खबर में कोई गलत सूचना डाल देता है तो वह उसे पकड़ लेने में सक्षम होना चाहिए क्योंकि एंकर अगर किसी अधपकी खबर को पढ़ता है तो इसका पहला असर खुद उसी की छवि पर पड़ता है। इसलिए एंकर को समाचारों की दौड़ती-भागती दुनिया से संपर्क बनाए रखना चाहिए। आपराधिक खबरों को पढ़ते समय उसे जागरूक और सचेत रहना चाहिए और साथ ही आपराधिक शब्दावली का ज्ञान भी विकसित करना चाहिए। एंकर खबर का मर्म भी समझे और एंकर के रूप में अपना धर्म भी।

आवाज और वाचन शैली

आवाज दर्शक से जोड़ भी सकती है और काट भी। वैसे तो हर इंसान की आवाज और बोलने का तरीका दूसरे से अलग होता है लेकिन तब भी एंकरिंग करते समय अपनी शैली पर गौर करें। आवाज दमदार हो और उतार-चढ़ाव सटीक। एंकरिंग का चाहे कितना ही अनुभव हो, प्रसारण से पहले एंकर लिंक्स का अभ्यास कर लें। ध्यान रखें कि किस शब्द पर ज्यादा जोर देना है और किस पर कम। बोलने की गति में भी एक लय और तारतम्य बनाए रखें। वाक्यों के बीच सही अवसर पर विराम लें। वैसे अंग्रेजी न्यूज एंकर को प्रति सैंकड तीन शब्द बोलने चाहिए जबकि हिंदी न्यूज एंकर को ढाई शब्द लेकिन मौके के मुताबिक इस गति को कम या ज्यादा करने के लिए तैयार रहें। अपने स्वभाव में इतनी लचक रखें कि अगर ब्रेकिंग न्यूज आने पर पीसीआर या न्यूजरूम खबरों का क्रम बदलता है या एंकर लिंक्स में कोई बदलाव करता है तो इसे अन्यथा न लें।

एंकर के व्यवहार में व्यावसायिक पुट हो और व्यावहारिक लचक भी। अपने लिंक्स के जरिए बेवजह सनसनी फैलाने की कोशिश न करें। अगर आपके एंकर लिंक किसी और ने लिखे हैं और आपको उसमें कोई बात अखरती है तो उसे बेहिचक कह दें। कोशिश करें कि ऐसा कोई शब्द या वाक्य न पढ़ें जिसके तर्क या ब्योरे से आप पूरी तरह से असहमत हों। अपराध कार्यक्रम को एंकर करते समय खुद पुलिस अधिकारी या अपराधी के रूप में दिखने की कोशिश भी हास्यास्पद लग सकती है। खबर को न तो आक्रामक अंदाज में पढ़ें और न ही दूसरे एंकरों की नकल करें। स्वाभाविकता का कोई सानी नहीं हो सकता।

भाषा, ज्ञान और उच्चारण

टेलीविजन एक प्रयोगशाला है। कहते हैं कि पत्रकारिता जल्दी में लिखा गया साहित्य है लेकिन इसका मतलब यह नहीं है कि जान-बूझकर भाषायी अशुद्धियों का समावेश किया जाए। आम दर्शक टीवी और रेडियो की एंकर की भाषा और उच्चारण को अक्सर मील का पत्थर मान लेता है। इसलिए भाषा की अस्मिता बनाकर रखें। अगर आपको टीवी में अस्पष्ट और टेढ़े-मेढ़े उच्चारण करने वाले दूसरे एंकर दिखते भी हैं तो यह मानकर न चलें कि आप भी ऐसा करेंगे तो दर्शक को स्वीकार्य होगा। बेहतर होगा कि आप दूसरों में दिखने वाली कमियों से खुद को अछूता रखें। श-स, ज-ज़, र-ड़, से जूझने वाले पत्रकारों की कोई कमी नहीं है लेकिन नियमित अभ्यास से इन कमियों से उबरा जा सकता है। हिंदी वर्णमाला में कुछ ऐसे अक्षर हैं जिनके उच्चारण की एक विशिष्ट शैली है। जैसे कि फ-भ, और ध और घ। इनके उच्चारण के दौरान होंठों के बीच से वायु निकलती है। एंकरिंग के दौरान ध्यान रखें कि अगर यह वायु माइक पर पड़ती है तो आवाज फैल सकती है और शब्द अस्पष्ट हो सकते हैं। इसलिए इन अक्षरों से बने शब्दों का उच्चारण हवा को होंठों के बीच भीतर से दबाते हुए करने का अभ्यास करें।

बॉडी लेंग्वेज

शब्दों के अलावा शरीर की भी भाषा होती है, जो प्रत्यक्ष या अप्रत्यक्ष रूप से अपनी बात को कहती है। एंकरिंग करते समय अपने शरीर की भाषा को लेकर सचेत रहें। दुखद समाचारों को मुस्कराकर न पढ़ें और अपराधी या पीड़ित पर व्यंग्यात्मक हाव-भाव न दिखाएं। खबर को पढ़ते हुए अतिरिक्त उत्साह का दिखना या व्यंग्य का झलकना दोनों ही बहुत स्वीकार्य नहीं होते। इन दोनों भावों के बीच का महीन-सा अंतर भी पूरी खबर के अर्थ को पलट सकता है। इसी तरह मानवीय रुचि से जुड़ी हल्की-फुल्की स्टोरी को गंभीरता का लबादा ओढ़कर न पढ़ें। एक नियम यह भी है कि गंभीर खबर के खत्म होने पर न मुस्कुराएं और रोचक खबर के खत्म होने पर अति गंभीर दिखाई न दें। खबर पढ़ते समय पूरे शरीर को न हिलाएं क्योंकि यह आत्मविश्वास की कमी को दिखलाता है। अपराध कार्यक्रम को एंकर करने के बावजूद कैमरे की तरफ बार-बार उंगली उठाकर कहने की आदत भी न डालें क्योंकि इस तरह का पुलिसिया अंदाज दर्शक नापसंद कर सकता है। अगर एंकरिंग बैठकर करनी हो तो कंधे झुकाकर न बैठें। एंकरिंग करते हुए पूरा शरीर सतर्क ये ऊर्जावान और चेहरा ताजगी लिये दिखना चाहिए।

एंकरिंग के लिए टिप्स

- अपने चैनल के कार्यक्रम की दूसरे चैनल के अपराध कार्यक्रमों से तुलना कर अपनी कमियों और क्षमताओं को आंकें।
- एंकरिंग के मायने यह न समझें कि टेलीप्रांप्टर से देखकर खबर को सिर्फ पढ़ भर देना है। अगर दर्शक को एंकर का कार्यक्रम से जुड़ाव नहीं दिखेगा तो उसकी

भी कार्यक्रम को देखने में दिलचस्पी नहीं होगी। इसलिए जिस कार्यक्रम को एंकर करना हो, उसके स्वभाव को महसूस करें।

- दूसरों के लिखे एंकर-लिंक्स को ही पढ़ने के आदी न बनें। खुद भी मेहनत करें। इसका सबसे बड़ा फायदा यह होगा कि किसी परिस्थिति में ऑटोक्यू के काम न करने पर भी आप खबर को *एडलिब* कर सकेंगे।
- अपनी बात को छोटे-छोटे वाक्यों में कहें।
- ऑटोक्यू के बिना भी खबर पढ़ लेने की आदत डालें।
- कोशिश करें कि कार्यक्रम में दिखाई जाने वाली हर स्टोरी को पहले देख लें। इससे आप स्टोरी को ठीक से समझ सकेंगे और एंकर लिंक्स पर बेहतर ढंग से काम कर सकेंगे।
- अपराध से जुड़े कुछ महत्वपूर्ण कानूनों, जैसे—मानहानि, कॉपी राइट, न्यायालय की अवमानना, बाल अधिनियम आदि की जानकारी रखें। स्टूडियो में लाइव बहस के दौरान ऐसी समझ काम आ सकती है।
- पहनावा शालीन रखें। अपराध कार्यक्रमों में भारी-भरकम या चमकदार कपड़े नहीं पहने जाते।
- मेकअप सादा रखें क्योंकि अपराध कार्यक्रम की एंकरिंग किसी उत्सव की एंकरिंग से अलग होती है। अपराध एक गंभीर मसला है और यह गंभीरता मेकअप के जरिए मिटाने की कोशिश न करें।
- स्टूडियो समय से कुछ पहले पहुंच जाएं।
- हमेशा पूरे कपड़े पहनें। यह न सोचें कि टीवी पर तो ऊपरी हिस्सा ही दिखना है, इसलिए सिर्फ उसे ही ठीक से रखा जाए। ऐसे एंकर्स की कमी नहीं है जो ऊपर तो शर्ट और टाई पहने रहते हैं और नीचे शॉट्र्स और पुरानी सैंडल को बदलने का कष्ट नहीं करते। ऐसे एंकर को अतिथि जब ऊपर से नीचे तक देखता है तो वह अपनी हंसी कैसे रोकता होगा, इसकी कल्पना की जा सकती है। इसी तरह कई बार एंकर को स्टूडियो से बाहर आकर अतिथि से बात करने की ज़रू रत भी पड़ती है। तब ऐसे अटपटे कपड़े पहनकर आता एंकर सर्कस का करतबी ही दिखेगा।
- तकनीकी उपकरणों की जांच करवा लें और उनकी कार्यशैली का ज्ञान रखें।
- कैमरा सेटअप से वाकिफ रहें और अगर स्टूडियो में एक से अधिक कैमरे हों तो उनके नंबर याद रखें।
- अगर लाइव कार्यक्रम हो तो इयरफोन के जरिए मिलने वाले निर्देशों के बाद कैमरे के सामने अपने भावों या शब्दों के माध्यम से स्वीकृति न जताएं बल्कि सीधे उन पर अमल कर लें।
- रिकॉर्डिंग या टेलीकास्ट के दौरान एंकर अपनी शंका या परेशानी किस तरह पीसीआर तक पहुंचाएगा, इसकी जानकारी पहले ही ले लें।
- भारी-भरकम भाषा के इस्तेमाल से बचें। अंग्रेजी की तरह अरबी और फारसी

के भी कई शब्द रोजमर्रा की जिंदगी का हिस्सा बन गए हैं, जैसे–खबर, नब्ज हालात आदि। इन्हें इसी तरह शामिल कर लेने में कोई हर्ज नहीं है।

- विदेशी नामों के मामलों में अंतर्राष्ट्रीय स्तर पर प्रचलित शब्द ही काम में लाएं, जैसे–रशिया के लिए रूस, यूएसए के लिए अमरीका आदि।
- आत्मविश्वास में इजाफा करने की प्रक्रिया जारी रखें।
- पेन से न खेलें।
- मोबाइल बंद रखें।
- प्रोडक्शन स्टाफ के साथ मित्रता का व्यवहार रखें और उनके नाम और पद याद रखें।
- खबर आत्मविश्वास के साथ पढ़ें।
- सीधे कैमरे के लेंस में देखें।
- तेजी से निर्णय लेने की आदत डालें। अगर आपने सभी स्टोरीज खुद देखी होंगी तो आपके लिए यह फैसला लेना आसान होगा कि जरूरत पढ़ने पर किस स्टोरी को ड्रॉप (हटाया जाना) किया जा सकता है और किसे प्राथमिकता देनी है।
- व्यक्तित्व में स्थायी तौर पर शालीनता का पुट बनाए रखें।
- दूसरे को अपनी बात व्यक्त करने का मौका दें।
- बेवजह न मुस्कुराएं। गलत जगह पर की गई टिप्पणी या फिर सिर्फ एक मुस्कुराहट महंगी पड़ सकती है। कई साल पहले एक एंकर ने स्टूडियो में चल रही क्विज प्रतियोगिता के दौरान एक सिख अतिथि से कोई सवाल पूछा। अतिथि ने जवाब सही नहीं दिया। इस पर एंकर ने अपनी घड़ी देखी और मुस्कुराया। इस बेतुके रवैए की वजह से एंकर को एक साल तक के लिए ब्लैक लिस्ट कर दिया गया था।
- समय-सीमा समाप्त होने का संकेत मिलने पर अपनी बात को सलीके से समेटें। अगर कार्यक्रम में किसी का इंटरव्यू ले रहे हैं तो हड़बड़ाहट में चर्चा को समेटने की बजाय ठहराव के साथ अपने कर्तव्य को पूरा करें।
- हाव-भाव में संयम रखें। अपराध कार्यक्रम एंकर करने का यह मतलब कतई नहीं है कि आप खुद ही किसी शातिर अपराधी की तरह दिखने या बोलने लगें।
- दर्शकों से मिलने वाले फीड बैक को गंभीरता से लें और खुद को अति आत्मविश्वास के रवैए से बचाकर रखें।
- टीवी से जुड़ी दुनिया की बेहतरीन किताबें पढ़ते रहें। कभी भी, कहीं से भी पाया ज्ञान बेकार नहीं जाता।

टिप्पणियां और संदर्भ

- प्रेजेंटिंग फॉर टीवी एंड वीडियो, जोएन जोरियन लिन, ए एंड सी पब्लिशर्ज, लंदन, 2001
- टेलीविजन फील्ड प्रोडक्शन एंड रिपोर्टिंग, फ्रेडरिक शूक, लांगमैन पब्लिशर्ज, 1996

- डिजिटल टेलीविजन प्रोडक्शन, जेरिमी ओरलीबार, ऑर्नल्ड पब्लिशर्ज, 2002
- टेलीविजन और अपराध पत्रकारिता, वर्तिका नन्दा, भारतीय जनसंचार संस्थान, नई दिल्ली, 2006
- मीडिया लेखन, सिद्धांत और व्यवहार, डॉ. चन्द्रप्रकाश मिश्र, संजय प्रकाशन, 2003
- रेडियो और दूरदर्शन पत्रकारिता, डॉ. हरिमोहन, तक्षशिला प्रकाशन, 1999
- अश्लीलता का बाजीगरी, हिंदुस्तान, 22 दिसंबर, 2004
- अपराध और हंसी, वर्तिका नन्दा, दैनिक हिंदुस्तान, 17 जनवरी, 2010
- अंडर लाइनिंग द गिल्ट विदिन, पायनियर, वर्तिका नन्दा, 18 फरवरी, 2005
- रिएल्टी टीवी इज लेटेस्ट इन फैशन, हिंदुस्तान टाइम्स, 4 जनवरी, 2005
- संसद में सांसदों के लाइव ड्रामे, वर्तिका नन्दा, दैनिक भास्कर, 11 जनवरी, 2010

टीवी की शब्दावली

अबव द लाइन–प्रोडक्शन की प्रक्रिया में हुए अप्रत्यक्ष खर्च।

असाइनमेंट एडिटर–न्यूजरूम में मौजूद व्यक्ति जो दिन भर की न्यूज पर नजर रखता है और संवाददाताओं को जिम्मेदारी सौंपता है।

ऑडियो-वीडियो लिंकेज–शब्दों और चित्रों का व्यावसायिक संगम जिसमें तस्वीरों से मेल खाते हुए दिखें।

आईएनजी–इंटरनेशनल न्यूज गैदरिंग।

आर्काइव–लायब्रेरी में संगृहीत पुराने समाचार, वीडियो या दूसरी सामग्री।

आई लेवल–जिस ऊंचाई से कैमरा, सब्जेक्ट को शूट करता है, यानी एक आदमी की आंख जिस ऊंचाई से देखती है, वही आई लेवल माना जाता है। बैठे हुए आदमी का इंटरव्यू कैमरे की ऊंचाई घटाकर और खड़े हुए व्यक्ति का इंटरव्यू उसके कद के बराबर कैमरे की ऊंचाई रखकर किया जाता है।

आर्क–कैमरे को ट्रॉली में रखकर गोलाकार घुमाना। इससे विषय तो वहीं स्थिर रहता है

लेकिन पीछे की वस्तुएं घूमती हुई महसूस होती हैं।

आर्कलैंप–ये स्टूडियो में रोशनी डालने वाले बिजली के लैंप होते हैं। सब्जेक्ट को रोशन करने के लिए इनका उपयोग विभिन्न कोणों एवं रंगों के अनुसार किया जाता है।

आरओएस–रन ऑफ स्टेशन।

ऑडियो मिक्स–अलग-अलग स्रोतों से मिलने वाले प्रभावों को मिलाकर एक साउंड ट्रैक का निर्माण करना।

ऑटोक्यू–इलेक्ट्रॉनिक उपकरण जिससे एंकर कैमरे की तरफ देखकर पूरी खबर को पढ़ देता है। इस उपकरण में पूरी खबर टाइप करके रखी जाती है। इसे **टेलीप्रांप्टर** भी कहा जाता है।

ऑडियो मीटर–श्रोता/दर्शकों का हिसाब रखने वाला उपकरण।

ऑफ कैमरा–ऐसा काम या बात जिसे कैमरे पर रिकॉर्ड न किया गया हो

आइडेंट–(ए) किसी भी कार्यक्रम की पहचान बन जाने वाली ध्वनि व चित्र। (बी) हर चैनल का अपना चैनल आई डी अर्थात चैनल की पहचान वाला ध्वनि व चित्र-संकेत जो दिन में बार-बार प्रसारित होता है।

ऑउट ऑफ फोकस–धुंधले और अस्पष्ट चित्र।

आउट ऑफ विजन–जिस रिपोर्ट में एंकर या रिपोर्टर की केवल आवाज ही आए और दूसरे चित्र दिखाई पड़ें, उसे **आउट ऑफ विजन** कहते हैं।

इनजेक्ट–समाचारों के बीच में दूसरे स्टेशन अथवा दूर-दराज के क्षेत्र से आने वाली **लाइव** रिपोर्ट। इसको **हॉट स्विचिंग** भी कहते हैं।

इन-विजन–एंकर या रिपोर्टर का कैमरे के सामने रहकर समाचार पढ़ना।

इलेक्ट्रोस्टेटिक माइक्रोफोन–कंडेसर माइक के लिए वैकल्पिक शब्द।

ईएनजी–इलेक्ट्रॉनिक न्यूज गैदरिंग यानी वीडियो कैमरे से समाचार संकलन। इसे **इलेक्ट्रॉनिक जर्नलिज्म, इलेक्ट्रॉनिक कैमरा कवरेज** और **पोर्टेबल सिंगल कैमरा सिस्टम** भी कहा जाता है।

ईबीएस–इमरजेंसी ब्रॉडकास्ट सिस्टम।

ईएफपी–इलेक्ट्रॉनिक फील्ड प्रोडक्शन।

एपरचर–कैमरा लेंस में मौजूद आइरिस जिससे कैमरे की तरफ आने वाली लाइट को एडजस्ट किया जा सकता है।

एफएक्स–साउंड इफेक्ट के लिए प्रयोग होने वाला छोटा शब्द।

एजीसी–ऑटोमेटिक गेन कंट्रोल। यह एक इलेक्ट्रॉनिक सर्किट है जो आ रहे ऑडियो या वीडियो सिग्नल की शक्ति को खुद ही नियंत्रण में ला सकता है ताकि एक निश्चित स्तर को कायम रखा जा सके।

एसएनज़ी–सैटलाइट न्यूज गैदरिंग।

एसओटी–साउंट ऑन टेप। इसे **सॉट** भी कहा जाता है।

एलटीएससी–वीडियो इमेंजिंग की प्रणाली जिसे 1940 के दशक में अमरीका में स्थापित किया।

एलएएन–लोकल एरिया नेटवर्क।

एसेंशियल एरिया–घरेलू टीवी पर लिखने वाले चित्र का आकार।

एनटीएससी–अमेरीका की रंगीन टेलीविजन प्रणाली को **नेशनल टेलीविजन स्टैंडर्ड कमेटी** द्वारा दिया गया नाम।

एपी–एसोसिएटिड प्रेस। यह एक अमरीकी न्यूज एजेंसी है।

एपी टीवी–एसोसिएटिड प्रेस का एक हिस्सा जो टीवी का काम देखता है।

एडलिब–ऐसा हिस्सा जिसे स्क्रिप्ट में लिखा नहीं गया है लेकिन जरूरत पड़ने पर एंकर खुद ही बात को पूरे प्रभाव के साथ कह देता है। इसका पूर्व अभ्यास नहीं किया गया होता।

एवी–ऑडियो-वीडियो

एविड–नॉन-लीनियर एडिटिंग प्रणाली के निर्माता।

एबीसी–अमेरिकन ब्रॉडकॉस्टिंग कंपनी, आस्ट्रेलियन ब्रॉडकास्टिंग कारॅपोरेशन।

एनपीपीए–नेशनल प्रेस फोटोग्राफर्ज एसोसिएशन।

एडिट प्वांइट–वह प्वांइट जहां एक शॉट खत्म होता है और नया शॉट शुरू होता है।

बैंकग्राउंड लाइट–कृत्रिम लाइट के इस्तेमाल से बैकग्राउंड की लाइट में बदलाव लाना।

ओवरप्ले–किसी संवाद या एक्शन पर जरूरत से ज्यादा जोर देना।

ओबी–आउटसाइड ब्रॉडकास्ट।

क्लोज–किसी स्टोरी का अंतिम शॉट।

क्यू लाइट–कैमरे के ऊपर लाल रंग की छोटी-सी लाइट जिसके जल उठने पर एंकर को पता चल जाता है कि कौन-सा कैमरा इस समय लाइव है।

कट-स्टोरी–वीडियो कैसेट में मौजूद संपूर्ण व संपादित स्टोरी।

काउंट डाउन–उल्टी गिनती। 10 से एक तक गिनने की क्रिया जिसे कार्यक्रम रिकॉर्ड होने से पहले प्रोडक्शन असिस्टेंट शुरू करता है। इसके बाद रिकॉर्डिंग या लाइव टेलीकास्ट शुरू होता है।

की वड्र्स–समाचार को संक्षेप में समेटने वाले कुछ महत्वपूर्ण शब्द।

कीइंग कलर–क्रोमा की के लिए चुना गया खास रंग। आमतौर पर यह नीला होता है।

की शॉट–प्रमुख कैमरे का शॉट।

के (किलोबाइट)–कंप्यूटर की मेमरी का नाप।

क्रेडिट–ऐसे लोगों के नामों की सूची जिन्होंने किसी भी रूप में प्रोडक्शन में सहयोग दिया है। आमतौर पर यह सूची कार्यक्रम के अंत में दी जाती है।

केलविन–लाइट के कलर टेम्परेचर की इकाई।

कैमकॉर्डर–वीडियो कैमरा और वीडियो टेप रिकॉर्डर को आपस में मिलाकर एक इकाई का रूप दे देना।

कैरेक्टर जनरेटर–स्क्रीन पर विभिन्न फांट और भाषा में अक्षर देने की इलेक्ट्रॉनिक प्रणाली। यह उपकरण चैनल के प्रसारण कंट्रोल रूम में होता है। इसमें टीवी मॉनिटर, टाइपराइटर, की-बोर्ड और कंप्यूटर स्मृति क्षमता सहित कई सुविधाएं मौजूद होती हैं।

कैमरा मूवमेंट–कैमरे की गतियां। शूटिंग के दौरान कई बार कैमरे को एक स्थान से दूसरे स्थान पर ले जाना होता है ताकि इच्छित दृश्य शूट किया जा सके और हो रहे एक्शन के साथ चला जा सके। एक फिल्म या टीवी कार्यक्रम में कैमरे को दाएं-बाएं, ऊपर-नीचे, आगे-पीछे हिलाया जाता है ताकि दर्शक को होने वाले प्रत्येक क्षण का एक्शन पूरे प्रभाव के साथ दिख सके। इस प्रकार कैमरे के घुमाने से दर्शक खुद को स्क्रीन पर अनुभव करता है और उसे आभास होता है कि जीते-जागते पात्र खुद उसकी तरफ बढ़ रहे हैं। मूवी कैमरे को मुख्य रूप से डॉली, टिल्ट, पैन, ट्रक, पैडेस्टल, जूम, आर्क आदि तरीकों से चलाया जाता है।

कैमरा फ्रेम–कैमरामैन किसी दृश्य को कैमरे के लेंस से जितने विस्तार से ग्रहण करता है, वही **कैमरा फ्रेम** कहलाता है।

क्रोमा की–वीडियो प्रोडक्शन के तीन आधारभूत रंग हैं–लाल, हरा और नीला। इन तीनों रंगों में से किसी भी एक का बैकग्राउंड देकर कलाकार, एंकर या रिपोर्टर को रिकॉर्ड किया जा सकता है। ऐसा करने के बाद एक विशेष तकनीकी की यानी चाबी का प्रयोग करके रिकॉर्डेड बैक ग्राउंड के स्थान पर किसी अन्य स्थल के दृश्यों को समाहित/शामिल किया जा सकता है। इससे दर्शकों को ऐसा आभास होता है कि एंकर या रिपोर्टर शूटिंग स्थल पर ही मौजूद है जबकि वह शूटिंग स्थल पर जाने की बजाय स्टूडियो में रिकॉर्डिंग करवाता है।

ग्राफिक्स–(1) कला के काम से जुड़ा विभाग, (2) स्क्रीन पर दिखाई देने वाले सभी मानचित्र, चार्ट व नाम इत्यादि।

ग्रैब–किसी छवि को इलेक्ट्रॉनिक ढंग से फ्रीज या स्थिर करने की प्रक्रिया।

चैक कॉल–दमकल, अग्निशमन दल, अस्पतालों व पुलिस कंट्रोल रूम से रोजाना प्राप्त की जाने वाली जानकारी।

चिप–एक उपकरण। टीवी कैमरा के अंदर मौजूद एक ऐसी सिलिकोन चिप जो कि इलेक्ट्रॉनिक ध्वनियां संभव बनाती है।

जीवी–जनरल व्यू। इसमें सामान्य दृश्य के माध्यम के किसी स्थान अथवा घटनास्थल की पहचान करवाई जाती है। इसे **इस्टैब्लिशिंग शॉट** भी कहते हैं।

ट्राइपॉड–कैमरे का तीन टांगों वाला स्टैंड जिसे आवश्यकतानुसार ऊंचा-नीचा किया जा सकता है।

टॉकिंग हेड–विषय विशेष पर राय देने वाला विशिष्ट व्यक्ति।

टाइट शॉट–क्लोज अप शॉट।

ट्रॉली–पहियों वाली एक छोटी-सी गाड़ी जिस पर कैमरा रखकर शूटिंग की जाती है। आवश्यकतानुसार इसे आगे-पीछे करके कैमरा मूवमेंट किया जा सकता है।

ट्रांसमिशन–इलेक्ट्रॉनिक सिग्नल को ब्राडकॉस्ट करने की प्रक्रिया।

टिप ऑफ–किसी स्वतंत्र पत्रकार द्वारा किसी घटना की सूचना।

टिल्ट–एक तरह की कैमरा मूवमेंट का नाम जिसमें इच्छित एंगल से शॉट लेने के लिए कैमरे को ऊपर से नीचे या नीचे से ऊपर लाया जाता है।

टीबीसी–यानी **टाइम बेस करेक्टर** जिससे टीवी रिकॉर्डिंग में समय पर आधारित गलतियों को सुधारा जाता है।

टीबीयू–टेलीफोन बैलेन्स यूनिट। फोन पर इंटरव्यू की रिकॉर्डिंग में प्रयोग होने वाला उपकरण।

टीएपी–टोटल ऑडियंस प्लान।

टीआरपी रेटिंग–टीवी दर्शकों की संख्या का आकलन जो विज्ञापन के लिए असली पैमाना होता है।

टू शॉट–दो लोगों का एक साथ लिया गया शॉट।

टेल पीस–बुलेटिन का वह समाचार जो दर्शकों के लिए महत्वपूर्ण है।

टेलीटेक्स्ट–लिखित सूचनाएं प्रसारित करने का एक तरीका।

डब्ल्यूएक्स–मौसम की रिपोर्ट के लिए इस्तेमाल होने वाला प्रतीक।

ड्राई रन–किसी चैनल के लांच या किसी रिकॉर्डिंग से पहले की जा रही तैयारी या रिहर्सल।

डोर स्टेपर–अनौपचारिक साक्षात्कार।

डीवीई–डिजिटल वीडियो इक्यूपमेंट।

डीएटी–डिजिटल ऑडियो टेप।

डीवीई–डिजिटल वीडियो इफेक्ट्स।

डे लाइट–सूरज से मिलने वाली स्वाभाविक लाइट।

डोप-शीट–वीडियो कैसेट में लिये गए शाट्स का क्रम जिसे कैमरामैन लिखकर कैसेट के साथ रखता है।

न्यूज मिक्स–स्थानीय और राष्ट्रीय समाचारों के मिश्रण वाला बुलेटिन।

नोडीज–रिपोर्टर द्वारा साक्षात्कार लिये जाने के बाद केवल सर हिलाकर 'न' अथवा 'हां' करने तथा गौर से सुनने के कुछ शाट्स अलग से रिकॉर्ड कर लिये जाते हैं। इनको बाद में एडिटिंग के दौरान अक्सर शामिल कर लिया जाता है। इन्हें **कट अवेज** भी कहते हैं।

पाल–जर्मनी की वीडियो इमेजिंग प्रणाली जिसे अब दुनिया के कई देशों में अपनाया जा चुका है।

पेंट बॉक्स–इलेक्ट्रॉनिक ग्राफिक मशीन। इसमें हाथ से कुछ भी लिखकर वस्तु का रंग-रूप या आकार बदलने की अंतहीन संभावनाएं होती हैं। विज्ञापन और समाचारों में इसका काफी इस्तेमाल होता है।

प्रोमो–आगे प्रसारित होने वाले कार्यक्रमों की एक झलक। प्रोग्राम प्रमोशन।

फ्लोर प्लान–बनाया गया चित्र जिसके जरिए स्टूडियो या लोकेशन को तकनीकी दृष्टिकोण से दिखाया गया हो।

फ्लोर मैनेजर–मंच निर्देशक। वह व्यक्ति जो कि टीवी के हर कार्यक्रम से जुड़ा होता है। यह एंकर के सबसे नजदीक होता है और हेडफोन पर निदेशक के निर्देश सुनकर संकेतों के जरिए एंकर और दूसरे सहयोगियों को सूचित करता है कि कहां बोलना है, कब चुप रहना है।

फॉलो-अप–प्रसारित अथवा प्रकाशित हो चुके समाचार पर आधारित रिपोर्ट।

फॉर्मेट–(1) समाचार बुलेटिन की प्रस्तुति का तौर तरीका, (2) वीडियो टेप का साइज या रिकॉर्डिंग पद्धति।

फिश पोल–इसे **फिश रॉड** और **बूम** भी कहते हैं। लोहे की एक लंबी छड़ जिसमें माइक लगाकर दूर खड़े व्यक्ति का इंटरव्यू रिकॉर्ड करने के लिए प्रयोग किया जाता है।

फिटिंग–कपड़ों को एंकर/कलाकार की ज़रूरत के अनुरूप ढालने की प्रक्रिया।

ब्लैक–कलर बार का सबसे गहरा काला रंग। रिकॉर्डिंग के समय टीवी के फेड आउट करने के लिए प्रोड्यूसर का निर्देश।

ब्लूपर–प्रसारण के दौरान होने वाली छोटी गलतियां, जैसे–शब्दों या अक्षरों का क्रम बदलना या फिर कुछ गलत बोल जाना।

ब्रीफिंग–(ए) शूट से पहले संवाददाता को अधिकारियों द्वारा दिए जाने वाले निर्देश, (बी) पार्टी प्रवक्ता के जरिए किसी विशेष मुद्दे पर दी गई जानकारी।

बैक लाइट–पीछे से दी जाने वाली लाइट।

बीबीसी–ब्रिटिश ब्रॉडकॉस्टिंग कॉरपोरेशन।

म्यूट–बिना ध्वनि, संगीत या ध्वनि प्रभाव के शूट की गई सामग्री।

मिक्सर–ऑडियो और वीडियो के इनपुट को आपस में जोड़ने वाला उपकरण।

मिनी रैप–एक छोटा-सा न्यूज पैकेज।

मोंटाज–किसी कार्यक्रम में से चुने गए कुछ महत्वपूर्ण शाट्स का संग्रह जिसे देखकर इस

बात का अनुमान लग सके कि मूल कार्यक्रम में क्या है।

रनडाउन–किसी निर्धारित समय पर प्रसारित होने वाले समाचारों का ब्लू प्रिंट।

रशिज–कैमरे से लिये गए ऐसे शॉट्स जिन्हें संपादित नहीं किया गया।

रिबन माइक–विशेष प्रकार का माइक्रोफोन जो झटकों और तेज हवा के प्रति बहुत संवेदनशील होता है।

रीटेक–किसी शॉट के ठीक से शूट न होने पर उसे दोबारा शूट किया जाना।

रेडियो माइक–छोटे-से ट्रांसमीटर वाला माइक जिसको बिना तार के ही प्रयोग किया जाता है।

रैप अप–खबरों को समेटना।

लोकेशन–स्टूडियो के बाहर की वह जगह जहां शूटिंग की जाती है।

व्हाइट बैलेंस–शूटिंग से पहले कैमरे को सफेद कागज के सामने रखकर एक विशेष बटन के माध्यम से कैमरे की एनकोडर मैट्रिक्स को नियंत्रित करना **व्हाइट बैलेंस** कहलाता है।

वायर सर्विस–वह समाचार एजेंसियां जो समाचार कक्ष को देश-विदेश की खबरें उपलब्ध करवाती हैं।

वार्प–कार्यक्रम को समाप्ति की तरफ ले जाने का संकेत।

विजन मिक्स्चर–1. स्विचर, 2. वह ऑपरेटर जो प्रसारण के दौरान फेड, वाइप, डिजाल्व और कट का प्रयोग प्रस्तुतकर्ता के निर्देशानुसार करता है।

विजुअल ग्रामर–टेलीविजन का व्याकरण जो कि शूट से लेकर ब्रॉडकास्ट तक काम में आता है।

वीसीआर–वीडियो कैसेट रिकॉर्डर।

वी टी आर–वीडियो टेप रिकॉर्डर।

शॉटगन माइक्रोफोन–सिलेंडर के आकार का लंबा माइक्रोफोन या माइक जो कि तीस फीट या इससे ज्यादा दूरी की आवाज पकड़ सकता है।

शॉट ट्रांजिशन–दृश्य परिवर्तन। एक दृश्य से दूसरे दृश्य में यानी एक शॉट से दूसरे शॉट में जाना। इसमें निरंतरता का आभास बना रहे, इसलिए विविध शॉट जोड़े जाते हैं। इसके तीन मुख्य तरीके हैं–कट, डिजाल्व और फेड।

सिली सीजन–वर्ष का वह हिस्सा जब राजनीतिक व सामाजिक गतिविधियां कम हो जाती हैं।

स्लग–हर खबर को दिया जाने वाला एक छोटा-सा नाम।

स्लोमोशन–चित्रों की रफ्तार धीमी करने का कृत्रिम तरीका।

स्टोरी बोर्ड–शॉट्स के सीक्वेंस (क्रम) को दिखाने के लिए विधिवत् ढंग से बनाए गए चित्र।

सुपर–किसी व्यक्ति का नाम या पद, तथ्य का अनुवाद, सार या अन्य सूचनात्मक वर्णन को टीवी के स्क्रीन पर देना।

सेपेरेशन लाइट–बैक लाइट।

हैंगर–वह हाईवेयर जिसके जरिए लाइटिंग उपकरणों को स्टूडियो ग्रिड से लटकाया जाता है।

हैंड हेल्ड–ऐसे कैमरे तथा अन्य उपकरण जिन्हें बिना स्टैंड के कंधे पर रखकर शूटिंग के लिए प्रयोग मे लाया जाए।

●●●